高等职业教育"十三五"规划教材

邮政通信组织管理
（第3版）

主　编　王为民　陈军须
副主编　周晓燕　李　颖　靳　伟

北京邮电大学出版社
www.buptpress.com

内 容 简 介

本教材共分10章,围绕邮政网路组织和邮政生产作业组织两条主线,全面系统介绍了邮政通信组织管理体制、网路组织管理体系、邮政营业支局(所)的组织管理、邮区中心局的组织管理、邮政运输的组织管理、邮政投递的组织管理、报刊发行的组织管理、国际邮政组织管理的理论方法与步骤,同时,还介绍了邮政生产的指挥调度体系和邮政通信质量管理的理论与方法。教材注重理论与实践相结合,贴近邮政企业生产实际,适合邮政类专业的学生学习使用,同时,也可以作为邮政企业网路组织管理人员、质量管理人员、指挥调度人员和邮政生产作业组织管理人员自学和培训使用。

图书在版编目(CIP)数据

邮政通信组织管理 / 王为民,陈军须主编. -- 3版. -- 北京:北京邮电大学出版社,2018.8
ISBN 978-7-5635-5517-8

Ⅰ. ①邮⋯　Ⅱ. ①王⋯②陈⋯　Ⅲ. ①邮政管理　Ⅳ. ①F616

中国版本图书馆 CIP 数据核字(2018)第 169148 号

书　　　名:	邮政通信组织管理(第3版)
著作责任者:	王为民　陈军须　主编
责 任 编 辑:	李欣一
出 版 发 行:	北京邮电大学出版社
社　　　址:	北京市海淀区西土城路10号(邮编:100876)
发　行　部:	电话:010-62282185　传真:010-62283578
E-mail:	publish@bupt.edu.cn
经　　　销:	各地新华书店
印　　　刷:	北京玺诚印务有限公司
开　　　本:	787 mm×1 092 mm　1/16
印　　　张:	17
字　　　数:	443 千字
版　　　次:	2008年7月第1版　2012年11月第2版　2018年8月第3版　2018年8月第1次印刷

ISBN 978-7-5635-5517-8　　　　　　　　　　　　　　　　　　定价:42.00元

·如有印装质量问题,请与北京邮电大学出版社发行部联系·

前 言

2008年石家庄邮电职业技术学院的教师深入邮政企业，开展了调查研究，收集整理第一手资料，将企业的规章制度、操作规范、处理规则经过整理筛选和提炼，进行重新设计和组织，搭建了中国邮政网路组织管理和生产作业组织管理的框架体系，于2008年编写出版了《邮政通信组织管理》教材，并被评为普通高等教育"十一五"国家级规划教材。2014年出版了第2版，被评为"十二五"职业教育国家规划教材。

随着邮政企业的快速发展和转型升级的内在需求以及信息技术的广泛应用，对邮政企业管理体制、邮政网路优化、生产作业流程优化和精细化管理提出了越来越高的要求。要求邮政企业的运营管理人员除了熟悉邮政的生产作业流程外，还必须掌握科学的管理理论与方法，学会用系统化的思维和严谨科学的方法以及精细化管理的理念做好邮政企业的各项组织管理工作。基于此，我们在2014年《邮政通信组织管理》（第2版）的基础上，对本教材进行了全面系统的修改完善。突出了邮政运输作业组织管理、邮政通信质量管理和邮政生产指挥调度的内容，教材由原来的七章变为十章。同时，对章节进行了内容更新和完善。

本教材的第一、三、九章由陈军须教授编写，第二、四、五、七、十章由王为民教授编写，第六章由周晓燕副教授编写，第八章和第五章的部分内容由李颖老师编写，第二章网路优化部分由靳伟老师编写。全书由王为民教授统稿。本教材的编写得到了邮政集团公司指挥调度中心边景春副主任、许倩老师，邮政集团公司赵生得副处长，邮政集团公司邮务局闫格老师、高庆茂老师，邮政集团公司国际合作部武洪斌老师的大力支持和帮助，他们为本教材的编写提供了相关资料。编者在此一并表示衷心的感谢。

编　者

目 录

第一章 绪论 ... 1

第一节 邮政通信概述 ... 1
一、邮政通信的性质 ... 1
二、邮政通信的特点 ... 2
三、邮政通信的任务 ... 2
四、邮政通信的服务方针 ... 2

第二节 邮政企业管理体制改革 ... 3
一、世界邮政改革方向 ... 3
二、邮政管理体制改革 ... 3

第三节 邮政通信组织管理的内容 ... 6
一、邮政通信组织管理的概念 ... 6
二、邮政通信组织管理的任务 ... 6
三、邮政通信组织管理的内容 ... 6

第二章 邮政网组织与管理 ... 8

第一节 邮政网概述 ... 8
一、邮政网的概念与组成要素 ... 8
二、邮政网的分级与分类 ... 9
三、邮路的分级与分类 ... 10

第二节 邮政网体制概述 ... 12
一、邮政网体制的概念和属性 ... 12
二、邮政网体制的内涵与演变历程 ... 13
三、传统体制的形成及其特点 ... 13

第三节 邮区中心局体制 ... 14
一、邮区中心局体制的概念与内涵 ... 14
二、实施邮区中心局体制的背景和意义 ... 15
三、传统体制与邮区中心局体制的比较分析 ... 16

第四节 各级邮政网的组织 ... 17
一、全国干线邮政网的组织 ... 17
二、省内干线邮政网的组织 ... 18
三、邮区网的组织 ... 19

第五节　邮政网路优化方法	23
一、中国邮递员问题	24
二、树的定义及应用	26
三、最短路问题	28
四、网络最大流问题	30

第三章　邮政营业支局(所)的组织与管理 …… 35

第一节　邮政营业支局(所)功能	35
一、邮政营业支局(所)的功能与设置标准	35
二、邮政营业支局(所)的岗位设置与岗位职责	36
第二节　邮政营业支局(所)服务规范	38
一、邮政营业支局(所)服务设施与环境	38
二、服务规范要求	39
第三节　邮政支局(所)管理规范	43
一、邮政支局(所)现场管理	43
二、邮政支局(所)定置定位管理	45
三、邮政用品用具的管理	46
四、邮政业务管理	48
第四节　邮政营业班组的管理	51
一、营业班组在企业中的地位	51
二、邮政营业班组管理工作要求	51
三、营业班组常见管理措施	52

第四章　邮区中心局生产组织与管理 …… 60

第一节　邮区概述	60
一、邮区的定义	60
二、影响邮区划分的主要因素	60
三、我国邮政编码的结构	61
第二节　邮区中心局概述	61
一、邮区中心局的定义、性质	61
二、邮区中心局的基本功能	62
三、邮区中心局选择应考虑的因素	62
四、邮区中心局的分级	62
第三节　邮件处理中心生产作业流程	66
一、邮件处理中心生产作业流程概述	66
二、邮件处理中心生产作业流程设计的原则	66
三、典型邮件处理中心生产作业流程与作业规范	66
第四节　分拣封发计划的编制	68
一、分拣封发相关专业术语	68
二、邮件分拣封发计划	69

第五节　邮区中心局的现场管理	71
一、邮区中心局生产现场管理概述	71
二、6S管理理论在邮区中心局生产现场管理中的应用	72

第五章　邮政运输作业组织管理 …… 76

第一节　邮政运输概述	76
一、邮政运输工作的重要性	76
二、邮政运输的任务	76
三、邮政运输的特点	77
四、邮政运输组织工作的基本内容	77
第二节　邮件的计划发运	78
一、计划发运的含义和作用	78
二、邮件计划发运的原则	78
三、邮件计划发运涉及的术语	79
四、发运计划的概念、作用及分类	79
五、邮件发运计划的下发	79
第三节　铁路邮运组织	82
一、铁路邮运方式	82
二、铁路邮运生产作业组织	83
第四节　汽车邮运作业组织	84
一、汽车运输组织原则	84
二、组织干线直达汽车邮路的要求	85
三、汽车运能保障	85
四、汽车邮运作业规范	85
第五节　邮政车辆管理	87
一、邮政车辆管理概述	87
二、邮政车辆的选择与配置	89
三、邮政车辆的基础管理	90
四、邮政车辆的使用管理	91
五、邮政车辆的技术管理	93
六、邮政车辆的更新、新增与报废	95

第六章　邮政投递组织与管理 …… 97

第一节　投递网路组织管理	97
一、投递网在邮政通信网中的地位和作用	97
二、投递网的生产组织	98
三、投递区和投递段的划分	99
四、投递路线的组织	101
五、邮政信筒、信箱开取的生产组织	105
六、投递作业现场布局与管理	106

七、邮政投递人员配备 …………………………………………………… 106
第二节　投递生产作业流程与作业规范 ……………………………………… 111
　　一、投递作业的任务和要求 ……………………………………………… 111
　　二、投递生产作业流程 …………………………………………………… 112
　　三、投递生产作业规范 …………………………………………………… 115
第三节　投递服务规范 ………………………………………………………… 121
　　一、基本要求 ……………………………………………………………… 121
　　二、服务形象 ……………………………………………………………… 123
　　三、服务语言 ……………………………………………………………… 125
　　四、服务过程管理规范 …………………………………………………… 126
第四节　投递质量管理 ………………………………………………………… 130
　　一、投递服务质量 ………………………………………………………… 130
　　二、投递环节通信质量管理 ……………………………………………… 132
　　三、投递工作质量的检查 ………………………………………………… 133
　　四、投递服务五条禁令 …………………………………………………… 136
第五节　投递班组管理 ………………………………………………………… 138
　　一、投递班组管理概述 …………………………………………………… 138
　　二、基础管理 ……………………………………………………………… 140
　　三、业务管理 ……………………………………………………………… 143
　　四、其他管理 ……………………………………………………………… 145

第七章　邮政生产的指挥调度 ………………………………………………… 151

第一节　邮政生产指挥调度体系 ……………………………………………… 151
　　一、邮政生产指挥调度体系概述 ………………………………………… 151
　　二、邮政生产指挥调度机构 ……………………………………………… 151
　　三、邮政生产指挥调度体系的功能 ……………………………………… 152
　　四、各级邮政生产指挥调度机构的职责 ………………………………… 153
第二节　邮政生产指挥调度制度与日常监控 ………………………………… 153
　　一、邮政生产指挥调度制度 ……………………………………………… 153
　　二、邮政生产指挥调度的日常监控与全网运行预告预警信息发送 …… 156
第三节　邮区中心局生产指挥调度中心岗位设置与职责 …………………… 157
　　一、生产指挥调度中心主任 ……………………………………………… 157
　　二、邮路计划管理岗 ……………………………………………………… 158
　　三、作业计划管理岗 ……………………………………………………… 159
　　四、网运统计核算岗 ……………………………………………………… 159
　　五、信息系统管理岗 ……………………………………………………… 160
　　六、值班调度岗 …………………………………………………………… 161
　　七、现场调度岗 …………………………………………………………… 161
第四节　邮政网运突发事件的应急处置 ……………………………………… 162

第八章 邮政通信质量管理 ... 166

第一节 质量管理概述 ... 166
一、质量管理的含义 ... 166
二、质量管理的发展过程 ... 166
三、质量管理的实施 ... 167
四、全面质量管理 ... 169

第二节 邮政通信质量管理概述 ... 170
一、邮政通信质量管理的概念 ... 170
二、邮政通信质量管理的主要内容和常见问题 ... 171
三、邮政通信质量的控制措施 ... 171

第三节 邮政陆运网质量管理 ... 172
一、邮政陆运网质量管理概述 ... 172
二、邮政陆运网质量管理指标设置及含义 ... 172

第四节 邮区中心局质量管理 ... 182
一、邮区中心局质量管理体系 ... 182
二、邮区中心局邮政质量管理指标设置及含义 ... 182
三、中心局质量管理制度与考核方法 ... 190

第九章 邮政报刊发行过程的组织与管理 ... 193

第一节 邮政报刊发行业务概述 ... 193
一、报刊发行业务的概念及性质 ... 193
二、中国报刊发行体制沿革 ... 194
三、邮政报刊发行的方式 ... 196
四、邮政报刊专项市场分类 ... 197
五、新形势下邮政报刊发行的思路 ... 198

第二节 邮政报刊发行作业流程 ... 198
一、邮政报刊发行组织机构及职能 ... 199
二、邮政报刊发行作业流程 ... 200

第三节 邮政报刊发行组织管理 ... 205
一、邮政报刊发行业务的管理体制 ... 205
二、邮政报刊发行业务的管理内容 ... 205

第十章 国际邮政组织管理 ... 210

第一节 国际邮件功能局 ... 210
一、国际邮件互换局 ... 210
二、国际邮件交换站 ... 211
三、省会分公司、指定经转局、设关局 ... 212

第二节 国际邮件封发关系与发运路由 ... 212
一、国际邮件的封发关系 ... 212

二、国际邮件发运路由 …………………………………………………… 214
　第三节　国际邮件寄递过程的组织与管理 ……………………………………… 215
　　一、国际邮件寄递生产过程的特点 ……………………………………… 215
　　二、国际邮件寄递生产过程的组织与管理 ……………………………… 216
　第四节　国际邮件的监管与检疫 ………………………………………………… 219
　　一、国际邮件的监管 ……………………………………………………… 219
　　二、国际邮件的检疫 ……………………………………………………… 222

附录一　我国国际邮件互换局、交换站 ………………………………………… 224

附录二　国际包裹直封关系表 …………………………………………………… 225

附录三　国际函件直封关系表 …………………………………………………… 239

附录四　中国与卡哈拉重点国家 EMS 直封关系表 ……………………………… 253

参考文献 …………………………………………………………………………… 261

第一章 绪 论

【学习目标】

通过本章的学习掌握邮政通信的性质、特点、地位和任务以及邮政通信组织管理的原则、主要任务等内容。

【引导问题】

邮政通信与我们的生活息息相关,但是你是否思考过什么是邮政通信?其性质是什么?它在社会中处于什么样的地位和作用?邮政组织管理的机构如何设置?邮政组织管理包括哪些内容?带着这些问题,我们走进本章的学习。

第一节 邮政通信概述

一、邮政通信的性质

《中华人民共和国邮政法》(以下简称《邮政法》)规定:"邮政企业,是指中国邮政集团公司及其提供邮政服务的全资企业、控股企业"。它是国民经济中一个独立的以传递实物信息为主的产业部门。也称其为邮政通信行业,它向社会提供邮政通信服务,具有服务性和公用性两大性质。

(一) 服务性

邮政通信不是生产物质产品,而是通过信息和物品的传递提供通信服务,起到空间位移和缩短时间的作用。邮政通信主要是一种以实物为载体的信息传递方式。邮政通信不生产新的实物产品,它根据用户的要求,利用邮政网把邮件由甲地运送到乙地实现邮件的空间位移,它的使用价值就是空间位移的价值,同时在传递邮件时根据用户的不同时间需求开设不同传递时限的业务种类,也体现了邮政通信的时间效应。它的价值就是为此而消耗的活劳动和物化劳动。因此,邮政为社会提供的是劳务或服务,其经济属性表现为服务性。

(二) 公用性

邮政企业是由国家开办并直接管理,利用交通运输工具等手段传递以实物为载体的信息的行业,是现代社会进行政治、经济、科学、文化教育等活动和人们联系交往的公用性基础设施。因此,邮政通信具有公用性的性质,它作为社会的基础设施为全社会提供服务,是人们使用最普遍的通信手段,是发展社会主义市场经济的重要渠道和媒体。邮政的服务对象是全社会,任何人都享有邮政通信的权利,即邮政承担普遍服务。邮政的公用性主要表现在服务范围的广泛性和服务对象的普遍性以及使用的平等性。它是社会基础设施的重要组成部分,在国民经济和人民生活中占有重要地位。世界各国都把实现邮政的普遍服务作为邮政发展的宗旨。制定相关的法律,保障邮政通信的正常进行,对邮政的基本业务——信件业务——授予邮政部门专营权,以政策扶持邮政发展等。

二、邮政通信的特点

(一)邮政通信的生产活动是通过传递附有信息的实物产生效益

邮政通信是根据用户的要求把附有信息的实物由甲地传递到乙地,而且保持实物原样不变。由于邮政通信的生产活动是通过传递附有信息的实物产生效益,因此邮政通信必须利用运输工具完成实物信息的传递,邮政通信对运输工具具有一定的依附性。

为实现实物信息传递,邮政部门建立了实物传递和运送网络,以从分散到集中,再从集中到分散的方式,经过收寄、分拣封发、运输和投递等环节,完成实物和信息的传递,因此,以局所和邮路相互联结而形成的邮政通信网是实现邮政通信的物质基础。

(二)邮政通信生产过程和消费过程的一致性

邮政的生产始于交寄,终于投递。用户交寄邮件是用户使用邮政业务的开始,也是邮政生产过程的开始,一旦邮件投递给收件人,生产过程就结束,同时实现了信息的空间转移,消费过程随之结束。

邮政通信生产过程和消费过程一致性的特点,要求邮政通信必须加强质量管理和质量控制,一旦出现差错会直接给用户造成损失,并且损害邮政企业的信誉。

(三)全程全网联合作业

邮政通信的全部传递过程,通常由两个或两个以上的邮政企业协同作业才能完成。邮政通信全程全网联合作业的特点,要求邮政系统内各企业、各环节密切配合。为了实现协同作业,必须制定统一的作业流程和操作规范,并且统一计划、统一指挥调度。

三、邮政通信的任务

邮政通信的任务是由邮政通信的性质所决定的。它的根本任务是保证党和国家的通信需要和整个社会以及市场经济发展对邮政服务的需要。其主要任务包括五个方面。

(一)邮政通信担负着传递国家政令、公文和沟通各级党政军机关之间联系的重任;

(二)邮政通信是全社会人民群众沟通信息、联络感情的最普遍的通信方式;

(三)邮政通信是市场经济条件下,物质流通的重要渠道;

(四)邮政通信是市场经济条件下,货币流通的重要渠道;

(五)邮政通信是中国经济与世界经济联系的桥梁和纽带。

四、邮政通信的服务方针

邮政通信的服务方针是迅速、准确、安全、方便。

迅速——传递速度要快捷、及时。

准确——要求不出差错。

安全——不发生邮件丢失和损毁,万无一失。

方便——为用户使用邮政业务提供方便。

第二节　邮政企业管理体制改革

一、世界邮政改革方向

从世界范围内看,邮政体制大致有三种。一是政府行政体制,这是大多数发展中国家采用的制度。邮政的所有职责由政府规定,邮政纯粹就是政府的一个部门,没有独立的经济和法律地位,邮政开支按照预算由政府财政供给。二是国有的公共企业,在这一模式中,法律规定邮政是国有的公共企业,邮政经济独立性,但是由于政企不分,因此,经营自主权受到限制,市场适应能力不足,监督激励机制扭曲,企业难于做大做强,政府成为经营风险的承担者,这种体制应是一种过渡形式。三是股份有限公司。

邮政企业改革的方向是进行公司化改造,建立现代企业制度对邮政进行公司化改造,建立现代企业制度,就是要通过产权界定,将现存体制中邮政局行使的政府职能和经营企业的职能分开,将所有权和经营权分离,形成两者在法律基础上的委托代理关系和完善的公司治理结构。其中国家只行使法律规定范围内的国家在邮政中的股权,享受出资人或所有人权益,不直接干预邮政企业的实际经营,邮政企业成为独立经营、自负盈亏的法人主体。国家对邮政的所有权通过适当的机构代表,做到出资人代表到位,防止因所有权代表"虚位"而造成对经营监督的乏力。

我国邮政具有公共事业性质,因此,在改革中也要清楚界定政府应该行使的社会职能,政府不但行使股权,同时要通过适当的优惠政策、相关法规和成本补偿机制来保证邮政企业承担普遍服务义务等社会服务责任,防止邮政"市场化"过度,造成对公众目标利益的损害。这是邮政市场化、企业化改革的特殊之处。

按照国家法律,邮政成为一个股份公司或集团公司,邮政的国家财产转移到一个按公司法经营的法人实体,公司可以是政府独资,也可以由政府控股、其他主体参股。政府通过控股以及法规对公司的经营行使所有者权益和其他保证公众利益的权力。这种体制下的邮政具有现代企业制度,有完善的公司治理结构,邮政自主经营权受到制度保护,公众的利益可以得到保证,这种体制是邮政适应市场经济的最佳形式。从世界邮政发展趋势来看,公司化改造,建立完善的以公司治理结构为基础的股份公司是各国邮政努力的方向。

二、邮政管理体制改革

(一)邮政管理体制改革的背景

在我国,邮政行业作为最后几个改革步伐缓慢的传统行业,由于政企不分,造成服务质量不断下降,经济效益不佳,已经严重影响了邮政的持续发展。特别是根据加入WTO的承诺,从2004年12月11日开始,我国物流业进一步对外开放,包括邮政物流企业在内的众多服务业面临很大的冲击,邮政的科技和自动化水平、人员整体素质、服务质量和品牌美誉度都难以与国际先进物流企业匹敌,中国邮政面临前所未有的市场竞争压力。要解决这些问题就必须改变中国邮政的政企合一的旧体制,实行政企分开的新体制,才能实现企业的长久发展。

在我国关系国民经济命脉和国家安全的大型国有企业、基础设施,由中央政府代表国家履行出资人职责,邮政企业作为社会公益型企业,特别是承担着普遍服务等政策性义务,以及邮政作用发挥依靠网络的完整性等特点,都需要国家在一定范围内对邮政实行控制。因此,在公司化改造中邮政国有资产不可能像其他竞争性领域中的国有资产一样,大幅度地退出。国有资产在邮政中仍将占主导地位,因此在体制改革中组建国有独资的集团公司是邮政的必然选择。

(二) 邮政企业管理体制改革

2007年1月成立中国邮政集团公司后,根据国家有关规定,承担邮政普遍服务义务,受国家委托,承担机要通信业务、义务兵通信等特殊服务。同时集团公司要建立健全成本削减激励机制,在保证普遍服务能力和服务标准的前提下努力降低普遍服务成本。

2015年3月,中国邮政集团公司启动"子改分"改革,即集团公司、速递物流股份公司与所属省级公司由母子公司制改为总分公司制。并根据经营需要,对直营区域范围、管理层级进行市场化的调整。"子公司"改"分公司",将集团公司和31个省公司整合为一级法人体系,取消31个省公司的法人资格,将其变为集团公司在各省的分公司,最终形成了中国邮政集团公司—省邮政分公司—地(市)邮政分公司—县邮政分公司四个层级的组织机构模式。

1. "子改分"的实施

集团公司和省公司均为按《全民所有制工业企业法》设立的全民所有制企业。子公司改为分公司,实施的基本步骤:一是新设各级分公司,二是将省公司资产(负债)无偿划转到集团公司,三是集团公司将从省公司上划的资产(债务)注入各级分公司,四是注销原省公司(非强制要求)。

2. "子改分"后各级机构的命名规则

(1) 省级邮政分公司及直属单位:省级分公司命名为"中国邮政集团公司××省(自治区/直辖市)分公司"(如:中国邮政集团公司河北省分公司);原省邮政公司所属非法人直属单位更名为"中国邮政集团公司××省(自治区/直辖市)××局/分公司"(如:中国邮政集团公司河北省邮资票品局、中国邮政集团公司天津市集邮分公司)。

(2) 地市级邮政分公司及所属分支机构:北京、天津、上海、重庆四个直辖市所属区分支机构更名为"中国邮政集团公司××市××区分公司"(如:中国邮政集团公司天津市和平区分公司);区所属非法人直属单位更名为"中国邮政集团公司××市××区××局/分公司"(如:中国邮政集团公司北京市西城区邮票分公司);区所属营业网点更名为"中国邮政集团公司××市××区××支局/邮电所/邮政所/营业厅(可沿用原营业网点名称)"(如:中国邮政集团公司天津市和平区山西路邮电所)。

(3) 其他地市级分支机构更名为"中国邮政集团公司××市(地/州/盟)分公司"(如:中国邮政集团公司石家庄市分公司),所属非法人直属单位更名为"中国邮政集团公司××市(地/州/盟)××局/分公司"(如:中国邮政集团公司石家庄市邮资票品局),所属区分支机构更名为"中国邮政集团公司××市(地/州/盟)××区分公司"(如:中国邮政集团公司石家庄市长安区分公司),所属区以下营业网点更名为"中国邮政集团公司××市(地/州/盟)××支局/邮电所/邮政所/营业厅(可沿用原营业网点名称)"(如:中国邮政集团公司石家庄市桃园邮政所)。

(4) 县级邮政分支机构及所属营业网点:县级分支机构更名为"中国邮政集团公司××省(自治区/直辖市)××县(市/旗)分公司"(如:中国邮政集团公司河南省中牟县分公司),所属营业网点更名为"中国邮政集团公司××省(自治区/直辖市)××县(市/旗)××支局/邮电所/邮政所/营业厅(可沿用原营业网点的名称)"(如:中国邮政集团公司河南省中牟县雁鸣湖邮政所)。

3. "子改分"后的管控模式变化

"子改分"进一步强化了总部管控力,有利于集团层面的管理和控制,也有利于全网资源的配置利用率,从而更好地实现"管理权上收、经营权下放"。改革完成后,31个省邮政公司及其下属机构由原先的子公司变成分公司,其全部资产、负债、业务、人员、合同和其他一切权利和义务,全部由集团公司衔接,债务债权则由各新设分公司承袭。邮政企业"子改分"组织架构改革后,省公司的法人主体丧失,对财务和纳税方面带来较大的影响,尤其是在资金的集中管理方面。

在实施"子改分"后,省邮政公司将被取消法人身份,省、市、县及其所属分支机构在法律上都成为集团公司的分支机构,将不再具有上下级隶属关系。按照《中国邮政集团公司"子改分"工作整体方案》相关要求,为确保"子改分"组织架构调整工作的顺利衔接,原则上由省邮政分公司承接省邮政公司的职责、权力和利益,通过授权管理模式,实现"子改分"后集团公司对各级分支机构的有效管控。

(1)各省邮政分公司在集团公司授权范围内,通过逐级授权管理方式,实现对本省范围内集团公司所属市、县两级分支机构的人事、财务、生产经营、考核等事项的管理。

(2)各省邮政分公司在集团公司授权范围内,履行对省邮政公司原对外投资单位的股东职责,负责推荐董事、监事和经理,并管理其人事、财务、生产经营、预算、考核等事项。

(3)对省邮政公司原持有的速递物流、中邮人寿和股票应取得的收益,集团公司通过利益分配方式调整给新设立的相应省邮政分公司。

(4)省邮政公司原对外投资单位的经营损益由相应省邮政分公司享有和承担。集团公司向省邮政分公司下达的预算目标继续包含省邮政公司原对外投资单位的经营损益,并纳入集团公司对省邮政分公司的考核。

(5)省邮政分公司负责汇总原对外投资单位的财务报表,报由中邮资产公司编制合并报表,并报集团公司备案。省邮政分公司在汇总编报本省财务报表的同时,另行编报本省财务报表与原省邮政公司对外投资单位的汇总报表。

(三)邮政企业组织机构设置

每个组织都应该有一个按其经营目标所设定的组织结构,同样为了确保邮政企业组织正常运转,实现邮政企业的经营目标,在进行组织机构设置时也要遵守以下原则:

1. 改革的原则。理顺经营管理体系,促进业务重组,推动机制转换。

2. 统一的原则。适应网络性企业的特点,加强集中管理力度,机构、职能和名称原则上要统一,并实行机构设置与编制审批制。

3. 精简的原则。推动扁平化管理,精简管理人员编制。机构设置不要求上下一定对口;一些部门可实行"一套人马,几块牌子"的方式合署办公。

4. 效能的原则。提高工作效率,减少职能交叉,保证上下工作渠道规范、畅通。

5. 适用的原则。机构设置要适应政企合一体制向集团公司体制转变的要求,既要考虑完成邮政普遍服务,也要能保证竞争业务适应市场环境;要重点加强和解决邮政目前经营管理的薄弱环节。内设机构可根据各省收入、从业人员数量和地域大小的差异适当增减数量。

6. 动态调整的原则。改革需要逐步到位,机构设置也需要在实践中逐步完善。

第三节　邮政通信组织管理的内容

一、邮政通信组织管理的概念

邮政通信组织管理就是邮政企业为了向社会提供各种邮政业务和邮政服务,需要对生产过程中的人员、设备、场地以及劳动对象以及信息等生产要素进行有目的、有计划、有秩序的合理配置和科学安排,并实施有效控制的全部活动。

二、邮政通信组织管理的任务

邮政通信组织管理的任务就是根据全国邮政通信的生产任务,合理利用生产资源,科学组织邮政生产,使邮政生产最大限度的合理化,获取全程全网的最佳的经济效果。

邮政通信组织管理要遵循邮政全程全网运作规律,按照现代管理的理论和方法,将邮政生产过程中的生产人员、设备、场地和劳动对象以及信息要素有机地结合起来,在全国范围内和企业范围内形成一个适应社会需要和邮政生产特点的生产组织管理系统,以保证向社会提供优质高效的邮政服务,并达到提高劳动生产率、降低生产成本、确保安全生产、改善劳动条件,提高效率和效益的目的。

三、邮政通信组织管理的内容

邮政通信组织管理工作是一个复杂的系统工程,许多工作涉及全网和各个生产环节,因此,邮政通信组织管理的内容既包括对全网的组织管理(邮政通信网组织管理),也包括对各个生产环节的管理,即对邮政营业、分拣封发、邮政运输、邮政投递等四个环节的组织管理,主要包括:

1. 邮政网组织与管理
（1）邮政网概述;
（2）邮政网体制概述;
（3）邮区中心局体制;
（4）各级邮政通信网组织;
（5）邮政网路优化方法。

2. 邮政营业支局(所)的组织与管理
（1）邮政营业支局(所)的功能;
（2）邮政营业支局(所)的服务规范;
（3）邮政营业支局(所)的管理规范;
（4）邮政营业支局(所)班组管理。

3. 邮区中心局生产组织与管理
（1）邮区概述;
（2）邮区中心局概述;
（3）邮件处理中心生产作业流程;

(4)邮件分拣封发计划;
(5)邮区中心局生产现场管理。

4. 邮政运输作业组织与管理
(1)邮政运输概述;
(2)邮政陆路运输组织管理;
(3)汽车邮运作业规范;
(4)邮政车辆管理。

5. 邮政投递作业组织与管理
(1)投递网路组织管理;
(2)投递生产作业流程与作业规范;
(3)投递服务规范;
(4)投递质量管理;
(5)投递班组管理。

6. 邮政生产的指挥调度
(1)邮政生产指挥调度体系;
(2)邮政生产指挥调度制度与规范;
(3)邮政网运突发事件的应急处置。

7. 邮政通信质量管理
(1)质量管理概述;
(2)邮政通信质量管理概述;
(3)邮政陆运网质量管理;
(4)邮区中心局质量管理。

8. 邮政报刊发行过程的组织与管理
(1)邮政报刊发行作业流程;
(2)邮政报刊发行组织管理。

9. 国际邮件的组织与管理
(1)国际邮件的分拣封发关系与发运;
(2)国际邮件寄递过程的组织与管理;
(3)国际邮件的监管与检疫。

【复习思考题】

1. 简述邮政通信的性质、特点与服务方针。
2. 简述邮政"子改分"的后的机构命名规则。
3. 简述邮政通信组织管理的主要内容。

【课后实践】

1. 通过查阅资料或实地调查,了解中国邮政体制改革进行过程中所面临的问题。针对某一个问题谈谈你的想法。

第二章　邮政网组织与管理

【学习目标】

通过本章的学习,掌握邮政网的概念、组成要素、邮政网的分级分类;掌握邮区中心局体制的概念与内涵,了解我国邮区中心局体制的建设过程。掌握各级邮政网的组织要求和组织方法,掌握邮政网路优化方法。

【引导问题】

在生活中,你使用过中国邮政的通信服务吗?一封信、一件包裹是怎样从寄件人手中传递到收件人手中的呢?传递邮件的网路由哪些要素组成?这些要素又是怎样协同工作完成邮件传递任务的呢?带着这些问题,我们走进本章的学习。

第一节　邮政网概述

一、邮政网的概念与组成要素

(一) 邮政网的定义

邮政网是由邮政营业、投递局所及其设施、邮件处理中心,通过邮路(含邮运工具),按照一定的原则和方式组织起来,在控制系统的作用下,遵循一定运行规则完成邮件传递的网路系统。

(二) 邮政网组成要素

在现实生活中,我们见过各种各样的网,它们都有一个共同的特点,即网是由点和连通点与点的线路构成的。那么,点和线就是网的组成要素。

邮政网也不例外,其组成要素包括:收寄端、邮件处理中心、邮路和投递端。其中,收寄端、邮件处理中心、投递端是邮政网的点,邮路就是连通这些点的运输邮件的线路。下面给出邮政网每种组成要素的含义及作用。

1. 收寄端

收寄端是邮政网的入口,各类邮件通过收寄端节点进入邮政网,标志着邮件传递过程的开始。收寄端节点是指分布在全国各地经办邮政业务的邮政局所,包括邮政支局、邮政所、邮政代办所、临时性局所、流动服务点、村邮站和信箱信筒等。收寄端节点面向社会,直接接触用户,在接受寄件人的委托后,邮件即开始了在邮政网上的传递过程。

2. 邮件处理中心

邮件处理中心是邮件的集散和经转枢纽，担负着邮件的分拣封发任务。不同级别的邮件处理中心承担着不同范围的进、出、转口邮件的处理任务。

3. 投递端

投递端是邮政网的出口，各类邮件通过投递端送达到收件人手中，标志着邮件传递过程的终结。投递端节点是指各投递局所通过投递人员到达的各类邮件接收点，包括个人住户、单位收发室、邮政专用信箱、用户信报箱、信报箱群、智能包裹柜等，一些具有投递功能的委办机构，如社区居民委员会、单位收发室、村邮站、信件和报刊代投点等也可以视为邮政网的投递端节点。

4. 邮路

邮路是在邮政网各类节点之间按照规定的频次、时间运输邮件所行使的路线。各种邮路相互贯通组成邮政运输系统，完成运输邮件的任务。

二、邮政网的分级与分类

（一）邮政网分级

在邮区中心局体制下邮政网可分三个级别，即全国干线邮政网、省邮政网、邮区邮政网。

1. 全国干线邮政网

全国干线邮政网是以一级邮区中心局为中心，由全国干线邮路联结一、二级邮区中心局组成的邮政网路体系。它是全国邮政网的主干，在全网占有举足轻重的地位，起着全网运行的决定性作用。由中国邮政集团公司管理。

2. 省邮政网

省邮政网是以省会（自治区首府、直辖市）邮区中心局为中心，由省内干线邮路联结省内各级邮区中心局所组成的邮政网路体系。每个省都有一个相对独立的省邮政网，它以本省的辖境为其联系范围。它是全国邮政网的重要组成部分，上连全国干线网，下连本省辖境内的邮区网，发挥着承上启下的作用。由省邮政分公司管理。

3. 邮区邮政网

邮区邮政网是以邮区中心局为中心，由邮区内邮路联结邮区内县（市）分公司和收投支局所组成的邮政网路体系。它以本邮区为联系范围。邮区内的市分公司和县分公司根据本地区社会发展和邮政通信的需要而组建的市邮政网和县邮政网是邮区网的重要组成部分。

（二）邮政网的分类

邮政网按照其使用的运输工具不同可以分为邮政航空网和邮政陆运网。

1. 邮政航空网

以南京邮件集散中心为中心，以全国各邮政航空通运局为节点通过中国邮政航空有限责任公司的飞机运送标准快递邮件的航空网路体系。目前邮政航空网由中国邮政速递物流有限公司管理，负责日常运行管理和指挥调度，以支撑标准快递为主。速递物流公司统一制定标准快递的全程运营标准，负责组织标准快递的处理、运输和投递。

2. 邮政陆运网

邮政陆运网是以汽车和少量长途火车（一般运输距离在1 500千米以上）为运输工具，通过一、二级干线邮路和支线邮路连接各级邮区中心局和地市分公司、县分公司组成的网路体系。

(1) 陆运网产生的背景

邮政陆运网是在"互联网+"时代和电子商务快速发展的趋势下,中国邮政为满足普遍服务和电商寄递业务发展需要,实施干线运输方式改革,打破了六十多年干线主要依靠铁路运输邮件的方式,构建了长途以火车为主、中短途以汽车为主的新型运输网络。按照"新架构、新标准、新流程、新工艺、新系统"理念,以75个一、二级中心局为节点,采取双层包裹分拣机等先进的自动化邮件处理设备,利用自有车辆和社会运力,推广甩挂运输等方式进行构建。目标是建成了"国内领先、世界一流"的陆运网,全网日处理能力达2400万件,全国县及县以上快递包裹全程时限缩短至60小时以内。邮政陆运网的有效运行能够提升邮件的时限质量,落实一体两翼经营发展战略,支撑快递包裹增长极和农村电商增长极快递发展。

(2) 陆运网概况

陆运网以支撑快递包裹为主,同时支撑普遍服务业务,涵盖邮件从收寄到投递的全过程;在范围上涵盖全国31个省,从城市到农村,实施集中网管网控。

在运行机制上邮政陆运网以全程时限为目标,从而制订全环节运营标准;围绕运营标准,针对邮件传递的不同过程,制订全流程生产计划,比如营业、投递环节要求按照生产计划进行生产组织。在分拣、运输环节不仅要求按照生产计划进行生产组织,而且通过网运系统生产计划实现控制生产。重点业务,主要是快递包裹业务和标准特快业务,实施全环节结算,根据工作量及运行质量核算收入。

在管理机制上,邮政陆运网的管理可以概括为六个统一:统一的运营标准、统一的建设标准、统一的作业流程、统一的生产规范、统一的指挥调度、统一的质量管控。

(3) 陆运网运输的组网特点

陆运网在网络组织上突出了三个方面的突破,从而有效地提升了网络运行水平和质量。

• 突破传统网络组织架构

首先,压缩网路层级,以75个一、二级中心局作为省际中心,以地市作为本地中心。其次,贴近市场组网,电商包裹产地达到一定规模的地市要就地分拣,直分直发;不能直发的由一、二级中心局集中处理和发运。再次,一、二级中心局之间按照够量直达的原则,搭建干线网状网。最后,以竞争性包裹业务为核心组织陆运网,搭载其他普遍服务业务,实现以快带慢。

• 突破传统分拣组织模式

包件按直达邮路及其带运范围设置分拣格口,邮件随卸、随分,按发运计划准时发车,实现流水化作业。强化地市的包件进口分拣能力,实现全网各层级均衡作业。

• 突破现有运输组织模式

首先,两个处理中心之间邮件流量达到12吨车厢容间的70%,应组织直达运输。其次,全面推行"车等邮件",包状邮件以散件化运输为主,干线汽车邮路逐步推行甩挂运输。最后,省内二级干线下行邮路以地市直达为主,减少沿途经停。

(4) 陆运网运输组织的原则

邮政陆运网运输是以支撑快递包裹和各类普遍服务产品为主的运输组织,应贯彻执行"及时、准确、经济、安全"原则,采取最经济合理的方案,有效利用各种运输工具,及时准确、安全无误完成邮件运输任务,提高运输经济效益。邮政陆运网实行集团公司和省分公司、分网省速递物流分公司二级运输组织管理。

三、邮路的分级与分类

(一) 邮路的定义

邮路就是邮政部门利用汽车、飞机、火车等各种运输工具运输邮件行驶的路线。即邮路是在邮政网各类节点之间按照规定的频次、时间运输邮件所行使的路线。各种邮路相互贯通组成邮政运输系统,完成运输邮件的任务。

古代邮驿有驿道,邮件运输靠人力和车马。近代邮政的邮路是根据交通线路进行规划的,邮件运输主要靠火车、汽车、飞机和轮船等。1830年英国首先利用铁路运输邮件,1903年德国开始用汽车运邮,1918年在伦敦和巴黎间开始有定期邮政航班飞行。1912年"中华民国"时期,中国也开始使用飞机运输邮件。新中国成立后,中国邮政邮件的长途运输主要依靠火车,短途邮件运输主要依靠汽车。改革开放后,邮件业务量逐年增加,特别20世纪90年代后,随着快递邮件业务量的迅猛增长,快递邮件时限要求快,服务品质要求高,而单纯依靠民航部门的飞机运输快递邮件已经远远不能满足快递业务发展的需要。因此,1994年原邮电部邮政总局决定成立中国邮政航空有限责任公司,开始了新中国成立后利用自办的航空邮路进行快递邮件运输的新篇章。

(二) 邮路的分级

根据邮路管理权限不同,邮路可以分为全国干线邮路、省内干线邮路及邮区内邮路(包括市内邮路和县内邮路)。

全国一级干线邮路由中国邮政集团公司负责管理,在一级邮区中心局之间、一级邮区中心局到二级邮区中心局之间以及省会二级邮区中心局之间运输邮件的邮路,省会一、二级中心局或主要国际邮件互换局到相应的主要国际邮件交换站之间运输邮件的邮路以及中国邮政集团公司指定的邮路。

省内二级干线邮路由省、自治区、直辖市邮政分公司管理,包括省内各级邮区中心局之间的邮路;省邮政分公司指定的跨地级行政区划的邮路。中国邮政集团公司指定的省内三级邮区中心局与邻省的三级邮区中心局、地级行政区划或县级行政区划之间的邮路。2016年后,邮政集团公司逐步上收省内干线邮路审批权,省内二级干线邮路的组开、撤销、计划调整等均由集团公司网运部统一审批。

邮区内邮路由邮区中心局负责日常管理,在邮区中心局至邮区内各县(市)分公司和各收投点之间运输邮件的邮路。市内邮路和县内邮路是邮区内邮路的重要组成部分。市内邮路是指市邮政分公司与其分支机构或与车站、码头、机场等地的转运部门和报刊社之间的邮路。县内邮路是指县邮政分公司与其所属的农村支局、农村支局之间以及农村支局到村委会代投点之间的邮路。邮区内邮路的组开、撤销、计划调整等均由省分公司运营管理部审批。

(三) 邮路的分类

1. 按经营性质划分

按经营性质划分,邮路可以分为自办邮路和委办邮路。自办邮路是指邮政部门自备或租用运输工具,由邮政部门自行办理邮政运输业务所形成的运输邮件、报刊的邮路。委办邮路是指邮政部门与其他部门或个人签订合同并使用他们的运输工具及委托其将邮件运至某地邮局的邮路。

2. 按运输工具划分

按运输工具划分,邮路可以分为航空邮路、铁道邮路、汽车邮路、水运邮路、摩托车及其他机动车邮路、非机动运输工具和旱班邮路。航空邮路是指利用飞机运输邮件的邮路,分为利用民航部门的飞机运输邮件的委办航空邮路和利用中国邮政航空有限公司的飞机运输邮件的自办航空邮路。

铁道邮路是利用火车运输邮件的邮路,铁道邮路有自备车(将邮政自备的火车邮厢挂在客运列车上)、租用铁路行李车和行邮(包)专列等运输方式。

汽车邮路是指利用汽车运输邮件的邮路，汽车邮路包括由邮政部门自办的汽车邮路和委托交通运输部门代运的委办汽车邮路；有甩挂（厢）和分体厢式车两种运输方式

水运邮路是利用机动船或非机动水上运输工具运输邮件的邮路；摩托车及其他非机动车邮路是指利用摩托车或机动脚踏两用车以及其他机动工具运输邮件的邮路。

非机动运输工具和旱班邮路，旱班邮路指利用自行车、人力以及各种人力推拉车运输邮件的邮路。旱班邮路有步班邮路、自行车邮路、畜力班邮路等。

第二节 邮政网体制概述

一、邮政网体制的概念和属性

（一）邮政网体制的概念

邮政网体制是指邮政网的组织体系和制度，是规范邮政网的一种机制。

邮政营投局所及设施、邮件处理中心和邮路有机联系，相互配合形成了覆盖全国的邮政网，为邮政通信活动提供了物质技术基础。但是，要保证分散在全国各作业点上的邮件能在邮政网上有序的传递，就必须有科学的、有效的组织体系和制度来协调它们之间的活动，使邮件在网上迅速、准确、安全、高效的传递。这种科学严密的邮政网组织体系和制度就是邮政网体制。邮政网体制对全网的结构和邮件运行的方式都有重大影响。

（二）邮政网体制的属性

1. 相关性

相关性包含两层意思：一是邮政网体制和邮政网的物质技术基础之间存在着密切的联系。没有科学严密的邮政网体制，邮政网的物质技术基础就无法充分发挥其效用，而邮政网体制又是以一定的物质技术体系为基础的，两者必须有机配合才能充分发挥效用。二是邮政网体制与其外部环境之间的相关性。特别是与交通运输业的发展、布局及社会经济环境等之间的关系尤为密切。

2. 目的性

邮政网体制的目的性是指邮政网体制具有人们所明确赋予的预期目标。如目前我国正在推行的邮区中心局体制，其目的是为了加快邮件传递速度，减少经转层次，提高全网作业效率，降低作业成本。

3. 环境适应性

邮政通信是为国民经济各部门和广大人民群众提供最广泛、最普及的通信手段和渠道。因此，邮政网体制与其外部环境必须相适应，才能发挥其规范邮政网运行的作用，必须依据外界环境的变化，如国家经济体制的变革、社会主义市场经济体制的建立、市场的变化、交通运输业的发展布局等因素进行调整与改革。这样才能保证邮政网发展能满足邮政通信的要求，我们只有在一定社会背景下考察邮政网体制，在一定环境中研究邮政网体制，才能看清邮政网体制的全貌，解决邮政网体制中存在的问题。

4. 总体性

邮政网体制的各组成部分的功能相互配合，形成一个整体来实现邮政网体制的总体功能，这就是邮政网体制的总体性。

二、邮政网体制的内涵与演变历程

我国邮政网管理体制的演变大致经历了三个阶段：传统体制，指定转口局体制，邮区中心局体制。

1. 传统体制

在 1986 年以前，我国邮件的运输主要依赖于公路、铁路等社会交通运输力量，没有自己的运输网路，邮件的运递路径完全取决于社会交通运输线路，所谓的邮政运输网是随着社会交通运输网的变化而形成的，属于自然网，邮件需要经过支局、县分公司、地市分公司和省会分公司等不同级别的邮政节点多次经转才能到达目的地，邮政网的分级也基本上按照行政区划进行分级，这个时期邮政网的管理体制称为传统体制。

2. 指定转口局体制

进入 20 世纪 80 年代中期以后，随着社会经济的发展，邮政开始经营商业包裹业务，业务量突飞猛进，但乱封乱发现象严重，邮件丢失、延误的现象不断出现，引起社会强烈不满。为了改进服务质量，邮电部邮政总局在邮件封发体制上推出并实施了指定转口局体制，自 1986 年开始，全国选择了 255 个地理位置适中、交通便利、规模较大的局，划定这些局的经转范围，以此规范邮件的分拣封发关系，取得了明显的效果，255 个指定转口局为以后实行邮区中心局体制奠定了很好的基础。

3. 邮区中心局体制

进入 2000 年以后，随着中国交通运输条件的改善和邮件业务量的增长，实施邮区中心局体制的条件日趋成熟。在 2001 年，对邮政网管理体制进行了重大改革，实行省会邮区中心局与省会市分公司分离，成为省分公司直属的负责邮件封发和运输的邮政生产单位。非省会二级邮区中心局由所在地邮政分公司直接管理，设立相对独立的生产单位，在财务上实行单独列账、单独核算。三级邮区中心局由所在地邮政分公司直接管理，负责实物传递类邮件业务的处理与运输。最近两年对全网的邮区中心局数目进行了调整，全国共设 201 个邮区中心局，其中，一级中心局 7 个，二级中心局 68 个，三级中心局 126 个。

三、传统体制的形成及其特点

（一）传统体制的形成

邮政网是随着城市的兴起而发展起来的。城市是商品经济活动的中心，随着城市经济活动的发展和人们交往的需要又逐步发展了通信、交通等基础设施。因此，首先在城市设立了邮局，并利用交通条件建立了邮路，随着城市辐射作用的加强和地区经济的发展，在城市周围的乡镇也相继建立了邮政服务点，逐步形成了封发单元，这种随着城市和区域经济发展和交通条件的改善，自然而然形成的邮政网，我们称之为自然网，相应的体制我们称之为传统体制。

（二）传统体制的特点

1. 局所和邮路的分工不细。
2. 以县（市）分公司作为基本封发单元，封发单元多、规模小、封发功能分散。
3. 邮路大量的利用交通部门的运输工具，邮运受到很大限制，难以按照邮政生产作业规律组织内部作业。
4. 无法实现全网统一的时间配合，因此规定了发运交接的时间衔接要求，根据邮运时间确定封发时间,根据封发时间确定邮件的处理、收寄截止时间以及投递时间。

5. 规定轻件发运路由以"时间最短"为原则,即向非直达邮路沿线的寄达局发运邮件,计算不同路由的衔接时间,选择其中最快的路由。

6. 规定邮件直封的数量标准,对不在直达邮路沿线的邮局按其在网中的地位或邮件数量组织直封。不够直封标准的邮局,可根据规定的经转关系和规则选择近端(靠近封发局)或远端(靠近寄达局)的经转局封发。

7. 通过增加邮政部门的作业频次、增加开筒和投递频次来加快邮件传递速度。

8. 在能力配合方面,只注意在邮件计划中分配运能计划和规定各类邮件的发运次序。

这种传统体制是以手工操作为主要的劳动手段,投资少,在邮件业务量不大,全网邮件传递的数量和规模尚不足以形成更深的专业分工,社会对邮件传递时限要求还不高的情况下,是一种经济合理的组织方式。但是,随着全网邮件业务量的迅速增长,这种体制的缺陷和弊端就会逐渐暴露出来。因此,必须对传统邮政网进行一系列的调整与改革,加深全网专业化分工,按照邮政网功能配合的要求,组织比较规范化的邮政网,即逐步由传统体制向中心局体制过渡。

第三节 邮区中心局体制

一、邮区中心局体制的概念与内涵

邮区中心局体制,是邮政网从传统体制发展到一定阶段后,网络的功能专业化分工进一步加深,功能结构发生变革的必然结果,是邮政网从传统体制向现代化体制发展演变的必然结果。邮区中心局体制的出现,是邮政网发展到高级阶段的产物。

(一) 邮区中心局体制的概念

邮区中心局体制是以邮区中心局为基本封发单元和网路组织的基本节点,在此基础上组成分层次的邮政网,是用以传递邮件的一种邮政通信组织制度和方式。特别注意的是:

1. 封发单元从过去的县(市)分公司改为邮区中心局。

2. 邮政网路分层有两层含义:一是按邮政网的联系范围分为全国干线网、省邮政网、邮区网;二是按承担运输邮件的种类分为快速网和普通网,分别支撑快递业务和普通邮件业务的发展。

(二) 邮区中心局体制的内涵

1. 在全国划分邮区并编码,在邮区内设邮区中心局。

2. 以邮区中心局为基本封发单元和网路组织中心,组成全国、省和邮区三级邮政网。

3. 在三级邮政网中,各邮区中心局之间由全国干线和省内干线邮路沟通,邮区内通信,由邮区中心局通过支线邮路直接向本邮区各收、投点运邮或经本邮区内县(市)分公司接力运邮,使邮区中心局成为邮件的集散中心。

4. 有一套与网路体制相适应的管理体系和运行机制,以保证全网的有效运行。

二、实施邮区中心局体制的背景和意义

（一）我国实施邮区中心局体制的背景

我国实施邮区中心局体制是在以下背景下进行的：

1. 邮区中心局体制的提出阶段

20世纪70年代中期美国等发达国家就已经推行了邮区中心局体制。我国在70年代末也提出了这个问题，但其主要目的是为推行邮政编码作准备，对全国划分邮区，制定了邮政编码的原则，并组织实施，以此为基础提出建设邮区中心局的想法，但局限于当时的历史条件，对邮区中心局体制从概念到内涵，从原则到实施的可能性都没有一致的认识。

2. 邮区中心局体制的理论研究阶段

80年代中期后，邮政业务迅猛发展，原有以县（市）局作为基本封发单元的体制越来越不适应实际生产的需要，改革邮政网路体制，明确邮政网的结构层次，成为急需解决的问题。为此，邮电部组织专家对"关于邮区中心局体制的研究"这一课题进行研究并于1991年由邮电部评审通过。

1992年，在全国邮政工作会议上杨泰芳部长首次宣布：中国要实行邮区中心局体制。1994年邮电部下发了582号文《关于印发〈中国邮政网组织原则与要点〉的通知》，对邮区中心局体制的概念内涵等理论作了明确的界定，为推行邮区中心局体制奠定了理论基础。

1995年，邮电部又下发884号文《关于邮政网发展战略规划的若干意见》，提出了我国到2010年的总体发展目标是：围绕实施邮区中心局体制这个中心，搞好邮政通信实物传递网和综合信息处理网的建设，以邮区中心局体制确定的三个层次所需装备的完善配套为重点，加速提高信息处理网络化，内部处理自动化，搬运装卸机械化，营业窗口电子化水平。

3. 邮区中心局体制的建设与实施阶段

1997年邮电部又下发了575号文《关于印发进一步加快实施邮区中心局体制若干意见的通知》，提出了实施邮区中心局体制的具体建议和实施进度。

1998年，正式要求按照邮区中心局体制运作，全国确定了236个邮区中心局。

2000年，进行邮政网路管理体制的改革，省会邮区中心局与省会市局分离，成为省局直属的负责邮件封发和运输的邮政生产单位。目前，大部分省会邮区中心局已经挂牌成立。非省会二级邮区中心局由所在地邮政局直接管理，设立相对独立的生产单位，在财务上实行单独列账、单独核算。三级邮区中心局由所在地邮政局直接管理，负责各类实物传递类邮件业务的处理运输。

2001年，对邮区中心局数目进行了调整，全国共设201个邮区中心局，其中，一级中心局7个，二级中心局70个，三级中心局124个。

2016年，根据电商包裹流量流向特点，对二级邮区中心局进行了大幅度调整，调整后，一级中心局7个，二级中心局68个，三级中心局126个。

综上所述，实施邮区中心局体制是邮政业务和邮政技术发展的必然结果。

(1) 通信技术的快速发展要求邮政必须提高服务质量；

(2) 邮政业务收入持续增长的同时，邮政亏损呈上升趋势，要求邮政必须降低网络运行成本；

(3) 市场竞争的加剧要求必须提高邮件传递时限标准；
(4) 业务量的持续增长为中心局体制的实施奠定了基础；
(5) 中国交通条件的改善为实施邮区中心体制创造了条件。

(二) 我国实施邮区中心局体制的意义

邮区中心局体制是一种先进的邮政网组织管理体制。早在20世纪70年代，欧美等发达国家先后实施了这种体制，并取得了很好的效果，进入20世纪90年代，中国市场经济的发展对邮件的传递速度提出了越来越高的要求，同时，邮件业务量也在逐渐增长，特别是沿海地区，人均邮件业务量已经达到中等发达国家水平，实行邮区中心局体制的环境和条件基本成熟。与此同时，中国的交通运输条件正发生巨大变化，高速公路迅速崛起，民航运输条件日益改善，这些都为邮区中心局体制的实施奠定了一定基础。因此，中国有条件借鉴发达国家推行邮区中心局体制的先进经验，并紧密结合中国国情，建设具有中国特色的中心局体制，为社会主义市场经济体制的发展提供强有力的支撑。其重要意义主要体现在以下几个方面：

1. 可以加快邮件的传递速度，提高邮件的传递时限；
2. 提高全网的作业效率和劳动生产率，实现邮政网路管理的现代化；
3. 邮件集中处理，便于实现邮件处理的机械化和自动化，降低网路运行成本；
4. 减轻工人的劳动强度，改善劳动条件。

三、传统体制与邮区中心局体制的比较分析

传统邮政网是随着交通运输条件的改善和城市发展自然形成的，与其相对应的体制称之为传统体制。邮区中心局体制是指以邮区中心局为全网的基本封发单元和网路组织的基本节点，在此基础上组织分层次的邮政网，是用以传递邮件的一种组织方式和制度。两种体制之间的比较参见表2-1。

表2-1 传统体制与邮区中心局体制的比较

比较内容	邮区中心局体制	传统体制
分发关系	与邮政网的结构对应	由封发局凑合邮运情况而定
时限标准	有明确的时限标准	无明确的时限标准
封发局分布	以邮区中心局为封发单元，封发局数量少，规模大，分发功能集中	以县市局为封发单元，封发局数量多，规模小，分布分散，分发功能分散
网路层次	层次清晰，分工明确	层次繁杂，分级不严，混合运输
技术构成	内部处理多采用自动化、机械化手段，收投以手工和半机械化为主	主要以手工操作为主，机器只在局部起辅助作用
作业量分配	分拣封发和运输集中于中心局并实行机械处理，收投作业分散在服务网点	作业量分布无规律，县市局既是处理中心，又是收投部门
运能调节	弹性大，灵活	运能调节困难
运用环境	业务量大，交通条件好，时限要求高的社会环境	业务量小、时限要求不高的社会环境

第四节 各级邮政网的组织

一、全国干线邮政网的组织

(一) 全国干线邮政网的地位和作用

全国干线邮政网是我国邮政网的最高层次,在全网中处于关键和统领的地位,发挥着关键性的作用,对于保证全网畅通运行起着决定性的作用。同时,全国干线网还是连接我国邮政与世界各国邮政之间的桥梁和纽带,在国际邮政通信中发挥着重要的作用。

(二) 全国干线邮政网的任务

全国干线网是连接各省的全国性邮政网路,是把我国邮政网与世界各国邮政网连接的纽带。因此,全国干线网的任务是:第一,负责国内跨省邮件的传递;第二,负责我国邮政与各国邮政间国际邮件的交换。

(三) 全国干线邮政网的构成

全国干线网是由全国干线邮路及其所连接的一级邮区中心局、二级中心局所组成。全国干线网的结构形态属于网状多点辐射,七个一级中心局之间基本上呈网状联结,由七个一级中心局向它们所属的 68 个二级中心局辐射。

干线邮路主要是铁道邮路、航空邮路和汽车邮路,随着今后干线邮运量的发展和我国航空运输、公路运输的发展,航空、汽车运输承担的干线邮运量会逐渐上升。

(四) 全国干线邮路组织的原则

中国邮政集团公司负责一级干线邮路的总体规划和组织管理,负责一级干线邮路增撤的审批,负责一、二级干线邮路专用火车邮厢,一级干线汽车和相关设备的配备。各省(自治区、直辖市)邮政分公司负责所承担的一级干线邮路的运行管理、设备管理。

我国地域辽阔,交通运输和经济发展不均衡,要求干线邮路的组织必须在中国邮政集团公司统一领导和总体规划下,在保证邮件时限及安全的基础上,遵循以下原则:

1. 维护网路统一性、完整性的原则

干线运输网是邮政提供社会普遍服务和参与市场竞争的优势所在,统一和完整是实现邮政网路畅通的基础,是干线邮路组织的基本原则。

2. 保障业务发展的原则

为增强市场竞争能力和促进业务发展,应合理调整和优化网络结构,为邮政经营提供网路支撑和保障。

3. 确保邮件传递时限的原则

应根据各类邮件时限和频次的规定,结合各地交通实际情况,充分选择各种运输方式和综合利用各种运输工具,确保邮件传递时限。

4. 实行计划发运邮件的原则

要根据邮路运行时间、频次以及运输工具的最大装载能力,制订合理的邮件发运计划,实行计划发运。

5. 运行高效的原则

在满足邮件传递时限的前提下,根据邮件流量流向的变化,对各种运输方式的成本进行综合比较分析,采取有效措施,提高全网运行效益。

二、省内干线邮政网的组织

(一) 省内干线邮政网的地位和作用

在邮区中心局体制下,省内干线邮政网处于全国三级网中的中间地位,它上连全国干线邮政网,下接邮区网,在整个邮政网中起着承上启下的作用。它是干线邮政网与地市网的结合部。

(二) 省内干线邮政网的特点

1. 网覆盖的区域差别大

省内干线邮政网以本省的行政区域为其联系范围,由于全国各个省(自治区)的面积不同,造成省内干线邮政网覆盖的区域差别很大。例如,新疆的面积为160多万平方千米,而江苏省只有10万平方千米,海南省仅3万多平方千米。可见,省内干线邮政网组织的差别很大。

2. 面临的外部环境不同

对省内干线邮政网影响较大的外部环境包括交通运输和经济发展水平。由于各省的地理位置不同,覆盖面积差别大,因此各省的交通运输条件也不尽相同,有的省铁路运输很发达,有的省公路运输发达。邮政运输对交通运输有很强的依赖性,这就决定了各省邮政运输网的组织结构和成本有很大的差别。

经济条件对邮政网的组织也有很大的影响,经济发展水平越高,邮政业务量越大,对邮政网组织能力和要求越高。

3. 邮政网的结构不同

各省的地理位置、地形地貌等自然环境不同,使得省内干线邮政网的结构及其组织形式差别很大,邮政网的结构有的是网状的,有的是星状的,还有的是复合形式。运邮的方式也是多种多样。

4. 省内干线邮政网邮件传递能力差别较大

各省的经济发展水平的差异造成邮政业务量也有很大不同,经济发展水平高的省,业务量较大,省内干线邮政网的技术装备也较好,网路的组织管理水平和人员素质相对较高,邮政网的传递能力也大。经济条件较差的省,邮政业务量较小,邮政网的技术装备水平、管理水平等相对较差,邮政网的传递能力也较小。

(三) 省内干线邮政网优化组织的内容

1. 调查现状

(1) 地理环境:地形条件、水文条件;

(2) 交通条件:铁路、公路、水运、航空条件;

(3) 邮件流量流向特点和最新的统计资料;

(4) 邮路现状:长度、运量、时限等;

(5) 局所分布状况:地理位置,空间分布特点,收寄、投递能力;

(6) 处理中心的处理能力和设备利用情况。

2. 分析存在的问题

主要分析目前省内干线邮政运输能力、时限水平等方面存在的主要问题。

3. 确定优化目标

(1) 时限目标：次晨达邮件、全夜航邮件、EMS、信函按时投递率，报纸当日妥投率；

(2) 能力目标：省邮政网全年处理邮件的能力；

(3) 效益目标：投入产出率。

4. 划分邮区、确定中心局

根据邮件流量流向的特点以及邮件的传递时限的要求，综合分析本省地理、交通、经济以及业务量的分布等多种因素，采用定性与定量相结合的方法，将全省划分为若干个邮区，在每个邮区选择一个邮区中心局。

5. 组划省内干线邮路

(1) 分析省内各邮区中心局之间邮件流量流向的特点；

(2) 确定省内邮件集散中心和邮件集散地模式；

(3) 建立省内直达的干线邮路；

(4) 做好与全国干线邮路的衔接。

三、邮区网的组织

邮区网是指以邮区中心局为中心，由邮区范围内的市（县）分公司和收投点通过邮区内邮路连接起来的邮政网路体系。邮区网是由邮区骨干网、城市网和县内网三部分组成。

（一）邮区骨干网的组织

所谓邮区骨干网就是指邮区中心局和邮区内的县分公司、市分公司、重点支局（收投点）通过邮区内的骨干邮路连接起来的网路体系。

随着电商包裹的发展，邮区网的组网模式主要取决于电商包裹的流量和流向特点。另外，随着流水化作业和散件化处理的推广，多数电商包裹邮件均采取散件外走的运输模式，弱化处理中心的分拣封发，总包邮件将逐渐减少，出口邮件将逐步集中到二级中心局处理，进口邮件将逐步实施分拣投递一体化，根据这一特点，邮区网的组网模式主要取决于进口包裹邮件的流量和流向变化。根据邮区中心局进口包裹量的大小和流向特点，选择适当吨位的中小型汽车，在保证邮区内运递时限的前提下确定每条邮区内骨干邮路上连接的市分公司、县分公司和重点收投点。

组划邮区内骨干邮路的基本步骤是：

(1) 分析各邮区中心局与邮区内各地市分公司、县分公司之间邮件流量流向的特点；

(2) 确定骨干邮路连接的市分公司、县分公司和收投点；

(3) 选择合适的运输车辆（型号和吨位与流量相匹配）；

(4) 组化骨干邮路初始方案；

(5) 根据初始方案试点运行一周左右；

(6) 修正初始方案，确定新方案。

（二）城市邮政网的组织

1. 城市邮政网的概念

城市邮政网（简称城市网）是由城市（不含市管县）范围内的邮政营投局所及设施、邮件处理中心和市内邮路,按照一定的原则和方式组织起来的从事邮政通信活动的网路体系。

2. 城市邮政网的特点

城市邮政网是连接邮政内部生产与社会公众的纽带,城市邮政网是城市邮政企业组织内部生产的物质技术基础,只有城市邮政网有效运转,邮政企业才能完成各个生产环节,为城市提高邮政服务;同时,城市邮政网的营业和投递又直接接触社会公众,是整个城市邮政网的起点和归宿。所以说城市邮政网是连接邮政内部生产与社会公众的纽带,具有如下特点:

(1) 双重性。一方面,城市邮政网包含了收寄、分发、运输和投递四个主要环节,它们相互配合、协调活动形成了一个完整的系统,可以完成本市范围内邮政通信的任务,因此,城市邮政网具有相对独立性;另一方面,由城市四个生产环节所形成的组织体系又是全国邮政网的始端、终端和节点,其活动是全程全网联合作业的一部分,它只有与全国干线网、省邮政网和农村网有机地结合起来,才能完成国内、国际邮政通信任务,因此,城市邮政网又具有从属性。

(2) 点多线密,技术构成高,设施先进。由于城市人口密集,经济行为单位的空间分布较为集中,所以,与县邮政网相比,城市网的网点分布较密集。由于经济发展水平的差别,城市对邮政通信服务的需求量远大于农村,对于邮政服务质量提出了更高的要求,为了充分满足这种要求,城市邮政网必须配置先进的技术设备。所以,城市网的技术构成和设施都比县邮政网要先进。

(3) 城市网的组织不仅与邮件内部处理过程相连接,而且直接接触社会公众。

3. 城市网的地位和作用

城市网担负着完成本市各用户之间、市区各用户与国内及国外广大地区各用户之间邮政通信联系的任务。城市网是全国邮政网的重要组成部分,主要体现在以下几个方面:

(1) 城市网是整个邮政系统的一个子系统。

(2) 市内邮路上连全国干线邮路、省内干线邮路和地市网内邮路,向下扩展到县内与广大农村邮路相联结,处于干支交接地位,发挥干支通流的作用。

(3) 市邮政分公司是全国邮政网的重要节点,且多是各级转口局,也是未来中心局的基础,在国内、国际邮政通信中有举足轻重的作用。

城市网可以产生可观的经济效益。由于城市是经济的核心,城市邮件量大,因此,城市局所的业务收入是邮政收入的重要来源。

4. 城市营业局所的设置指标和方法

为了确保全网和城市邮政服务水平并获得一定的经济效益,邮政主管部门应规定城市局所的设置标准,作为城市网设置局所的依据。

(1) 设置指标

局所平均服务人口和局所平均服务面积(或半径)是反映公众用邮方便程度和社会效益的指标。局所业务量或业务收入指标是用来衡量局所的设置是否合乎经济合理的要求,是考虑邮政部门经济效益的指标。

(2) 城市邮政营业局所的局址选择

城市邮政营业投递局所布局的重要内容之一是确定各局所的具体位置。目前局址的选择和确定尚无定量标准,一般采用定性方法。

定性方法的基础是深入分析影响局址选择的因素和确定局所位置应遵循的原则。

① 影响局址选择的因素:

• 城市地域面积的大小和地域条件;

- 人口数量、人口结构和人口密度；
- 经济发展水平和经济结构；
- 产业布局：经济行为单位的空间分布，如商业区、工业区、住宅区、文化区的空间布局；
- 运输网的布局：市内道路布局；
- 社会和政治机构、管理体制的特点；
- 文化及日常生活特点；
- 邮政需求量和邮政服务水平。

② 城市邮政营业局所选址的原则：
- 适合城市的性质、特点和发展方向；
- 最大限度地接近用户；
- 尽可能满足用户的用邮需求；
- 便于合理组织市内邮运；
- 取得期望的经济效益。

③ 邮政营业场所的设置应至少满足下列条件：
- 北京市城区主要人口聚居区平均1km服务半径或1万~2万服务人口；
- 其他直辖市、省会城市城区主要人口聚居区平均1~1.5km服务半径或3万~5万服务人口；
- 其他地级城市城区主要人口聚居区平均1.5~2km服务半径或1.5万~3万服务人口；
- 县级城市城区主要人口聚居区平均2~5km服务半径或2万服务人口；
- 乡、镇人民政府所在地和乡、镇其他地区主要人口聚居区平均5~10km服务半径或1万~2万服务人口；
- 交通不便的边远地区，应按照国务院邮政管理部门的规定执行；
- 乡、镇人民政府所在地应至少设置1个提供邮政普遍服务的邮政营业场所；
- 较大的车站、机场、港口、高等院校和宾馆，应设置提供邮政普遍服务的邮政营业场所。相关单位应在场地、设备和人员等方面提供便利和必要的支持。

④ 提供邮政普遍服务的邮政营业场所的服务设施应满足下列要求：
- 营业场所应公示名称、所在区域邮政编码、每周的营业日和每天的营业时间，并按公示的时间营业；
- 营业场所应公示或者以其他方式公布其服务种类、资费标准、邮件和汇款的时限标准、查询及损失赔偿办法、禁止寄递或者限制寄递物品的规定；
- 营业场所内应在明显位置公示用户对其服务质量的投诉、申诉渠道及联系方式；
- 营业场所内应免费为用户提供邮政编码查询服务；
- 营业场所内应提供便民服务设施及用品用具；
- 营业场所内应布局合理，指示清晰，环境整洁。

⑤ 邮筒（箱）的设置应至少满足下列条件：
- 直辖市、省会城市城区主要人口聚居区平均0.5~1km服务半径；
- 其他地级城市城区主要人口聚居区平均1~2km服务半径；
- 县级城市城区主要人口聚居区平均2~2.5km服务半径；
- 乡、镇人民政府所在地主要人口聚居区平均5km服务半径。

提供邮政普遍服务的邮政营业场所门前应设置邮筒(箱)。较大的车站、机场、港口、高等院校等人口密集的区域,宜根据需要增加邮筒(箱)的设置数量。

5. 市内邮运系统的概念和种类

(1) 市内邮运系统的概念

市内邮运系统是指城市范围内在营投局所,邮件处理中心和转运部门之间按照一定的原则和结构组织起来运送邮件的邮路系统。

(2) 市内邮路的种类

市内邮运系统的邮路分两种:一种是转趟邮路;一种是市内盘驳邮路。

① 转趟邮路是在邮件处理中心与市内各邮政局所之间按固定频次和规定时限往来运送邮件的邮路;

② 市内盘驳邮路(接发邮路)是在邮件处理中心与位于车站、机场、码头等地的转运部门及报刊社之间往来运送邮件、报刊的邮路。

6. 城市邮路的组织原则

(1) 时效性

满足各类邮件在市内运输的需要,确保市内运输时限的完成。

(2) 经济性

在保证邮件时限的前提下,通过合理的组划,使市内邮运经济高效,即以尽可能低的运输费用保质保量地完成邮件的市内运输任务。

(3) 灵活性

由于市内运输系统的运转受城市交通、规划以及业务量变化等外部环境因素的影响大,这就要求市内邮运在保证正常运输需要的同时,还要有一定的应变能力,以应付临时变化的需要。

(三) 县内网的组织

1. 县内网的作用和特点

县内网是以县邮政分公司为中心,由农村邮路连联接各乡镇邮政支局所、服务点所组成的传递邮件的网路体系。

(1) 县内网的作用

- 县内网是繁荣我国农村经济的基础设施;
- 县内网是全国农村邮政的物质技术基础;
- 县内网是全国邮政网的重要组成部分。

(2) 县内网的特点

- 邮政业务发展极不平衡

由于我国经济发展水平之间存在很大差别,不同省份,县内网之间存在很大的不平衡性,即使同一个省,不同的县之间邮政业务发展条件和水平也存在很大差别。

- 经济效益差

由于农村经济发展落后,农村人口分布分散,产业布局分散,致使单个局所的业务量小,规模经济效益差。

- 邮政基础薄弱

农村经济发展水平低,基础设施差。

2. 农村邮路组织形式

(1) 辐射形邮路

从起点到终点,去程和返程沿着同一条直线或曲线行走的路线。

(2) 环形邮路

从起点出发,沿曲线行走一圈,仍然回到原来出发点的路线。

(3) 混合邮路

直线形邮路与环形邮路相结合的路线。

3. 农村局所建设与发展方向

农村要大力发展村级委代办局所,以提高营业网的覆盖面,方便广大农民用邮,提高农村地区的服务水平,增加业务收入。

具体措施和发展方向是:

(1) 业务量较大的乡、镇政府所在地,规模较大的厂矿、林区、畜牧区、农场应设置自办局所;

(2) 地理位置适中的农村邮路和投递路线组织的中心应设置投递局所;

(3) 自办与委办相结合,大力发展委代办局所;

(4) 定点服务与流动服务相结合;

(5) 营业与投递相结合;

(6) 实行局所承包经营。

4. 农村投递路线的组织原则和方法

农村投递路线组织的基本原则为:

(1) 经济原则:选择最短路线、连接尽可能多的局所;

(2) 重点原则:先党政机关、厂矿企业、学校,后行政村和居民点。

农村投递路线组织的方法为:

(1) 调查研究,掌握数据

① 乡镇、机关、厂矿、农林场、行政村、居民点的分布状况;

② 现行邮路、支局所、代办所、邮票代售处、信报站、信报接转点的分布情况;

③ 邮件报刊的流量、流向,重点投递点的邮件量和报刊量;

④ 铁路、公路、河流、湖泊、山脉、丘陵、桥梁和渡口情况;

⑤ 农民用邮习惯,集贸市场的时间、地点,乡镇的生产特点和产品特点。

(2) 分析研究,绘制路线草图。

(3) 测定试行,复查修正定案。

(4) 正式开班,编制"邮运时间表"。

第五节 邮政网路优化方法

网络优化理论在邮政网路优化中有着十分广泛的应用,邮政网与计算机网络、无线网等有着极大的相似性。在实际生活、生产和科学研究中,有很多问题可以用网络优化的方法来解决。本节重点介绍图论的相关知识,解决中国邮递员问题、最小树问题、网络最短路径和网络最大流问题。

一、中国邮递员问题

(一) 问题的提出

一个邮递员传送邮件,从邮局出发,走完他所负责的全部街道,完成任务后回到邮局,问应该按照怎样的路线走,才能使所走的路程最短?

这个问题的一般描述如下:

给定一个连通图 G,在每一边上赋予一权,试求一个圈,过 G 每边至少一次,并使圈的总权最小。

这个问题是我国管梅谷先生在 1962 年首先提出的,因此在国际上通称为中国邮递员问题。

1. 欧拉图

在连通图 G 中,若存在一个圈,过 G 每边一次且仅一次,则称 G 为欧拉图(简称 E 图),也叫欧拉圈。

欧拉图的一个重要特点是图 G 中无奇点(奇点即与该点相连的边条数为奇数)。

2. 最佳投递路线

设投递路线图 G,显然有两种情况:

(1) G 是 E 图,则 G 为最佳投递路线图;

(2) G 中有奇点,非 E 图。

例如,图 2-1 所示的投递路线图(边旁数字为路权),其中有六个奇点,所以要想从某点 v_1 出发经过每一边一次且仅一次,最后返回 v_1 不可能办到。因此要经过每边至少一次,最后返回出发点,中间某些边必然要重复经过,而这样的投递方案有很多,这里使我们看到,含奇点的 G 中,两条投递路线的总权之差等于相应的重复边总权之差。因此对于一个含有奇点的 G,要达到投递路线最短,实际上,只要求所增加的重复边总权最小。为了叙述方便,把增加重复边后不含奇点的新图称为可行方案,同时把重复边总权最小的可行方案称为最优方案(即最佳投递路线)。

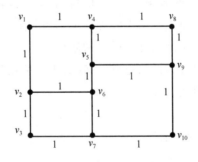

图 2-1 投递路线图

现在的问题是:

(1) 在含奇点的图 G 中,如何确定初始可行方案;

(2) 如何判别可行方案的最优方案;

(3) 当可行方案不是最优时,又如何调整可行方案,使其成为最优方案。

例 2-1 求图 2-1 的最佳投递路线。

初始方案的确定:根据 G 中奇点的个数必为偶数,即图 G 中的奇点是成对出现的,由 G 的

连通性,我们可以把每对奇点连一条 E 链,如图 2-2 所示,对图中三对奇点增加三条 E 链,即

$$\mu_1 = \{v_2, v_1, v_4, v_8, v_9, v_{10}, v_7\}$$
$$\mu_2 = \{v_4, v_8, v_9\}$$
$$\mu_3 = \{v_5, v_6\}$$

易见,新图已不含有奇点,成为 E 图,这就是一个初始可行方案。

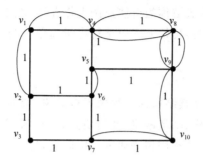

图 2-2 初始可行方案

最优方案的判别准则:
(1) 图 G 中每边的重复边不多于一条;
(2) 图 G 中每个圈上,重复边的总权不大于该圈总权的一半。

方案的调整:当可行方案不满足最优准则时,要对方案进行调整。如图 2-2 中,可行方案首先不满足第一条准则,在 (v_4, v_8),(v_8, v_9) 上都有多于一条的重复边,需要调整,调整时可将这些边上的重复边两条两条地去掉,这样使顶点仍保持偶数次,如图 2-3 所示。

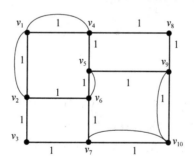

图 2-3 调整后方案

仍为 E 图,经调整后,可行方案满足第一条准则,但不满足第二条准则,因为在 $\{v_5, v_9, v_{10}, v_7, v_6, v_5\}$ 这个圈中,重复边总权为 3,该圈总权为 5,超过了一半,该圈的重复边需要调整,调整后如图 2-4 所示。

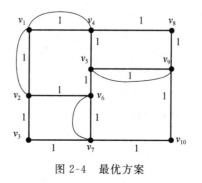

图 2-4 最优方案

经上述调整后,重复边的总权由初始方案的 9 下降到 4。经检验,图 2-4 已满足最优判别准则的两条要求,故为最优方案,也就是说图 2-4 的投递路线,要想从 v_1 出发,经过每边至少一次,最后返回 v_1 点可以在

$$(v_1,v_2)(v_1,v_4)(v_6,v_7)(v_5,v_9)$$

上各重复一次,这样走的路程最短。

中国邮递员问题的上述算法被称为奇偶点图上作业法,在求初始方案时,奇点对是可以任意组合的。因此,在实际计算时,初始方案应选得尽量简单,调整次数会大大减少。

二、树的定义及应用

在众多的图中,有一类图就其结构而言很像天然的树,如图 2-5 所示,故命名为树,这类图的应用很广,如企业的组织机构、邮政网络、通信线路、生产流程、计算机工作中的各种故障等都可以用树来描述。为了更好地利用树来研究实际问题,这里我们介绍树及其性质。

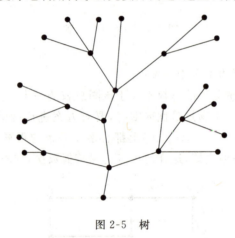

图 2-5 树

1. 树及其性质

定义 无圈的连通图称为树。记作 $T = (V, E)$

性质 1 在树 T 中,任意两点之间有且仅有一条链。

性质 2 在树 T 中,若去掉任一条边,则成为不连通图。

性质 3 在树 T 中,不相邻的两个顶点间加上一条边,恰好得到一个圈。

性质 4 设 T 为 p 个顶点的一棵树,则 T 的边数为 $p-1$ 条。

例 2-2 求 2-6 图的所有部分树。

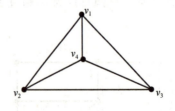

图 2-6 例 2-2 图

该图有 16 棵不同的部分树,给出其中 4 棵如下:

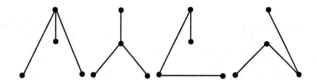

例 2-3 图 2-7 是某省的邮区分布图,要规划省内邮路,问至少设计多少条邮路,才能使每一个邮区均相通?

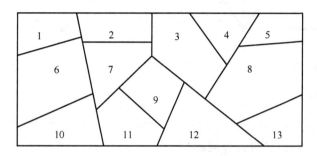

图 2-7 某省邮区分布图

解:用点表示每一个邮区,用边表示要规划的邮路,于是,构成一棵部分树。树的边数即最少规划的邮路数。

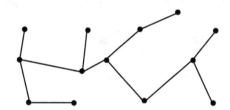

故需规划 12 条邮路。

2. 最小部分树

定义 设图 $G=(V,E)$,对 G 中的每一条边 (v_i,v_j) 相应地赋予一数字 w_{ij},称为边 (v_i,v_j) 的权,则图 G 称为赋权图。

这里的权指的是与边有关的数量指标,根据实际问题的要求,权有它的相应含义,如表示距离、时间、费用、容量等。

对于连通的赋权图来说,在其一切部分树中,必有一棵总权最小的树,称其为最小部分树,简称最小树。

算法:

1. 从给定图边集合中选一最小权的边;
2. 再从边集合中找一条与已选的边不构成圈的最小权边;
3. 如果任一条未选的边都与已选的边构成圈,则算法终止,由所有取出的边所构成的图即为最小树;否则,重复这个过程,直到不能进行为止。

例 2-4 求图 2-8 的一棵最小树。

解:先将所有点描出,然后选权小的边,依次选取,以不构成圈为原则,当把所有点连通时,就求出了最小树。如图 2-9 所示,最小总权为

$$\min w = 1+2+4+5+8 = 20$$

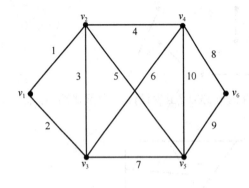

图 2-8 例 2-4 图

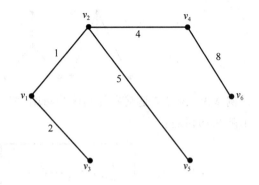

图 2-9 最小树

三、最短路问题

最短路问题是网络分析中的基本问题,可直接用来解决生产实际的许多问题,如管道铺路、线路安排、厂区布置、设备更新等问题。

例 2-5 用 P-T 标号法求图 2-10 中中心局 v_1 至中心局 v_7 的最短路径。

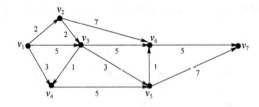

图 2-10 例 2-5 图

解:

(1) $P(v_j)=0, T(v_j)=+\infty (j=1,2,\cdots,7)$

(2) 修改 v_1 邻点的 T 标号

$$T(v_2)=\min\{T(v_2),P(v_1)+w_{12}\}=\min\{+\infty,0+2\}=2$$
$$T(v_3)=\min\{T(v_3),P(v_1)+w_{13}\}=\min\{+\infty,0+5\}=5$$
$$T(v_4)=\min\{T(v_4),P(v_1)+w_{14}\}=\min\{+\infty,0+3\}=3$$

(3) 确定 T 标号数值最小值 $T(v_2)$ 为 P 标号 $P(v_2)=2$

(4) 修改 v_2 邻点 v_3、v_6 为 T 标号

$$T(v_3)=\min\{T(v_3),P(v_2)+w_{23}\}=\min\{5,2+2\}=4$$
$$T(v_6)=\min\{T(v_6),P(v_2)+w_{26}\}=\min\{+\infty,2+7\}=9$$

(5) 确定 T 标号数值最小者 $T(v_3)$ 为 P 标号 $P(v_3)=4$

(6) 修改 v_3 邻点的 v_4,v_5 的 T 标号

$$T(v_6)=\min\{T(v_6),P(v_3)+w_{36}\}=\min\{9,4+5\}=9$$
$$T(v_5)=\min\{T(v_5),P(v_3)+w_{35}\}=\min\{+\infty,4+3\}=7$$
$$T(v_4)=\min\{T(v_4),P(v_3)+w_{34}\}=\min\{3,4+1\}=5$$

(7) 确定 T 标号中数值最小者 $T(v_4)$ 为 P 标号,$P(v_3)=3$

(8) 修改 v_4 邻点的 v_5 为 T 标号

$$T(v_5)=\min\{T(v_5),P(v_4)+w_{45}\}=\min\{7,3+5\}=8$$

(9) 确定 T 标号中 v_5 为 P 标号,$P(v_5)=7$

(10) 修改 v_5 邻点 v_6、v_7 为 T 标号

$$T(v_6)=\min\{T(v_6),P(v_5)+w_{56}\}=\min\{9,7+1\}=8$$
$$T(v_7)=\min\{T(v_7),P(v_5)+w_{57}\}=\min\{+\infty,7+7\}=14$$

(11) 确定 T 标号中 $T(v_6)$ 为 P 标号,$P(v_6)=8$

(12) 修改 v_6 邻点 v_7 为 T 标号

$$T(v_7)=\min\{T(v_7),P(v_6)+w_{67}\}=\min\{14,8+5\}=13$$

(13) 确定 T 标号中 $T(v_7)$ 为 P 标号,$P(v_7)=13$

此时,所有点均标上 P 标号,故计算结束。

对 v_1 到 v_7 的最短路径进行"反向追踪",得到

$$13 \to 8+5 \to 7+1+5 \to 4+3+1+5 \to 2+2+3+1+5$$

v_1 到 v_7 的最短路径为:$v_1 \to v_2 \to v_3 \to v_5 \to v_6 \to v_7$。

例 2-6 设备更新问题

某中心局拟于明年初购置分拣机一台,以后每年初都要决定是继续使用还是更新。更新要花费购置费,使用旧设备则要花费维护费。已知今后五年内每年初该设备的购置费如表2-2所示,又知使用不同年数的设备在各年内全年的维护费如表2-3所示。问该中心局在今后五年内应如何使用和更新设备能使总费用最少?

表 2-2 各年初购价

年度	1	2	3	4	5
年初购价	13	14	16	19	24

表 2-3 各年维护费

使用年数	1	2	3	4	5
维护费	8	10	13	18	27

解:对于这个设备更新问题,可通过建立图的模型将其转化为求最短路问题来处理。

以 $v_i(i=1,2,\cdots,5)$ 表示第 i 年初可购买一台新设备,v_6 表示第 5 年年末;以 (v_i,v_j) 弧表示从第 i 年初购买设备一直使用到第 $j-1$ 年末;以 w_{ij} 表示从第 i 年初到第 $j-1$ 年末的购置费和维护费之和。

网络模型如图 2-11 所示。

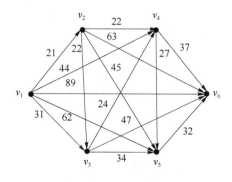

图 2-11 例 2-6 图

用 P-T 标号法求得的最短路为:$v_1 \to v_3 \to v_6$。即第 1 年初购置的设备使用到第 3 年初更

新,然后,一直使用到第5年末,总费用为78。

四、网络最大流问题

在生产管理系统中,有很多系统都需要研究其流量大小问题,如物流网络系统中的邮件流量、交通网络系统中的车流量、供水系统中的水流量等。

所谓网络最大流问题即研究流量系统在一定条件下所能通过的最大流量。在很多流量系统中,一般都希望这类系统通过的流量越大越好。

1. 基本概念和基本定理

网络:设有一有向图 $D=(V,A)$,图的发点记为 v_s(该点只有发出去的弧),收点记为 v_t(该点只有指向它的弧),其余的点称为中间点,图中每一条弧 (v_i,v_j) 对应有一容量记为 c_{ij},称为弧的容量,这样构成的有向图 D,则称为一个网络,记为 $D=(V,A,C)$。

如图 2-12 所示为一网络,v_1 是发点,v_6 是收点、其他点是中间点,每条弧旁的数字为弧的容量 c_{ij}(表示弧的通过能力)。

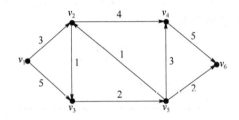

图 2-12 网络

网络流(网络上的流):在网络上,每条弧都有一实际通过的流量记为 f_{ij},所有弧实际通过的流量集 $f=\{f_{ij}\}$,称为网络流。

图 2-13 则表示一网络流,各弧上的流量表示实际通过的流量。网络上各弧的流量具有一定的方向性,各弧的指向即为流量的流动方向。

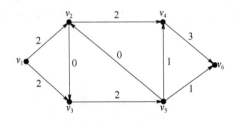

图 2-13 网络流

可行流和最大流:满足下列两个条件的网络流 $f=\{f_{ij}\}$,称可行流,记为 f。

容量限制条件:即每一条弧 $(v_i,v_j)\in A$ 的实际流量不能超过该弧的最大通过能力,即弧的容量。

平衡条件:中间点的流出量=流入量,发点 v_1 的流出量=收点 v_6 的流入量;

零流:当所有弧的流量 $f_{ij}=0$ 时,这样的可行流称为零流。

最大流:流量 $v(f)$ 为最大的可行流,称为**最大流**,记为 f^*。

求最大流问题,即在一个网络中,找出一个网络流 f,使其流量 $v(f)$ 在满足下列条件下达到最大。

饱和弧：在网络中，弧的流量 $f_{ij}=c_{ij}$ 的弧，称为饱和弧。

非饱和弧：在网络中，弧的流量 $f_{ij}<c_{ij}$ 的弧，称为非饱和弧。

零流弧：在网络中，弧的流量 $f_{ij}=0$ 的弧，称为零流弧。

非零流弧：在网络中，弧的流量 $f_{ij}\neq 0$ 的弧，称为非零流弧。

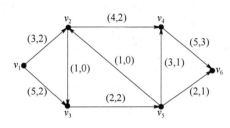

图 2-14 弧

图 2-14 中，弧 (v_3,v_5) 是饱和弧，其余弧为非饱和弧，弧 (v_2,v_3)、(v_5,v_2) 是零流弧。

前向弧：设 μ 是网络中连接发点 v_s 与收点 v_t 的一条链，链的方向是从 v_s 指向 v_t，则在链上与链的方向一致的弧，称为前向弧。所有的前向弧的弧集合，记为 μ^+。

后向弧：在链上与链的方向相反的弧，称为后向弧。所有的后向弧的弧集合，记为 μ^-。

图 2-14 中，有一链 $\mu=(v_1,v_2,v_4,v_5,v_6)$，其中，$\mu^+=\{(v_1,v_2),(v_2,v_4),(v_5,v_6)\}$，$\mu^-=\{(v_5,v_4)\}$。

增广链（即流量可以增加的链）：设有一可行流 f，μ 是从发点 v_s 与收点 v_t 的一条链，如果 μ 满足下列条件，则称这条链是关于可行流 f 的一条增广链。

前向弧：$(v_i,v_j)\in\mu^+$，$0\leq f_{ij}<c_{ij}$，即 μ^+ 中每条弧是非饱和弧；

后向弧：$(v_i,v_j)\in\mu^-$，$0<f_{ij}\leq c_{ij}$，即 μ^- 中每条弧是非零流弧。

图 2-14 中，链 $\mu=(v_1,v_2,v_4,v_5,v_6)$ 是一增广链，因为在前向弧 μ^+ 中，$f_{12}<c_{12}$，$f_{24}<c_{24}$，$f_{56}<c_{56}$，在后向弧 μ^- 中，$c_{54}>f_{54}>0$。

基本定理：可行流 f^* 是最大流，当且仅当不存在关于 f^* 的增广链。

基本定理说明了在网络中，对于给定的一个可行流 f，如果不存在关于这个流的增广链，则说明网络已经达到了最大流。

如果在网络有增广链，只要通过调整增广链上各个前向弧和后向弧的流量，就可以得到一个流量增大的新的可行流，新的可行流 $f'=\{f'_{ij}\}$ 为

$$f'_{ij}=\begin{cases}f_{ij}+\theta & (v_i,v_j)\in\mu^+\\ f_{ij}-\theta & (v_i,v_j)\in\mu^-\\ f_{ij} & (v_i,v_j)\notin\mu\end{cases}$$

流量调整量 θ 为

$$\theta=\min\{\min_{\mu^+}(c_{ij}-f_{ij}),\min_{\mu^-}f_{ij}\}$$

2. 寻求最大流的算法

基本原理：从一个可行流出发，在网络中用标号法寻找增广链，并修正增广链上的流量，不断地重复这个过程，直到不能找到增广链为止，不能修正流量为止，则网络达到最大流。

标号法是在一个可行流基础上进行调整的过程。如果网络中没有给定初始可行流，可设

置可行流为零流,即从零流出发。

例 2-7 图 2-15 为一邮件传输网络,各边上数值为该段邮路日运送邮件能力,试求该网络的日最大传输邮件量。

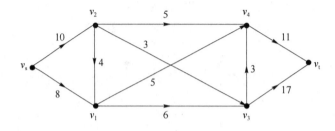

图 2-15 例 2-7 图

解:图 2-15 中,各条链均为零流,目前是可行流,需找出所有增广链,并消除,即可得到网络最大流。

(1) $\mu_1 = (v_s, v_2, v_4, v_t)$,$\theta = 5$,调整后如图 2-16 所示。

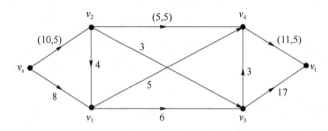

图 2-16 第 1 次调整

(2) $\mu_2 = (v_s, v_2, v_3, v_4, v_t)$,$\theta = 3$,调整后如图 2-17 所示。

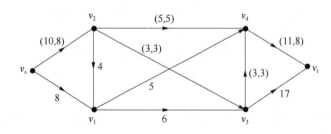

图 2-17 第 2 次调整

(3) $\mu_3 = (v_s, v_2, v_1, v_3, v_t)$,$\theta = 2$,调整后如图 2-18 所示。

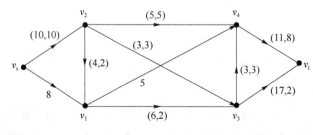

图 2-18 第 3 次调整

(4) $\mu_4=(v_s,v_1,v_3,v_t)$，$\theta=4$，调整后如图 2-19 所示。

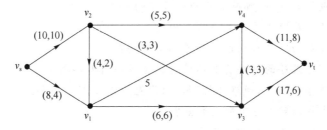

图 2-19 第 4 次调整

(5) $\mu_5=(v_s,v_1,v_4,v_t)$，$\theta=3$，调整后如图 2-20 所示。

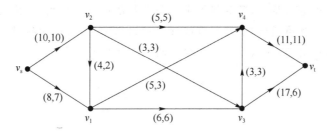

图 2-20 第 5 次调整

(6) $\mu_6=(v_s,v_1,v_4,v_3,v_t)$，$\theta=1$，调整后如图 2-21 所示。

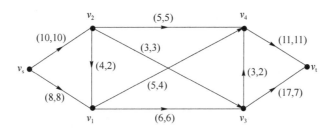

图 2-21 第 6 次调整

可以看到，已不存在增广链，于是得到图 2-15 的最大流。

此时的最大流量为 18。

【复习思考题】

1. 什么是邮政网？邮政网的组成要素是什么？
2. 什么是邮路？邮路是如何分级和分类的？
3. 什么是邮政网体制？简要描述我国邮政网体制演变的历程。
4. 邮区中心局体制的概念和内涵是什么？
5. 比较分析传统体制与邮区中心局体制的区别。
6. 我国邮政网是如何进行分级分类的？
7. 简述省邮政网的特点和组织的内容。
8. 简述邮区网组织的步骤。
9. 什么是城市网？城市网有哪些特点？

10. 什么是转趟邮路？什么是市内盘驳邮路？
11. 按照普遍服务的标准，邮政营业局所设置的要求是什么？
12. 城市邮政营业局所设置应考虑哪些因素？
13. 城市邮政营业局所选址应遵循的原则有哪些？
14. 提供邮政普遍服务的邮政营业场所对服务设施有哪些要求？
15. 按照普遍服务的标准，城市邮筒（箱）的设置应满足哪些要求？
16. 什么是县内邮政网？它有哪些特点？
17. 简述农村投递路线组织的原则和方法。

【课后实践】

1. 分组到邮区中心局参观，了解邮区中心局在邮政网中的作用，写出调研报告。
2. 分组到城市邮政局调研，了解城市邮政网的组织方法，写出调研报告。
3. 结合我国邮政实际，分组讨论邮区中心局体制的实施对邮政网的作用和意义。

第三章 邮政营业支局(所)的组织与管理

【学习目标】

通过本章的学习,理解邮政营业组织的要求,掌握邮政营业组织的内容;熟悉邮政营业支局(所)服务规范和管理规范的内容,掌握客户纠纷产生的原因及处理方法;掌握5S现场管理方法,掌握邮政支局(所)定置定位管理方法;掌握营业班组管理的方法。

【引导问题】

你到过邮政营业支局(所)吗?你了解邮政营业支局(所)的各项规章制度吗?你知道邮政营业人员在为客户服务时应该遵循哪些服务规范和服务礼仪吗?作为邮政营业支局(所)长,应该如何对邮政营业支局(所)进行管理呢?带着这些问题,我们走进本章的学习。

邮政营业是邮政通信四大环节之一,是邮政的门面和邮局的窗口,营业工作的好坏,代表着邮政的形象。邮政营业是邮政通信生产的起始环节,其质量的好坏直接影响通信生产全过程的质量和全网的正常进行。

第一节 邮政营业支局(所)功能

一、邮政营业支局(所)的功能与设置标准

邮政营业支局(所)是指依法提供邮政普遍服务的邮政自办营业网点和代办营业网点,包括邮政支局、所、代办所。邮政支局是指市、县(市、区)邮政分公司的分支机构,能办理除普遍服务业务外的全部邮政业务(包括报刊、集邮、电子商务、代理金融类等)的对外服务网点。邮政所是指市、县(市、区)邮政分公司的分支机构,能办理除普遍服务业务外的部分邮政业务(包括报刊、集邮、电子商务等)的对外服务网点。邮政代办所是指邮政企业同具有法人资格或持有工商部门核发的营业执照的单位或个体工商户签订《邮政业务委代办合同》,委托其办理普遍服务业务及其他邮政业务,同时符合邮政局所设置条件,归属上级邮政支局或县(市)分公司管理的邮政服务机构。

(一)邮政营业场所的设置

邮政营业局所的设置应满足邮政普遍服务的要求,应同时考虑服务半径、服务人口和预测的业务收入三个因素。

邮政营业支局(所)应按"统筹安排、合理布局、方便用户"的原则纳入城乡规划和建设。建设城市新区、独立工矿区、开发区、住宅区或对旧城区进行改建时,应同时建设配套的提供邮政普遍服务的邮政设施。

(二) 邮政营业场所的营业时间

《邮政普遍服务标准》中规定,提供邮政普遍服务的邮政营业场所的营业时间应满足以下要求:

(1) 城市主城区每周营业时间不应少于6天,每天营业时间不应少于8小时;城乡结合区每周营业时间不应少于6天,每天营业时间不应少于6小时;

(2) 乡、镇人民政府所在地每周营业时间不应少于5天,每天营业时间不应少于6小时;

(3) 乡、镇其他地区每周营业时间不应少于3天,每天营业时间不应少于4小时;

(4) 车站、机场、港口、高等院校、繁华地区等人流量大的区域,应根据实际情况合理安排营业时间;

(5) 交通不便的边远地区,应按照国务院邮政管理部门的规定执行;

(6) 遇国家法定节假日和省级人民政府规定的节假日,提供邮政普遍服务的邮政营业场所可根据实际用邮需求,适当调整营业时间,调整后的营业时间应提前3日对外公布,并按公布的时间对外营业。

(三) 邮政营业支局(所)的变更需遵循的规定

1. 新增普遍服务营业局所时,邮政地市分公司应以正式文件并附《邮政企业设置邮政营业场所登记表》报省分公司,经省分公司审批同意后由地市分公司向本地邮政管理局报备。局所名称一般应以所在街道、乡镇名称命名。

2. 撤销普遍服务营业局所时,邮政地市分公司应在征得省分公司同意后,以正式文件并附《拟撤销邮政普遍服务营业场所基本情况表》报本地邮政管理局,经本地邮政管理局批复同意后,上报省分公司和集团公司备案。

3. 普遍服务营业局所需要迁址范围在一千米内的,邮政地市分公司应及时向省分公司、地市邮政管理局提交《邮政普遍服务营业场所就近迁址登记表》进行报备。迁址范围在一千米外的,视同撤销原有的营业场所,同时在别处新增一处营业场所,应按照先新增后撤销的审批流程办理。

4. 普遍服务营业局所需要进行名称及营业时间等信息变更时,邮政地市分公司应及时向省分公司、地市邮政管理局提交《邮政企业邮政营业场所备案信息变更登记表》进行报备。

5. 普遍服务营业局所需要暂停办理某项或全部普遍服务业务时,邮政地市分公司应在征得省分公司同意后,以正式文件并附《拟停止办理或者限制办理业务的邮政营业场所基本情况表》报本地邮政管理局,经本地邮政管理局批复同意后,将批复文件复印件上报省分公司备案。

二、邮政营业支局(所)的岗位设置与岗位职责

通常,营业支局(所)设置以下工作岗位:支局(所)长、营业班(组)长、质量检查员和信息管理员四个工作岗位。

(一) 支局长岗位职责

1. 贯彻执行党和国家的各项法律、法规、方针、政策、标准、指示、命令和中国邮政集团公司的各项规章制度,依法经营,规范经营,完成各项通信生产经营指标;

2. 维护邮政企业权益,依法保护邮政通信设施,不擅自改变其使用性质;

3. 贯彻"迅速、准确、安全、方便"八字方针,确保基本制度、基础工作、基本操作规程的落实和邮件、设备、票款、人身、交通的安全,完成各项通信质量指标;

4. 负责本单位通信生产的指挥调度,按照作业标准组织生产,采用新技术,使用新设备,提高劳动生产率;

5. 深入班组检查现场并定期检查支局管理人员的工作,主动接受社会监督,应处理好用户来信、来电、来访;

6. 按照市场调查,决策营销方案,了解本单位客户构成,掌握客户动态信息,监督做好大客户的开发与维护工作;

7. 掌握本单位职工的思想动态,做好思想政治工作,关心职工生活,实行局务公开民主管理,确保职工队伍稳定;

8. 定期对职工进行业务培训和职业道德、遵纪守法等方面的教育,提高全员素质;

9. 按照上级有关政策,建立激励机制,制订奖励考核办法,搞好内部分配,充分调动职工的积极性;

10. 执行例会制度,定期召开局务会、经营质量分析会、职工大会,对工作进行总结部署;

11. 完成上级部门交办的其他各项工作。

(二) 营业班长岗位职责

1. 组织本班组通信生产,制订生产人员岗位职责和工作计划、保证措施,完成邮政营业局所下达的经营指标;

2. 落实各项规章制度,定期进行经营质量分析,保证通信质量和安全生产等指标的完成;

3. 文明生产,主动接受社会监督,处理用户来信、来电、来访,实施定置管理,做到现场布局合理;

4. 组织本班组的生产会议和业务学习,修改、保管各种业务资料;

5. 做好职工的思想工作,支持工会小组工作,关心职工生活,主动为职工解决实际困难;

6. 负责本单位计划指标的编制和落实,掌握各项计划指标的完成进度并向支局长汇报;

7. 做好市场调查,每月、季有统计和经营活动分析;

8. 按规定建立、据实填制各种统计原始记录、统计台账和统计图表;

9. 按时上报各类统计报表,保证数据真实准确,为经营考核提供统计资料;

10. 及时理订和妥善保管各种统计档案;

11. 完成上级领导交办的其他工作。

(三) 质量检查员岗位职责

1. 贯彻执行各项业务规章制度,协助支局长完成通信质量指标;

2. 监督检查班组通信质量,做好质量检验记录、统计工作;定期组织质量分析活动;

3. 按规定落实监督检查制度,保证检查内容、频次和质量;

4. 对邮件质量、资费收取和邮资机、制签机使用情况进行监管稽查,按规定做好各项检查记录,并按时向相关主管部门上报检查结果;

5. 每周向支局长汇报检查情况,对各班组发生的质量差错应及时登记、报告;发现质量隐患和重大问题应及时请示,妥善处理;

6. 掌握邮政营业局所通信生产和服务质量情况,及时处理进、出口查验和用户来信、来电、来访；

7. 定期向用户发放征询意见函，统计用户满意度，做好用户回访工作。

（四）系统管理员岗位职责

1. 掌握本邮政支局管理范围内的计算机和网络设备的配置情况和操作方法，正确使用计算机和各种网络设备，做好日常维护工作；

2. 监测本邮政支局管理范围内的计算机和其网络软、硬件设备的运行情况，当发生异常情况时，及时报告、处理和记录；

3. 定期检查主机系统的日志文件，对异常情况及时进行记录、处理；

4. 负责本邮政支局范围内营业工号的管理；

5. 负责调试邮政支局营业设备和相关业务信息系统内的设备配置；

6. 在无专人保管资料和软件介质时，负责保管主机软件和硬件配置的资料。

第二节 邮政营业支局（所）服务规范

邮政营业窗口是邮政企业综合服务水平的具体体现，是企业形象的展示牌，服务档次的评价表，营业窗口的服务应最大限度地让用户满意。随着市场经济的不断发展，用户对服务的要求在不断提高，邮政窗口要迅速更新理念，在服务上不断追求高目标，提升服务品位，创造新的服务特色，为户提供专业化、规范化、人性化的服务，较好地展示企业形象，提升服务水准。为此，邮政员工应遵守国家法律、法规，秉承服务理念，公平公正地对待每位客户，不得因客户的国籍、肤色、民族、性别、年龄、宗教信仰、健康状况、业务繁简程度和金额大小等差异而歧视、怠慢客户。对特殊群体等需要帮助的客户，应当尽量为其提供便利。坚持客户至上的原则，以主动、热情、礼貌、友好的积极态度和文明形象，为客户提供优质服务。

一、邮政营业支局（所）服务设施与环境

（一）营业厅外部服务设施

1. 邮政营业局所应设置中国邮政店招、局所名称（营业时间）牌，制作和安装标准应符合《中国邮政企业形象管理手册》相关要求。

2. 邮政营业局所门前应设置信筒（箱），信筒（箱）上应标注开取时间和频次。

3. 邮政营业局所落地玻璃门窗上应粘贴防撞条、推拉标识，制作和安装标准应符合《中国邮政企业形象管理手册》相关要求。

4. 遇雨雪天气，邮政营业局所应在营业厅门前设置"小心地滑"的提示牌，并加设防滑垫。

5. 邮政营业局所门口应设有残疾人无障碍通道，有条件的邮政营业局所可视情况增加无障碍设施。

（二）营业厅内部服务设施

1. 邮政营业局所应合理设置业务办理区、用户等待区，有条件的可设置大客户服务区、产品展示区。局所应在醒目位置摆放营业厅平面图或区域指示牌，注明业务功能区域。

2. 邮政营业局所应设置综合台席办理各项邮政业务。营业台席上方醒目位置应用中英文标注台席名称和台席编号。少数民族地区台席名称和台席编号参照《中国邮政企业形象管

理手册》相关规定执行。业务量较大的局所应视情况设置集邮、电商、报刊、服务等台席。

3. 有条件的邮政营业局所应布放叫号机,合理引导用户有序办理业务。营业台席前应合理设置一米线,一米线的制作应符合《中国邮政企业形象管理手册》相关规定。

4. 邮政营业局所内应设置书写台、用户座椅、钟表、日历、垃圾筒、书写笔、老花镜等公众服务设施,根据实际情况设置"请勿吸烟""请勿携带宠物入内"等公共标识,并在合适位置摆放"常用邮政业务单式填写样张""用邮指南""邮政编码簿""用户意见簿"。

5. 邮政营业局所应在醒目位置对外公示集团公司统一下发的"国内邮政业务主要资费表""国际邮政业务主要资费表""港澳台地区邮政业务主要资费表""禁限寄物品规定""主要出售品价格表",并在适当位置公布服务监督电话。

6. 邮政营业局所应设置宣传架,用于业务宣传品的摆放或张贴,并按照发放单位要求的起止日期及时撤换。墙壁、门窗玻璃(台席防护玻璃)等位置不允许张贴业务宣传单、通知和公告等。有条件的可利用电子显示屏或灯箱等设施宣传业务变动、阶段性业务介绍和公告等。

(三) 环境卫生

1. 邮政营业局所外部应保持店招、局所名称(营业时间)牌、信筒(箱)的整洁,门前干净、地面无烟头纸屑等杂物。

2. 邮政营业局所内部应做到"四净四无":地面净、桌面净、墙面净和门窗净;无尘土、无纸屑、无杂物和无异味。

3. 邮政营业局所的台席设备、邮政专用品等应保持整洁,营业现场不得存放私人物品。

二、服务规范要求

(一) 服务纪律

1. 营业员应严格遵守邮政企业制定的各项规章制度和服务礼仪要求,做好对外服务工作。

2. 严格遵守营业时间的规定,服从指挥调度,不得人为中断营业工作。

3. 严格执行有关业务规程和规定,按业务处理程序要求办理各项邮政业务,不得拒办业务。

4. 严格执行业务受理的收寄验视制度,杜绝禁寄物品进入邮政渠道。

5. 严格执行统一规定的邮政资费标准,不得擅自提高或降低收费标准,不得强迫或变相强迫客户使用高附加值业务,不得利用各种名目搞搭配销售。

6. 严格执行保密制度,自觉为客户保守通信、汇兑等私人秘密。

7. 严禁积压、私拆、隐匿、毁弃邮件,严禁摔、拖、抛各类邮件。

8. 严禁酒后上班;严禁临柜时玩手机;严禁上班时间聊天、打瞌睡、嬉闹、喧哗、擅自离岗串岗、看书看报或做其他与工作无关的事情;严禁在工作场所抽烟、喝酒、吃零食;个人物品不得放置在营业现场。

9. 严格执行"首问负责制"。即受理客户业务咨询、查询、投诉等来电来访时,如是本人职责范围内的事情,应核实清楚后给客户一个明确的答复;如果不是本人职责范围内的事情,应将客户的相关诉求完整准确地转告相关责任人,并持续跟进直至给客户一个明确的答复。

10. 接待客户时应自觉使用服务礼仪用语,耐心解答客户提出的问题,不得怠慢、斥责、刁难客户,任何情况下不得与客户发生争吵。

(二) 仪容仪表

营业网点(含委代办网点)员工上岗期间应始终保持良好的精神面貌,并以整洁、大方、修饰适度的良好仪容、仪表服务客户。

1. 工号牌

(1) 营业员应佩戴工号牌上岗(不得以桌牌形式代替),佩戴时,应戴在左胸第二颗纽扣水平位置,绶带佩戴应从右肩往左边方向。

(2) 实习人员应佩戴有编号的"实习证(牌)"。

2. 服装

(1) 营业员应着标志服上岗,同一网点着装应统一规范、配套穿着、按季节更换。

(2) 着夏装时,男员工衬衣入裤,女员工衬衣可不入裤不入裙。

(3) 着马甲和西服时,男女员工均应将衬衣入裤,衬衣下摆不得外露。

(4) 男女员工着长袖衬衣时袖口须系扣,不得挽袖。男女员工的袖口、领口处均不得露出内衣。

(5) 男员工着西服和衬衣时须系扣(西服最下边一粒扣为装饰扣可不系)。

3. 鞋袜

(1) 营业员应保持鞋面清洁,前不露趾,后不露跟。

(2) 男员工应穿黑色正装鞋、深色袜子。

(3) 女员工穿黑色正装鞋,鞋跟高度以3~5厘米为宜,鞋面无装饰,着裙装时应穿肤色连裤丝袜,着裤装时,穿肤色袜子。

4. 领带/丝巾

(1) 男员工应佩戴统一领带,确保挺括、端正,衬衫的第一粒扣不得外露,长度以在皮带扣中间位置为宜。

(2) 女员工应佩戴统一的丝巾或领带,烫熨平整、褶皱均匀,采取统一打结系扎方式,系扎不得松散。

5. 面部

(1) 营业员应保持牙齿干净,无食物残留。

(2) 男员工保持形象整洁,不得留胡须。

(3) 女员工应淡妆上岗,色彩合理搭配,强调自然美,不得使用浓烈香水,不得在客户可视范围内化妆。

6. 发式

(1) 营业员发型应符合职业要求,做到整洁、大方。染发应接近本色,不得挑染,不得留怪异发式。

(2) 男员工头发前不过眉、侧不过耳、后不过衣领,不得留长发,不得留长鬓角或剃光头。

(3) 女员工头发应梳理整齐,前不过眉、后不过衣领,过肩长发必须盘于脑后,佩戴统一头花,发髻底部不得低于耳垂,不得有碎发,刘海应保持在眉毛上方。

7. 手部

(1) 营业员双手应保持清洁无污垢。

(2) 男员工指缘长度不超过1毫米,不得涂指甲油。

(3) 女员工指缘长度不超过2毫米,不得涂有色指甲油。

8. 饰物

(1) 营业员不得佩带夸张饰物,不得戴有色及造型夸张的眼镜。

(2) 男员工除佩戴腕表、戒指外,不得佩戴其他饰物。

(3) 女员工可佩戴腕表、戒指、耳钉一般性饰物,佩戴饰物(不含眼镜)数量不超过三件。

(三) 行为举止

1. 站姿

(1) 营业员站立时两眼正视前方,头正肩平,下颌微收,挺胸收腹。

(2) 男营业员可双脚分开,与肩同宽,两手自然下垂或自然交叉于腹前或背后。

(3) 女营业员双脚并拢或呈丁字步,两手交叉于腹前,右手搭于左手上,虎口靠拢,指尖微曲。

2. 坐姿

(1) 营业员工作期间应精神饱满,时刻保持良好精神状态,精力集中,情绪平和。不得无精打采、东倒西歪、前仰后靠。

(2) 营业员坐在工作座椅上时,上身应保持端正,下肢不应乱晃或抖动,不跷二郎腿。

(3) 营业员接待客户时应正坐在椅子上,不倚靠椅背或坐满椅面,占椅面1/2~2/3为最佳;身体挺直,胸部挺起,腹部内收,双手自然地放在桌子上或操作机器,后背离椅子应保持一拳的距离。

3. 行姿

(1) 营业员行走时应保持一条直线,步幅适度,速度均匀,重心放准,身体协调。不可左顾右盼、摇晃肩膀或低头看地,眼睛应自然地向前看。

(2) 营业员遇到客户应礼让,不得抢行,主动为其让路,靠右边行走,右脚向右前方迈出半步,身体向左转微笑点头问候。

(3) 与客户并排行进时,按照"以右为尊"的原则,营业员应位于客户的左侧。

(4) 客户从背后过来,营业员应停步为其让路,身体向左边转向来人,向旁边稍退半步,并微笑点头问候。

(5) 营业员与客户前后行走时,应走在客户前侧或后侧,距离60~100 cm左右为宜。

(6) 营业员经过通道、走廊时应放轻脚步,主动靠右侧行走,不得大声喧哗。

4. 手势

(1) 引导手势:五指并拢,手掌自然伸直,手心向上。拇指弯曲、紧贴食指,另四指并拢伸直,肘微弯曲,肘低于腕。头部和上身微向伸出手的一侧倾斜,指尖朝所指方向,另一手下垂或背在背后,目视客户,面带微笑,表示出对客户的尊重和欢迎。

(2) 握手手势:手掌与地面垂直,用右手手指握住对方手掌。站立时上身略向前倾,目视对方,表情友好、亲切,适当用力,上下抖动3次,握手时间以1~3 s为佳。

5. 表情

(1) 表情要亲切。与客户交流时,要亲和友善、面带微笑、神情专注、目光自然。不得冷笑、讥笑客户。

(2) 客户走入视线2 m范围内用目光迎接客户,当与客户视线接触时,应微笑并点头示意。

(3) 与客户面对面时,距离以60~100 cm之间为宜,目光应停留在客户鼻眼三角区,视线应保持平稳,变化时注意过渡自然。

(4) 接待客户、同事间打招呼应真诚、友善、面带微笑,给对方表里如一的感觉。

(四) 服务语言

1. 营业员在办理业务过程中,应适时使用"您好、请、谢谢、对不起、再见"10字服务用语。杜绝使用粗话、脏话、狂话、顶撞话、指令话、敷衍话、嘲讽话等不文明、不尊敬的语言和规范中所列举的服务禁语。

2. 努力实现语言无障碍服务。接待客户原则上使用普通话,但也应根据地方习俗和客户特点灵活掌握。遇特殊情况,可使用特殊服务用语(如手语等);涉外服务窗口工作人员应具有为涉外客户办理基本业务所需的外语能力。

3. 与客户交谈,语意要准确、简洁、清楚、条理分明;语音、语速应适中,吐字清晰;语态应亲切温和,语气应谦敬委婉。向客户介绍业务时,尽量避免使用令客户不易理解的专业术语。

4. 虚心听取客户意见、建议,遇客户抱怨或发生纠纷时,要做到善解人意、耐心倾听,宽以待人,永不争论。在需要表明自己的观点时,应采取谦恭、委婉的方法表达自己的意思。

5. 接待客户时应使用"先生、女士"称呼对方或视当地习俗使用恰当的称呼。

6. 营业员服务时应做到五个有声,即"来有迎声、办理业务有关照声、问有答声、收付款有唱声、走有送声。"

(1) 来有迎声,指根据客户的不同身份选择适当的称谓,主动向客户说"您好,请问您办什么业务?"等问候语。

(2) 办理业务有关照声,指有多个客户等待办理业务时,应做到"接一、问二、照顾三";

(3) 问有答声,指客户在咨询相关业务时,营业员应做到准确无误地解答;

(4) 收付款有唱声,指营业员在收付款时,应主动说明收付款金额,做到唱收唱付;

(5) 走有送声,指营业员在客户办理业务结束后,应主动向客户说"再见!"等道别语。

(五) 电话礼仪

接、打客户电话时,应注意礼节。电话交谈时态度谦和、礼貌,声音适中,吐字清晰,长话短说,内容清楚。

1. 接听电话

(1) 接听电话时,原则上应在响铃3声内接起,并主动表明身份,首先自我介绍:"您好!××邮局。"做到咬字清楚,发音准确、态度亲切、热情、平和。

(2) 接电话时遇到解释不清的问题,应及时请其他人进行解释。在转交话筒前,应将客户所提问题简明进行转达,说明情况后再转交话筒,避免来电客户重复相关内容。

(3) 接到客户关于业务咨询、邮件查询、投诉建议等内容的电话时,应认真解答并做好记录。如果当时无法解决的,应向客户说明原因,及时转给负责部门或相关人员尽快处理,并在规定时间答复客户。

(4) 受理完毕,等对方挂机后,方可轻放话机。

2. 拨打电话

打电话前,应先理顺思路,确定好电话中所要表述的内容。电话接通后,应先确认对方,再介绍自己,简单寒暄之后,再说具体内容。事情说完后,示意对方结束通话,再挂电话。

(六) 服务态度

1. 当客户走近营业台席时,营业员应以端庄的姿势和自然的表情起立,使用服务用语进行问候。

2. 对外服务工作中应做到六个一样：生人熟人一样热情，情绪好坏一样和蔼，业务忙闲一样耐心，金额大小一样欢迎，表扬批评一样诚恳，检查不检查一样认真。

3. 在客户说话时，应做到不插话、不打断，以免客户重复说话。边听客户说话，边点头或应答，以表示在认真听对方讲话。

4. 在给客户找钱时，应尽量付整钱，便于客户清点，没有整钱须付零钱时，应表示歉意。遇客户无零钱又找不开时，营业员应在内部协调换零，不得让客户自行解决。

5. 营业员在工作过程中，遇有重要事情需暂时离开台席时，应在本柜台放置"暂停服务"提示牌。营业员结束工作时，应办理完本台席客户的最后一笔业务，并将工作台面收拾干净，在柜台放置"暂停服务"提示牌后，方可离开台席。

6. 营业员与客户面对面，突然打喷嚏或咳嗽时，应及时用手掩住口鼻，转身背对客户，之后向客户道歉。

7. 营业员应爱护客户的邮件、证件、图章，做到轻拿轻放。低柜为客户办理业务时做到双手接递，杜绝抛、丢、甩。

8. 遇有客户在营业厅与营业员发生争议时，局所管理人员应请客户到办公室协商解决。对特殊群体客户应给予特别关注，尽量为其提供便利。

第三节 邮政支局（所）管理规范

一、邮政支局（所）现场管理

（一）现场管理的概念

邮政支局（所）的现场管理就是运用科学的管理思想、管理方法和管理手段，对现场的各种要素，如人员、设备、环境、信息等，进行合理配置和优化组合，以此来提高支局（所）的生产作业效率和质量，保证预定目标的实现。

（二）5S 现场管理法

5S 现场管理法起源于日本，5S 即日文的整理（SEIRI）、整顿（SEITON）、清扫（SEISO）、清洁（SEIKETSU）、素养（SHITSUKE）这五个单词，又被称为"五常法则"或"五常法"。

5S 现场管理法主要是通过规范现场、现物，营造一目了然的工作环境，培养员工良好的工作习惯，其最终目的是提升人的品质。其主要内容包括：

1. 整理

（1）将营业支局（所）工作现场所有东西分为有必要的与不必要的；

（2）把必要的东西与不必要的东西明确地、严格地区分开来；

（3）不必要的东西要尽快处理掉。

通过整理，可以塑造清爽的工作场所，腾出空间，防止用品用具的误用，减少寻找物品的时间，提高工作效率。

2. 整顿

（1）对整理之后留在工作现场的必要物品分门别类放置，排列整齐；

(2)摆放完之后明确数量,并进行有效的标识。

通过整顿,使支局(所)工作场所一目了然,消除过多的积压物品,节约寻找物品的时间,创造整整齐齐的工作环境。整顿要本着"定点、定容、定量"的原则,定点即放在哪里合适,定容即用什么容器和什么颜色,定量即规定合适的数量。

3. 清扫

(1)将支局(所)工作现场清扫干净。

(2)保持支局(所)工作现场干净、亮丽的环境。

通过清扫,消除脏污,保持工作场所内干干净净、明明亮亮。要实施清扫,就要建立清扫责任区(室内、外),规范清扫标准,制订清扫制度,将清扫制度化、规范化。

4. 清洁

将上面的5S实施的做法制度化、规范化,并贯彻执行及维持结果。其目的是维持上面5S的成果。营业支局(所)必须建立完善的考评方法和奖惩制度,并且严格加以执行,这样才能真正地做到整理、整顿、清扫,达到清洁的目的。

5. 素养

通过晨会等手段,提高全员文明礼貌水准。培养每位员工养成良好的习惯,并遵守规则做事。开展5S容易,但长时间的维持必须靠素养的提升。

素养的培养包括执行邮政业务规则、掌握邮政服务礼仪、遵守邮政服务规范、各种形式的教育、培训等活动。通过提升素养,可以提高服务水平,营造团队精神,打造高绩效的团队。

5S是现场管理的基础,是TPM(全面生产管理)的前提,是TQM(全面质量管理)的第一步。5S现场管理法能够营造一种"人人积极参与,事事遵守标准"的良好氛围。有了这种氛围,有利于调动员工工作的积极性,形成强大的推动力。通过5S活动,从现场管理着手改进企业"体质",能起到事半功倍的效果。

(三)邮政支局(所)现场管理的任务

邮政支局(所)现场管理的主要任务是合理地组织现场的生产要素,使之有效地结合起来,形成一个有机的生产系统,并经常处于良好的运行状态。支局(所)长的基本任务是:通过现场的管理,认真落实"迅速、准确、安全、方便"的服务方针和"用户第一"的经营方针,为用户提供优质、快速、高效、满意的通信服务,促进企业健康发展,提高企业效益。

具体要求是:"作业优化、质控严格、物流有序、设备良好、信息准确、纪律严明、环境整洁、服务文明"。

1. 作业优化。合理组织作业,科学划分工序,优化人员配置,严格实行定岗定责,强化激励机制。

2. 质控严格。强化质量意识,健全质量控制系统,建立质量责任制,加强质量统计分析和监督检查。

3. 物流有序。各种设备、物品实行定置管理,物品摆放整齐,标志清楚,取拿方便,账物相符。

4. 设备良好。遵守操作、维护、检修规程,各类设备及附件齐全、完好、整洁,设备运行正常,车辆状况良好,各种电路畅通。设备完好率达到规定标准要求。

5. 信息准确。各种原始记录、台账和业务单据做到记录工整,数据准确,传递及时。

6. 纪律严明。严格遵守局规局纪,严格执行业务、技术、操作和安全规程,健全考核办法,做到奖惩分明。

7. 环境整洁。营业场所和企业内部现场做到窗明几净,墙清壁洁,现场安静,物品整齐,局容美化,道路畅通。

8. 服务文明。工作人员举止文明,穿着整洁,礼貌待人,规范用语,对用户主动热情,耐心周到。

(四)邮政支局(所)现场管理的要求

1. 局所管理人员应按要求每日对营业员现场工作进行检查。

营业员应按要求穿着邮政企业统一配发的标志服、整理仪容仪表、佩戴工号牌;应准备好当班使用的邮政章戳、业务单据、邮票、零钱、出售品、用品用具等,并按定置定位管理要求码放。

2. 营业厅内各类设备和生产系统应确保正常运行,校正电子秤、钟表、日历,检查并调整电子显示屏信息。

3. 局所管理人员应按管理簿册内容,检查营业员的业务处理质量、对外服务等工作,并在营业信息系统中记录检查情况。

4. 营业结束后,应确保各类设备正常关闭,做到桌面净、地面净和格眼净。

5. 局所应根据业务忙闲情况,合理配置营业人员,确保正常对外服务。

二、邮政支局(所)定置定位管理

定置管理是对生产现场中的人、物、场所三者之间的关系进行科学的分析研究,使之达到最佳结合状态的一门科学管理方法,它以物在场所的科学定置为前提,以完整的信息系统为媒介,以实现人和物的有效结合为目的,通过对生产现场的整理、整顿,把生产中不需要的物品清除掉,把需要的物品放在规定位置上,使其随手可得,促进生产现场管理文明化、科学化,达到高效生产、优质生产、安全生产。定置管理是5S活动的一项基本内容,是5S活动的深入和发展。

定置管理中的"定置"不是一般意义上字面理解的"把物品固定地放置",它的特定含义是:根据生产活动的目的,考虑生产活动的效率、质量等制约条件和物品自身的特殊的要求(如时间、质量、数量、流程等),划分出适当的放置场所,确定物品在场所中的放置状态,作为生产活动主体人与物品联系的信息媒介,从而有利于人、物的结合,有效地进行生产活动。对物品进行有目的、有计划、有方法的科学放置,称为现场物品的"定置"。

邮政企业的现场定置管理是生产过程空间组织的重要组成部分,通过对生产过程、作业要素进行系统分析,按作业流程需要,科学、合理地确定生产作业中人、设备、邮件、工具在现场中的相对位置,充分利用生产空间,改善作业环境,进行文明生产,以保证井然有序的生产秩序,减少操作中寻找和等待时间,排除无效劳动和不安全因素,从而提高劳动生产率。

邮政支局(所)定置定位管理是在对营业操作进行分析的基础上,实现人与邮件、设备等的最佳结合。其目的是使营业员感到顺手、方便、安全、省力、避免忙乱,并能保证营业环境的整洁。

(一)定置定位管理的工作内容

1. 根据作业现场总体布局的要求,设计各封闭营业现场定置图,划分工序、台席作业区域;

2. 设计设备、工具、台席、桌、椅、柜等的放置位置;

3. 设计营业时用品、用具的摆放位置和工作终了时的保管位置。

（二）定置定位管理的工作方法

1. 调查分析现状，提出总体设计方案。组织人员对营业现场、营业操作流程及用品、用具、邮件等物品的存放现状进行调查、分析，找出影响安全、质量、效率、整洁等方面的因素，运用系统优化方法进行科学的分析，提出调整布局的总体设计方案。

2. 在研究操作方法的基础上，消除无效劳动和多余动作，确定合理的工作方法，并在此基础上设计定置方案，将工具、材料定置到设备或工作台内。

3. 设计和绘制定置图，并在定置图中标明定置物位置。

4. 定置物确定后，不得随意增减变动，定置标准外的物品不得进入定置区域，改变定置须经批准。

（三）定置定位管理的具体要求

1. 营业厅应按方便操作和使用的原则，根据实际情况实行定置管理，规范公众服务设施和用品用具的码放位置，落实管理责任。

2. 定置管理的范围包括：台席、各类邮件、包裹库房、邮件容器和消防器材等。放置区应设有明显标识。

3. 台席内明显位置应张贴定置图和文字说明，定置定位图应纳入局所管理资料内容妥善保存。

三、邮政用品用具的管理

邮政用品用具管理是邮政部门为统一用品用具规格，保障供应，严格控制使用而进行的管理活动。它包括邮政日戳、邮政夹钳、铅志、邮袋、邮政袋牌、业务单式、业务章戳和袋绳等的管理。其中邮政日戳、邮政夹钳和邮袋是《中华人民共和国邮政法》中规定的邮政专用品，受法律保护，除邮政部门外，其他任何单位或者个人，不得伪造、冒用。

（一）邮政业务单式的管理

邮政业务单式是邮件收寄和处理中的凭据与标志。邮政业务单式种类繁多，格式十分复杂，主要有各种业务单据、清单、账表、簿册、袋牌、标签等。业务单式必须统一规格标准，统一使用范围，保证全网通信顺利进行，提高通信质量。

1. 邮政业务单式的请领和保管

邮政营业局所应根据实际需要及时请领所需邮政业务单式，确保业务正常开办，应按规定的用途使用，做到按需请领，不得挪作他用。用户书写台上应摆放各类业务单式书写样张。电子化网点应提供邮件交寄单、汇款单、国内（国际）信函、特快专递详情单、国际（地区）发递单等；手工网点应提供普通（快递）包裹详情单样张及单式。如遇业务高峰期，业务单式需求量较大时，应增加要数频次，但要控制好请领数量，避免因库存过大，造成浪费。

2. 邮政业务单式的使用

邮政业务单式在使用的过程中应该注意下面几个问题：

（1）各种业务单式应按规定的用途使用，严禁另作他用；

（2）单式填写的项目要齐全，文字要规范清楚，章戳加盖要清晰，局名不得自行简化或缩写；

（3）禁止使用不规范的简化字、同音字；

（4）有编号的票据要严格保管，按号连续使用，交接班认真履行交接手续，作废的票据要粘贴在存根上或上缴稽核部门。

(二) 邮政日戳的管理

邮政日戳是邮政通信部门经办业务的重要戳记,是邮政企业处理各项业务时使用的刻有地名和日期的特制专用戳记。邮政日戳是邮政通信的专用工具,是凭以确认邮政局(所)与用户之间及各生产环节之间责任关系的印信。邮政日戳是法律上的有效凭证,邮政日戳受法律保护,任何单位或个人不得伪造和冒用。

1. 邮政日戳的管理

邮政日戳包括普通日戳和风景日戳。普通日戳、风景日戳的刻制、报废由地市分公司负责组织,并报省分公司备案。

(1) 普通日戳是指营业网点收寄邮件时使用的日戳。普通日戳应有准确的"年、月、日、时"的字钉,并按邮运作业计划进行更换,不得提前或推迟更换。

(2) 每日营业前,营业员应将日戳更换为当日的日期和当班次的时间。日戳更换后,应及时在日戳打印簿上清晰加盖戳样,经检查无误后方可使用。如日戳字钉磨损严重,要及时更换。

(3) 风景日戳是指刻有相关风景图案、名称和风景所在地地名的邮政日戳,由风景名胜所在地邮政公司(网点)使用,是邮政日戳中的特种日戳。风景日戳既有普通日戳盖销邮票的功能,又有纪念和宣传的作用。

(4) 每日营业终了,台席人员应将各类日戳放入保险柜妥善保管,防止丢失、盗用事件发生。暂时离开柜台时,台席人员应将日戳入柜保管。

另外,邮政营业局所应配备"已验视、邮政公事、盲人读物、烈士遗物、作废"等章戳,还应根据业务开办情况配备相关国内国际业务章戳。

(1) 国内业务章戳包括:印刷品、回执、红杯、红杯水、全程陆运、欠资、存局候领;

(2) 国际业务章戳包括:水陆路、空运水陆路、航空、国际小包、印刷品、回执;

(3) 营业局所的各类章戳应符合尺寸、文字要求,不符合规定的要及时更新。

2. 邮政日戳的使用

(1) 加刻局名的邮政日戳限营业、投递工作方面使用,用于盖销邮票以及按规定盖于邮件封皮、各种业务单据、凭证上,不准加盖在空白纸张、簿册以及与邮政业务无关的各种册、页、单式上。邮政储蓄日戳,只限于邮政储蓄业务,不得移作他用。刻有内部通信生产机构简称的邮政日戳,限用于有关的各种内部通信生产的业务单式上,不得用来盖销邮票和作表示邮件收寄、投递、收款等用。

(2) 各种机器上装用的日戳,应按机器的用途加盖在邮件封皮或业务单式上。

(3) 机要日戳用于加盖在有关机要通信业务的有关单式上和盖销机要邮件上的邮票和收寄、投递机要邮件时使用。机要日戳不得用于普通邮政业务和加盖于各种集邮品上,要绝对做到机要业务专用。

(4) 其他各类专用日戳,要严格执行使用范围,不得挪作他用。

3. 各种日戳的管理要求

各类日戳均应妥为保管,防止丢失、盗用和混用。日戳应专人保管,互相不得乱用。在使用时间内要妥善放置,在非工作时间内,必须注意收存。对日戳要经常洗刷,保持字迹清晰。发现日戳戳面和字钉如有磨损,应及时申报更换。发现日戳丢失、被盗应立即上报,追查丢失被盗原因。

日戳上表示日期的字钉,应当在每个工作日开始之前,或于每日工作完毕后更换,不得提前更换或倒换日期使用。日戳更换字钉后,每次都必须在"日戳打印簿"上盖一清晰戳样,经检查无误后方可使用。

(三)邮资机(含制签机)管理

邮资机使用局所应做好班前检查,查看电源、邮资机封志是否完好,营业信息系统数据与表头数据是否一致;邮资机钥匙(密码)应建立交接制度,并由专人保管。业务部门应会同财务部门按规定对邮资机进行注资。邮资机表头应使用专用夹钳夹封,发现表头有开启痕迹时,应及时查明原因并妥善处理。

(四)邮袋的使用和管理

邮袋是邮政专用品,属国家财产。邮袋管理既要满足邮政生产需要,又要加速流转,不积压、不流失、不损毁。邮袋和其他邮件专用容器应按照邮件种类和寄递范围在封发邮件时使用,不准挪作他用。应做到"四有四无":管理有专责、使用有计划、处理有手续、存放有专处;无积压、无挪用、无散落、无损毁。建立邮袋和其他邮件专用容器管理档案,每日在营业信息系统中录入邮件容器使用情况。

(五)夹钳的管理

邮政夹钳是封发邮袋轧封封志的专用工具,营业结束,应放入保险柜妥善保管并建立交接制度,防止丢失、盗用事件发生定期检查封轧字迹是否清晰,发现问题及时报告并修复。

四、邮政业务管理

(一)邮政营业局所资料管理

邮政营业局所管理资料包括:局所综合台账、局所管理日志、会议记录、交接班登记簿、邮资机使用登记簿、进出口验单登记簿、进出口查单登记簿、日戳打印簿。

局所综合台账包括:局所名称、地址、建筑面积、营业面积、台席设置、营业班组人员情况、局所对外服务功能情况、进出口邮件作业计划、主要用品用具和设备设施。

局所管理日志包括:工作月计划与小结、每日质量检查情况、会议记录。

日戳打印簿采用纸质形式进行登记,其他业务管理资料在营业信息系统进行登记(手工局所采用纸质形式登记)。

支局(所)应建立的基础资料包括会议记录簿、经营活动与质量分析记录簿、业务检查登记簿、政治与业务学习记录簿、群众来信来访记录簿、上级来文登记簿、民主管理活动会议记录簿、职工家访登记簿及其他各种台账等。所有记录簿要如实填写,特别要注意各项活动中存在问题的记录和分析,这将对发现薄弱环节,制订措施起到很大的作用。

(二)资费票据管理

1. 邮政营业局所应按照集团公司制定的资费标准和经当地物价部门批准的延伸服务费标准收取各项费用。

2. 收取的各项资费应及时上缴,不得截留、挪用。局所管理人员应对收取的各类资费进行检查,发现问题及时处理。

3. 各类票款、有价证券、重要空白凭证应建立库存明细管理,做到请领有手续、结存有登记、收回有销号,确保账实相符。有编号的票据应按业务规定保管,按号连续使用,交接班时应履行交接手续,作废的票据应粘贴在存根上或上缴稽核部门。

4. 邮资机符志应打印完整,当日使用有效。不得重叠粘贴、剪切拼补和涂改邮资机符志。错打的邮资符志应在营业信息系统中予以注销,并文字说明备查。

(三) 发票管理

邮政营业局所应设专人负责管理增值税发票。营业员须根据发生的实际业务,真实合法地开具发票增值税发票,做到开具金额与实收款相符,不得虚开。使用增值税发票时,须注意按发票号码连续使用。作废的发票或开具红字发票应按照税务机关的规定流程进行操作。

(四) 出售品管理

出售品包括:邮政包装箱(包装袋)、信封、速递封套、国际包裹单等。

出售品中的邮政包装箱(包装袋)和信封应由地市分公司及以上单位统一采购,确保质量和规格标准符合邮政企业要求。邮政营业局所销售的出售品应统一请领,明码标价,不得私自进购。出售品收入应及时上缴,做到专款专用,不得挪为他用。

(五) 业务档案管理

业务档案包括涉及邮件查询和记载邮政营业局所内部处理手续、交接责任、邮费的各种业务单据和凭证。

业务档案应按期、按类别归档。营业局所每月上旬前整理上月所有档案寄至档案部门。归档时,应填写"档案寄送清单"一式两份,"档案寄送清单"应标明寄送单位、档案目录、送缴时间、交接人签名、起止号码、册数页数等信息。业务档案不得私自留存,不得随意提供给无关人员或变卖。档案部门接营业局所业务档案确认无误后,要在"档案寄送清单"接收人处签名,并回寄一份至营业局所留存。

(六) 业务交接管理

1. 台席交接

(1) 营业员在当班终了时,应将邮件、空白凭证、邮政专用品等相关事项与接班人员进行交接。

(2) 交接时,营业员应将交接事项录入营业信息系统,并可指定台席或专人接收。

(3) 接收时,营业员核对交接物品和相关事项正确后,在营业信息系统进行接收操作。

2. 邮车交接

(1) 邮政营业局所应按邮运计划及时封发邮件,打印路单,做好邮件交接准备工作。

(2) 营业员与邮车押运人员交接邮件时,应确保实物与信息相符,由接收人员签章交接。

(3) 邮政营业局所接收进口邮件时,应按接收路单勾核,确保邮件实物与信息相符。

(4) 接收邮件后,要当班开拆上架。对发现内件短少、破损、重量不符等情况时,要当班发验。

3. 营投交接

营业员与投递人员交接转窗投和转退邮件时,应确保实物与信息相符、外包装完好,由营业员签章交接。接收投递员开箱的平信时,应清点数量,手写路单注明时间和件数办理接收手续。接收的转退邮件应当班与收寄邮件一并封发出口,不得留存。

(七) 查验赔偿管理

1. 邮件查询

邮政营业局所应受理给据邮件的查询,查询时主要通过营业信息系统完成,系统查无结果时应采取书面、电话和传真等形式查询。当时能查明原因的,营业员应立即答复查询人;由于客观原因不能当时答复的,应及时上报局所管理人员或业务主管部门处理,并做好备案记录。

2. 验单处理

各类邮件的验单处理应符合相关邮件处理规则的规定,通过营业信息系统完成验单和复验单的缮发。

3. 邮件赔偿

由业务档案部门负责受理赔偿事宜(各省可根据实际情况自定),发生以下情况的,应予以赔偿。

(1) 给据邮件在寄递过程中,发生丢失、短少、损毁,致使邮件失去全部或部分价值的;

(2) 自受理查询之日起,查询全程时限已满,仍无结果的,视为丢失。

(八) 安全管理

1. 局所安全

(1) 邮政营业局所营业管理人员应熟悉掌握安防监控设施及消防设备的使用,通知安保部定期测试安防监控设施是否正常运行,检查消防设备有效使用时间。

(2) 每日营业终了,应关闭营业局所各类设备,检查门窗等是否关好,开启安防设备。

2. 邮件安全

(1) 邮政营业局所应严格执行收寄验视制度,做到实名收寄100%、开箱验视100%,杜绝非法出版物和违规违禁物品流入邮政渠道,确保邮件收寄安全。

(2) 生产现场应有安全管理制度,实行封闭式作业,有防盗、防火、防水防湿措施,重要业务单据要妥善保管,不得摆放在台席、书写桌等无关人员可接触处,不允许无关人员在现场逗留或翻阅邮件。

(3) 遇有公安机关、国家安全机关、检察机关等部门依法行使职权需暂扣邮件时,应由县(市)分公司及以上安保人员陪同,出示有效身份证件,并出具县及以上执法部门开具的证明,营业员应对暂扣邮件进行登记,由执法部门工作人员签字后方可交接。

3. 生产安全

(1) 为确保生产安全,营业员应经岗前培训,持证上岗。

(2) 营业员应遵守国家法律、法规和企业各项规章制度,爱护邮件和各种通信设备。

(3) 营业员应按操作规程使用设备和系统,做好邮件保管,确保安全生产。

4. 信息安全

(1) 邮政企业应保护客户的信息安全和通信秘密,确保客户使用邮政服务的信息不被窃取、泄露。未经法律明确授权或者客户书面同意,不得将客户信息提供给任何组织或者个人,但公安机关、国家安全机关、检察机关等部门依法行使职权时除外。

(2) 邮政营业局所管理人员与营业员的工号密码应分开保管,个人密码应定期修改,最长不允许超过30天。

(3) 营业员在营业信息系统中应使用本人工号,不得使用他人工号办理业务。营业员上班期间临时离开台席时,应在营业信息系统中做临时签退;营业终了,在收寄、封发、账务全部处理完成后,营业员需要做正式签退。

(4) 营业员离职离岗时,局所管理人员应检查该员工在营业信息系统中无任何账务问题后,及时上报业务管理人员在营业管理系统注销离职员工工号;营业人员轮岗时,局所管理人员应及时通知业务管理人员在营业管理系统中作相应调整。

（5）营业局所完成所有操作后，由局所管理人员做机构签退。
（6）委代办人员的工号应由专人保管、分配使用，确保唯一性，不得出现一人多号情况。

5. 资金安全

（1）每日营业终了，营业人员必须打印个人营业缴款单，网点管理人员必须打印支局日终缴款单，并附上缴款凭证，做到一单一证，账款相符。
（2）每日营业前，营业局所应在营业系统中生成支局日报（可不打印），核对前日缴款与实际是否相符。

6. 人员安全

邮政营业局所如遇多人集体交寄邮件，而且交寄物涉及危害国家安全、宣扬邪教、迷信等非法宣传品、出版物、印刷品或用户交寄有毒、有害物品或爆炸物等危险物品时，在确保人员自身安全的前提下，营业人员应及时拨打110报警或报告相关部门，并配合做好调查处理工作。

第四节　邮政营业班组的管理

在市场经济条件下，邮政企业已从过去单纯的生产管理型，逐步向经营服务型转变。在这一转变过程中，邮政营业班组的作用也相应地发生了变化。

一、营业班组在企业中的地位

企业的各种经营管理活动之所以能够顺利进行，就是要靠企业中的各个部门、班组的相互作用协调来完成的。对于一个企业，不同职工的相互组合构成企业的各个班组、部门，为了使企业的经营管理活动顺利开展，作为企业活动的基本单位，班组必须先明确自己在企业中的地位和作用，根据本部门在企业中的地位和作用来决定本部门应该怎样做才能和其他部门协调好，从而推动整体的发展。它在企业中的地位总结如下：

（1）营业支局是邮政的窗口部门、服务终端，是整体形象的代表。作为营业窗口的营业员是用邮客户的最直接服务者，是邮政和客户之间的中介与促酶，是树立邮政形象推动企业发展不可缺少的因素。营业员销售的不仅仅是邮政服务这一产品，更重要的是销售邮政对客户的承诺。
（2）营业支局是邮政服务系统中的第一环节。营业窗口收寄进来的邮件，经过封装、运输、分拣、投递等多个环节才能传递给另一用户。如果其中某一环节失误，就会给其他各个环节带来不便，导致不能顺利地实现用户的整个实物或信息的传递过程。
（3）营业支局是企业营销的基本单位。营业窗口的营销手段会直接影响用户的选择，直接影响企业的经济利益。

二、邮政营业班组管理工作要求

邮政营业班组管理工作的要求主要包括以下内容：
1. 完成上级下达的通信质量指标计划和各项业务收入计划。
2. 按照统一规定建立健全管理资料，做到齐全、完整，并能正确使用（如表3-1所示）。
3. 按各类邮件进出口频次编制"营业生产作业时间表"，并严格按规定组织生产作业。

4. "邮资机""保价信函邮费已收"戳记必须分别指定专人管理和使用。收寄日戳和邮政夹钳在每日营业终了时应放入铁皮柜或保险柜中集中保管。

5. 认真执行收寄邮件验视制度。对大宗免验邮件要有免验申请和县市分公司批准的备案资料。

6. 严格执行"三项基本制度"。妥善保管待投邮件,做到入库定位堆码存放,不丢失、不损毁,并按规定催领、清退、销号。

7. 严格执行收寄邮件的规格标准,正确使用邮政专用品。

8. 严格执行资费标准,准确、及时解缴营业收入。

9. 营业生产现场实行封闭式作业,班组长做到现场领班。

10. 窗投邮件领取手续符合规定,批注清楚,章戳齐全,清晰到位,不错、漏收逾期保管费。

表 3-1 邮政营业班组管理资料一览表

管理资料内容	工作要求
年、季度班组工作计划、总结	内容齐全、措施得力,并经主管人员签署意见
班组长工作日志	每月按日如实填写
班组(个人)工作量、业务收入、通信质量及出勤记录台账	数据清楚,真实可靠,按月填写
邮政通信质量检查分析记录簿	每天检查,如实填写,按月分析
邮政大客户档案及经营活动分析记录簿	及时填写,按月分析,并按规定按月统计报表
窗投邮件平衡合拢表	按日(班)如实填写,做到账实相符、数据准确,交接手续清楚
日戳打印簿	日戳样模打印清晰到位,不错、漏换日戳,"时"字钉使用正确,经手人、检查人名章齐全
交接班登记簿	按日(班)交接清楚,手续齐全完备

邮政班组是邮政企业最基本的生产单位,也是邮政企业管理的最终落脚点,邮政班组生产管理的好坏直接影响着企业各项经济指标的实现。实施班组精细化管理,就是科学地控制具体的安全生产过程,让安全生产的每个环节发挥最大化的低耗高效作用,达到目标、任务的落实,实现精品成果的企业经营目的。邮政是服务型行业,也是劳动密集型行业,企业进行各种经营管理的过程就是人的活动的过程。人是知识的开发、利用和传播者,也是班组是否具有竞争优势的来源。

三、营业班组常见管理措施

做好营业班组管理,一定要充分发挥班组中最活跃因子——人的作用,在服务上、管理体系上及企业文化建设上做好工作。

1. 创新班组服务体系

班组中的职工是创新的最活跃因子,作为班组中的一员,要不断学习,对变化的环境尝试各种合适的反应,不断创新,班组除了要在个人和团队中间传递新的知识,还要赋予他们创新新东西的权力。营业支局作为企业中的最基层,班组中的每一名职工如果都能把和用户的接触作为创新的机会,每一次接触都能够给客户工作、生活、心情带来变化,那么,与客户的接触就成为一种学习的过程,创新的过程。充分重视客户因素,和客户建立起一种相互承诺的关系,能够促进企业不断创新,满足客户的需求,提高自己对市场环境的适应能力。

在班组中通过抓住创新的因素,开展满足用户需求的零距离服务。在市场经济条件下,服务成为企业全部经营活动的出发点和归宿。支局作为企业活动的基层部门,更应该以"服务赢得市场"的观念为用户提供满意的服务,做到心与心的零距离:即班组与员工的心零距离,员工与用户的心零距离。用"三心换一心":即"解决疾苦要热心,批评错误要诚心,做思想工作要知心,用三心换来职工对企业的铁心",进而达到职工与班组,职工与用户的零距离服务。用户的需求有多少我们的服务内容就有多少;市场有多大我们的服务范围就有多大,服务之处就是顾客的所在之处。

为了适应企业整体的经营管理活动的要求,每个班组都要服从大局,要以改变自身的内部结构同发生了变化的环境相适应。这就要以班组的成员作管理的重点,要以优化人员为管理目标;并制订目标落实的检查办法,结合有效的激励机制。用海尔的一套管理办法解释为"总账不漏项,事事有人管,人人都管事,管事凭效果,管人凭考核"。班组中要制订"目标、检查、考核"的管理办法,将管理做细、做活;要有反复抓,抓反复的精神,提高班组成员参与意识和自主管理的水平;要将严密的管理制度体现在自我控制、自主管理的员工身上。马斯洛的需要层次论,说人的五种需要是逐级向上的,即当低级需要得到满足时,人们便追求更高层次的需要。人们因工作而发展,变得更加独立自主和成熟。做好班组的建设与管理就要尽可能地满足每个员工的较高或最高层次的需要,给员工一个机会自主地把自己的目标与组织目标结合起来,使职工达到自主管理的境界。

2. 在班组中创造一种能被所有成员认同的价值观及文化氛围

为用户提供优秀的服务、制订严密的管理办法,这些都必须以共同的价值观和行为规范作为载体。获取技术产品和服务易如反掌,而要重复一个企业文化和经营方式则极为困难。人们常常称道美国企业由舒展的个性激发出的创造力,也赞美日本企业严格的纪律和协同作战的团队意识。企业文化是基于共同价值观之上,企业全体职工共同遵循的目标和行为规范及思维方式有机整体的总称。作为邮政企业中的一个班组就应该把两者有机结合起来,既要让职工有归属感,又要为个人的自然发展创造条件。班组最核心的力量就是要有共同的价值观、共同的精神文化。作为企业的基层班组,应该达到自我完善全面发展,推动整个企业文化精神的传播。在班组内树立"唯标必夺,唯旗必扛"的竞争意识;"创一流队伍,创一流服务,创一流管理,创一流业绩"的四创精神。杰克韦尔奇说过:"一旦你产生了一个简单的坚定的想法,只要你不停地重复它,就能使之变成现实。提炼、坚持、重复——这就是成功的法宝。"在班组中宣扬一种竞争意识和创新观念,并将其融入每个员工的头脑中,通过对这种价值观的训导和教化,使每一个员工都成为班组的文化载体,使班组文化共同体绵延久存,长盛不衰。班组可以通过各种会议、各种培训,组织有意义的业余活动等将共同的价值观从上到下贯彻落实到底,使企业和班组之间达到政令畅通。

作为支局(班组)的负责人,既要学会管理,又要当好领导。在管理上要维护一个复杂的班组的秩序,使组织有效运转。作为领导则要保证班组拥有明确的前进方向,并使相关的人都理解和坚信它的正确性,在班组中起带头和推动作用,为班组适应企业要求起好纽带作用;要从各方面不断完善自我;要有吃苦耐劳,脚踏实地的工作精神;要不断学习,勇于实践;还要发挥年轻人的优势,要开拓思路,不断创新,发挥好企业人的作用,做好企业的主人。

【案例一】

银川市邮政分公司兴庆区大楼邮政营业厅开展创建学习型班组活动

银川市邮政分公司兴庆区西城邮政分局邮政大楼营业厅是宁夏最大的邮政服务窗口。班组有职工22人，平均年龄为27岁，是一个由年轻人组成的充满活力与热情的集体。近年来，该班组通过对学习和管理工作的开展，大大提高了班组全体成员的凝聚力、职工的个人服务水平和业务技能，该班组先后获得了"全国文明示范窗口""全国青年文明号""全国邮政系统学习型班组"等荣誉称号，所有的这些荣誉都得益于开展创建学习型班组活动以及班组基础管理工作产生的经济效益和社会效益。

1. 树立优质服务观念，提高邮政服务手段

班组以制度的形式开展优质服务观念学习，以多种学习形式教育全体营业员要树立"宽容用户忍耐自己""宁肯自己多添麻烦，决不让用户一分为难"等服务观念，将以往的"要我服务"的观念转变为"我要服务"的新观念。通过不断探索与实践，推出了邮政窗口承诺服务，树立了"三声、四心、五主动"服务标准。"三声"即"来有迎声，去有送声，收付款有唱收唱付声"，"四心"即"接待用户热心，解答问题耐心，办理业务细心，帮助用户诚心"，"五主动"即"主动接待用户，主动介绍业务，主动提供方便，主动征求意见，主动排忧解难"。

2. 制订学习计划、班组制度与业务考核奖励办法

班组坚持每天早晨上班前的早讲评活动和进行讲评前的各台席用品定制及准备工作的检查，利用早讲评对前一天的工作进行总结，对工作中出现的质量、服务问题进行及时点评与强化规范，汇总前一天各台席的业务收入与月进度，并对当天的工作进行具体安排。班组还利用早讲评的时间积极学习市分公司、区分公司下发的文件，使职工能够及时学习各种业务知识，学习领悟市分公司、区分公司下达的各项文件精神。同时，班组还以发生的典型案例引导职工学习。讲评完后大家整齐进入台席站立微笑迎接第一位用户。通过学习型班组建设，可以大大提高班组全体成员的凝聚力，并能够通过全员的共同努力，实现班组的各项经营目标。

建立了每月例会制度，学习劳模的先进事迹，学习各种催人奋进的书籍培养职工的学习兴趣。利用每月例会制度（班组会和质量经营分析会）及时总结并解决当月工作中出现的各种质量问题，鼓励大家提出利于班组发展的意见与建议，真正做到"企业靠员工发展，员工靠企业生存"。建立了每月班委例会制度，对班组业务发展、存在的问题进行讨论，研究、制订对策实施。

在业务技能方面，班组定期举行岗位练功和班组劳动竞赛，制订了"一轮、二赛、三考核"制度。"一轮"即定期轮换岗位，使营业员熟悉各个台席的业务，培养业务多面手；"二赛"即每月举行一次业务练功比赛，每半年举办一次业务知识竞赛；"三考核"即每季度根据每个营业员业务收入情况、业务能力、服务水平等三个方面进行综合考核。而且，班组还不定期地举行学习经验交流讨论会，评选出每一季度的服务明星与质量明星，将其姓名张贴在班组的学习园地里，采取精神鼓励为主，并以物质奖励为辅的原则给予奖励，班组悬挂每个台席收入计划进度表和班务公开栏，对业务发展好的个人设立业务贡献奖。职工的业务素质都有了很大的提升。

3. 强化班组质量检查工作

班组每年对分局下达的质量指标都分解落实到个人，在平时的工作中，班组坚持例行检查与重点检查、平时检查与突击检查、专职检查与自查互查相结合的检查方法,规定班组值班长必须跟班检查,将查出的问题记录在案并列入奖金考核内容。同时,制订了每日营业终了的安全两分钟检查制度,利用每晚下班前的两分钟对营业员自己所在的岗位进行自查,待营业员确定所有工作准确无误后方可下班。并且,每晚由值夜班人员在下班两分钟前再对所有岗位进行安全检查,如发现问题就在第二天的早讲评中提出并进行解决。

4. 爱岗敬业,服务社会

班组还开展了以"爱岗敬业,服务社会"为主题的社会教育活动。在工作现场设立了"爱心捐款箱"。职工纷纷自愿捐款为兴泾镇回民二小的四十名贫困生送去了学习用品、用具,解决了这些孩子们的实际困难,充分体现了邮政人乐于奉献、乐于为创建和谐社会贡献力量的决心与信心。另外,班组在日常的工作生活中也很重视班组的文化活动建设,经常组织职工进行各项文体活动,既减轻了职工的工作压力,又陶冶了职工的情操,还使职工的文体特长得到了发挥。

【案例二】

班组管理方法

为全面推进班组建设工程,搞好班组管理工作,使班组管理工作标准化、规范化,达到向管理要效益的目的,山西省阳高县分公司制订出台了班组管理方法,主要内容如下:

一、建立会议记录簿

每月至少召开一次职工会议,对当月的业务完成情况、通信质量检查情况、营销计划进展情况、效益工资分配情况以及业务开支使用情况等进行通报,并对下月工作进行安排。

二、建立经营、质量活动分析记录簿

每月召开一次经营、质量活动分析会议。通过经营活动分析,对经营完成情况的好坏找出原因,制订出下月目标。通过质量活动分析,发现薄弱环节,制订措施,不断改善服务质量。同时写一份书面经营、质量活动分析报告,报经营服务部。

三、建立业务检查登记簿

1. 每日对生产现场进行一次日常检查。
2. 每周至少抽查一次各类业务单册、凭证、账务数据等。
3. 每月对各类款项、票据、凭证等进行一次全面检查;走访投递段一至二段,对服务范围内的信箱试投卡片二次;检查核实各类日报表以及用户意见簿。

四、建立政治、业务学习记录簿

每月至少组织集体政治、业务学习各一次。

五、建立安全、卫生检查记录簿

1. 每周至少对安全、卫生工作检查一次。
2. 制订安全值班制度和值班表。对防火、防盗、防暴方面设备的使用情况和人员值班状况进行重点检查。
3. 制订卫生工作制度。

六、建立群众来信来访记录簿

1. 对群众来信、来访、来电的事由、时间以及落实情况进行登记。
2. 每季度发一次意见征询函。

七、建立差错事故登记簿

对本单位发生的业务差错、事故进行认真登记,并扣罚当事人一定的效益工资。

八、制订经营质量考核及效益工资分配办法

根据市、县分公司经营考核办法和质量考核办法,结合本单位实际,对经营质量进行细致的考核,对效益工资进行二次分配。

九、填写考勤表

根据考勤制度及出勤情况认真填写考勤表。

十、整理文件

对上级来文根据制度规定和年度安排分长期保管类和年度保管类进行整理。

十一、编制作业计划

1. 细致地制订出各岗位工作细则,明确岗与岗之间的交接手续和业务处理的先后顺序等。尽可能地对各岗位的业务操作、服务行为等制订规范化制度,使每个职工能明确目标,各个环节能协调配合。
2. 根据作业计划,绘制作业流程图和作业时间表各一张,并根据经营服务作业时限的变动,随时进行更新。

十二、绘制服务范围图

根据本单位服务区域绘制服务范围图,并标明各段的投递线路,图下边要注明服务面积、人口、乡镇、村、企事业单位、学校、部队等情况。

十三、建立民主管理活动会议记录簿

1. 制订民主管理活动制度。
2. 每月进行一次民主管理活动,通过民主管理活动提高职工的"参政"意识,同时对班组的管理办法、考核办法、责任制度、效益工资分配等进行表决。

十四、建立劳动竞赛登记簿

由工会小组定期组织职工开展劳动竞赛。

十五、建立好人好事登记簿

对工作中发生的一些好人好事,认真登记,及时进行表扬和奖励。

十六、建立职工家访登记簿

关心职工生活,提高班组凝聚力,是工会小组的一项重要工作。对新职工调入、老职工调离,要进行家访;对职工生病、家中出现困难或发生纠纷都要进行看望或调解。

【案例三】

支局所发展应抓学习 重管理

江西峡江县巴邱邮政所认真抓好政治理论和业务学习，注重抓支局所的基础管理工作，不断改善服务质量，努力发展业务，在各项工作中均取得佳绩。其主要做法如下：

一、营造学习氛围，提高员工素质

该所坚持以人为本，把提高员工整体素质摆在重要位置来抓，将学习形成制度，使员工树立了牢固的终身学习理念，营造了良好的学习氛围。通过开展有声有色的活动，使员工能认真、自觉地加强政治理论、法律法规、职业道德、金融法规、信息技术、专业知识等方面的学习，同时做到学习有记录、有心得体会。此外，还开展多岗位培训、岗位练功、业务比赛等活动，形成了工作学习化、学习工作化，以学习推动工作、以工作促进学习的局面，使员工的整体素质不断提高。

二、夯实基础，加强管理

从某种角度来讲，基础管理工作是企业的生命线，管理工作的好与坏，直接关系到企业的发展。一个班组也是如此。尤其是在目前的体制改革中，支局所的效益如何，直接关系到员工的切身利益。因此，该所始终把工作重点放在各项规章制度的基础管理上。狠抓落实，坚持做到执行的规范化、标准化和制度化；做到日、周、月、季都有详细的工作计划；每月召开两次经营发展和通信服务质量分析会，使工作有目标，发展有方向。同时还切实地落实好管理制度到位，监督检查到位，严格考核到位等工作。由于管理工作抓得紧、抓得细，员工内在修养不断得到提高，精神面貌也随之发生了根本性的变化——思想稳定，工作安心，服务热情高，用户满意率达95%以上。

三、找准市场，全面发展

巴邱邮政所地处一个小镇，全乡镇人口不到3万。在没有一个厂矿企业的农业乡镇中，要发展好邮政业务是比较困难的。但该所面对困难没有退缩，而是团结一心，因地制宜，勇拓市场，确定了以抓好农村邮储、保险、农资分销业务为基础，推进邮政其他业务全面发展的经营策略。为了发展，全所员工基本上牺牲了休息日、节假日，跳出绿色围墙，走出三尺柜台，挨家挨户上门宣传、发展业务。特别是营业人员，不仅在窗口宣传业务，还充分利用业余时间到镇上各摊位、店面揽收存款和保险，既方便了储户又与储户进行了感情沟通，使业务得到了更快发展。乡邮人员在做好投递工作的同时，努力发展好农资分销业务。对打工回乡人员宣传入账汇款、揽收保险业务等，均取得了成效。其他业务也得到了较好的发展，为邮政企业的发展做出了贡献。

【阅读资料一】

如何当好邮政支局（所、组）长

邮政支局（所、组）是邮政企业最小的"细胞"，也是经营、服务和业务发展的最前沿。要搞好支局（所、组）的各项工作，关键还在于支局（所、组）长如何较好地发挥作用。现从以下六个

方面谈谈如何当好支局(所、组)长:

一、业务上刻苦钻研,素质提高能过硬。支局(所、组)长要加强学习,掌握基本业务及其操作规程;对相关邮政业务和邮件处理规章制度,以及自己所从事岗位应知应会的业务知识和操作技能要重点学习,努力提高自身技术业务水平;拓宽知识面,学习基本的公司法、邮政法规、电脑操作及简单故障的处理方法,同时在不断推出的新业务上下功夫学习,尽快熟悉,适应工作需要,以实际行动来引导和带领其他职工学习业务知识,全面提升职工的综合素质。

二、生活上热心帮助,凝聚力量人心齐。支局(所、组)长对职工要亲如手足,以诚相待。经常关心职工的工作、学习和生活情况,当职工遇到困难时,主动给予精神慰藉,力所能及地给予帮助;在职工工作出现问题时,力争在基层就给予圆满解决。有条件的分支机构,也可给职工一个互帮互助的"平台"。长期坚持下去,就会形成一个团结的、有生机的、能战斗的集体。

三、管理上严格要求,奖惩分时树新风。支局(所、组)长要充分发挥民主,定期或不定期地召开民主管理会,激发职工的参与意识。通过大家讨论,决定支局(所、组)里的大小事务,同时尽量使管理制度细化、考核措施硬化、业务发展指标量化、奖惩内容具体化。做到对每个职工、每个岗位、每道工序都有明确的规章制度和考核办法,在实际操作过程中遵循人人平等的原则,按章进行考核兑现。做到对人对己公平,特别是在业务奖金、先进集体奖励的分配方面,更要摆正位置、端正态度,以合理和透明的方式恰当地处理。

四、工作上以身作则,规范服务有榜样。支局(所、组)长既有本职工作要做,又要负责整个支局(所、组)的工作,肩上的担子很重。只有勤于工作,乐于奉献,妥善处理好各方面的关系,才能使支局(所、组)的工作井然有序地进行。在本职工作中,身体力行地规范化服务。支局(所、组)长的本职工作做好了,在安排、落实和检查支局(所、组)的其他各项工作时,才有说服力,也才能顺利地完成工作。

五、营销上主动出击,拓展业务增收入。营销是在市场经济新形势下,每一位职工必须掌握一门学问。支局(所、组)长一方面要开动脑筋,分析当地邮政市场和业务结构,想办法寻求新的发展机遇;另一方面要激发支局(所、组)其他职工的工作积极性和主动性,为重点用邮大客户提供个性化服务,并有针对性地进行回访,听取他们的意见和建议。还要善于做好组织和开发各项业务的营销工作,带头走"绿色围墙",去找市场、抓营销、促发展,达到增加业务收入的目的。

六、压力上自我减小,轻装工作更和谐。就集体而言,支局(所、组)长可以创造条件,或者因陋就简地组织大家开展一些小型活动,如下象棋比赛、打扑克比赛、卡拉ok比赛,利用休息日外出登山、游园等,以丰富职工的业余文化生活,增进彼此之间的交流和友谊;工作中充分发挥职工的主观能动性和积极性,多出成绩,出好成绩。就个人而言,肩上的担子,一边是工作,一边是家庭,抽点时间多关心孩子,常回家看看自己年迈的父母。夫妻恩爱,家庭和睦,是做好工作的基础和保障,也是轻装工作的支撑和动力。工作做好了,企业发展了,个人收入高了,家庭也就有了幸福生活的"成本"。

通过做细做实以上各方面的工作,各邮政支局(所、组)可实现集体、个人、成员三者的和谐发展。

【复习思考题】

1. 邮政营业支局(所)的设置标准是什么?

2. 邮政营业支局(所)的设置规范都包括哪些方面的内容？
3. 邮政支局(所)的管理规范都包括哪些方面的内容？
4. 什么是邮政支局(所)的现场管理？其管理方法是什么？
5. 什么是邮政支局(所)的定置定位管理？应该如何做好此项工作？
6. 邮政支局(所)的业务管理都包括哪些方面内容？如何做好各项管理？
7. 邮政支局(所)的班组管理包括哪些内容？常见管理措施有哪些？

【课后实践】

1. 以小组为单位，选择附近的邮政支局(所)进行实地调查，调查内容主要包括支局(所)的现场布局、开办的业务种类、营业人员的服务规范遵守情况、服务礼仪的执行情况、顾客对邮政营业的看法等。写出一份调查报告。

2. 结合本章第七节内容，以小组为单位，讨论如何做好营业班组的管理工作。

第四章　邮区中心局生产组织与管理

【学习目标】

通过本章内容的学习,使学生理解邮区的概念和邮区中心局的性质、功能及分级,理解邮区中心局现场管理的方法,掌握邮区中心局的生产作业流程和作业规范。

【引导问题】

邮件寄递过程经历了哪些环节?这些环节的作业流程如何?这些环节又是怎样协调起来的呢?现场管理采用什么方法?带着这些问题,我们走进本章学习。

第一节　邮　区　概　述

一、邮区的定义

邮区是邮区中心局集散邮件的范围,有的邮区的范围与地市行政区划的范围一致,有的邮区范围与行政区划范围不一致,是跨行政区的一个地理范围。

二、影响邮区划分的主要因素

划分邮区是推行邮区中心局体制的前提,划分邮区就是指确定邮区的数目和划定邮区的地域范围。只有认真分析影响邮区划分的客观因素,才能科学地、合理地确定邮区的数目并适当地确定邮区的范围。影响邮区划分的因素主要有:

1. 国土面积

邮区的划分必须和国土面积相适应。一般来说国土面积越大,邮区的数目相对就越多。

2. 地理环境

由于我国各地的地理环境相差很大,高山、高原、山地、河流、湖泊等自然景观众多,邮区的划分必然要受到上述条件的影响,同一邮区要尽量避免横跨大的山脉、江河、湖泊。

3. 人口密度

人口密度的大小影响着邮政业务量的大小,由于我国各地人口密度相差很大,在人口密度较大的东部地区,邮政业务量较大,因此,邮区的范围可以相应的小些。而人口密度小的西部地区,由于人口稀少、邮件传递空间距离长,所以,邮区的范围相对较大。

4. 交通条件

由于邮政通信是实物传递,离不开交通运输,特别是邮路的规划与交通条件更是息息相关,邮区的划分也应和当地的交通条件相适应。交通条件好的地方,邮区可以划的大一些,交通条件差的地区,邮区范围可以相对小一些,以确保邮区内邮件的传递时限。

5. 邮件运动规律

邮件在邮政通信网中的传递具有客观规律性。一般说来,发达地区邮件交换量大于不发达地区;大城市间的邮件交换量大于小城市间的邮件交换量;城市间的邮件交换量大于农村乡镇间邮件的交换量。邮区的划分应符合这一规律,即以城市为中心和依托,恰当地确定邮区的范围,尽可能将邮件交换量较大的地区划入同一邮区,以减少邮件经转次数,加快传递速度。

6. 行政区划

通常属于同一行政区划范围内的地区,物资、信息、商品流通较频繁,各地之间的邮件交换量较大。所以,邮区划分应尽可能和行政区划相配合,满足行政区划上下隶属单位通信联系的需要,一般情况下,要保持县级行政区域的完整性,即不能把一个县划到两个不同的邮区。

三、我国邮政编码的结构

目前,我国邮政编码结构为"四级六码制",即每组编码由六位阿拉伯数字组成。这六位数字分别表示省(自治区、直辖市)、邮区、县(市)、投递局(区)四级,前二位代表省(自治区、直辖市);前三位代表邮区,前四位代表县(市);最后两位是投递局(区)的编号。例如,辽宁省海城市牛庄支局的邮政编码是"114217"。六位码的前二位"11"代表辽宁省;前三位"114"代表鞍山邮区;前四位"1142"代表海城市;全部六位码"114217"代表牛庄邮电支局(投递局)。

第二节 邮区中心局概述

一、邮区中心局的定义、性质

1. 邮区中心局的定义

邮区中心局是负责邮件、报刊的进口、出口、转口处理和转运任务的邮政生产单位。它既是邮区内邮件分拣封发中心,也是本邮区的邮件发运中心,担负邮区内各类邮件的处理分发、集散和交换进出转口邮件的任务。邮区中心局分为三级,即一级中心局、二级中心局和三级中心局。

2. 邮区中心局的性质

实行邮区中心局体制以后,原来由县分公司分散进行的邮件内部处理工作相对集中到邮区中心局来承担,使邮区中心局成为邮区内邮件的处理中心。对全网而言,邮区中心局是全网的基本封发单元。同时,各级邮路也是以邮区中心局为中心来组织的。因此,邮区中心局既是全网的基本封发单元,又是邮件处理中心和运输中心。它的任务是对集中到邮区中心局的进口、出口和转口邮件经过处理再分发传递出去,这进一步说明邮区中心局的作用是邮件传递过程中的集散中心。

二、邮区中心局的基本功能

1. 负责分拣封发邮区内各局集中到邮区中心局的进、出口邮件;
2. 负责其他邮区中心局发来邮件的处理和经转;
3. 负责检查邮区内各邮政局所出口邮件的规格和质量;
4. 负责组织邮区中心局与邮区内各邮政局所的邮路,并承担邮区内的邮件运输任务;
5. 负责本邮区中心局局内生产作业现场的指挥调度工作;
6. 负责本邮区中心局业务档案和容器的管理。

三、邮区中心局选择应考虑的因素

邮区中心局应选在两个不同层次网路的结点上,要选在有利于邮区内邮件的集散和网上邮件转运衔接的最佳位置。但是,由于已划定了邮区并对功能不同的指定转口局配置了机械设备,所以选址工作要以现实情况为基础,并注意以下几点:

1. 要考虑邮区中心局所在地的交通条件和它们在网中所处的地位与作用,便于组织邮路;
2. 要符合邮件流量、流向规律,有利于邮件集散;
3. 要考虑时限和成本约束条件,防止邮件长距离的迂回倒流;
4. 注意考虑本局的已有条件,充分利用现有资源。

四、邮区中心局的分级

(一) 邮区中心局分级的原则

一级中心局系位于全国铁路、公路交通枢纽部位和一级干线邮路交叉点上,除完成本邮区邮件集散任务外,主要担负着(省、区、市)间的邮件分拣封发和邮运转口任务,在网路结构中处全国中心地位。其组成基础是处在交通枢纽地位的大转口局,一般日处理信函量在70万件以上的大型邮件处理中心和发运中心。我国现有一级中心局7个。同时,一级邮区中心局所在城市也是全国七大经济区的经济和交通运输中心,承担着华北、东北、西北、华东、华南、华中和西南七个经济区域各类邮件的集散、中转和运输的重任,它们分别是北京、沈阳、西安、上海、广州、武汉和成都。

二级中心局一般位于全国干线和省内干线邮路的汇接点上。除完成本邮区邮件集散任务外,主要担负着省内和邻省(区)的邮件分拣封发交换和转口任务。在网路结构中处于省中心地位。其组成基础是省会市分公司或地处省内交通枢纽的省转口局,一般日处理信函量在40万件以上的中型邮件处理中心和发运中心。我国现有二级中心局68个,二级邮区中心局是邮政陆运网的干线节点,承担各类省际邮件的处理、运输和经转任务。二级中心局的设置以陆运包件(包括普通包裹、挂号印刷品、产品整合后的快递包裹、省内及区域内互寄标准特快,下同)的流量流向为依据,贴近市场组网。原则上,在陆运包件日均出口量大于3万件,按照直达运输标准(流量达到12吨邮车容间的70%),能够接发10条以上省际直达邮路的地市,综合地理位置、交通条件等因素,设置二级邮区中心局。考虑到市场竞争的需要,在快递市场规模排名前50的地市酌情设置二级邮区中心局。按照时限为先,就近集散的原则,打破行政区划,划定一二级局的邮区覆盖范围。

三级中心局一般位于二级干线邮路同邮区支线邮路的连接点上,主要担负本邮区内邮件集散和邻区的分拣封发和交换转口邮件任务。在网路结构中属邮区中心,是担负各类邮件进、出、转口任务的小型处理中心和发运中心,我国现有三级中心局126个。

(二) 二级中心局优化调整方案

在2000年刚刚实行邮区中心局时,邮件多以函件、报刊为主,约占邮件总运输量的70%,近年来,随着互联网和电子商务的快速发展,函件、报刊业务量迅速下降,而包裹业务量迅速上升,特别是电商包裹呈现爆炸式增长,包裹成为邮件的主体。因此,邮区中心局的设置应根据包裹的流量和流向进行调整。为此,2017年邮政集团公司按照陆运包裹流量流向预测数据,确定在全国设置68个二级邮区中心局。调整后的75个一二级邮区中心局具体名单及其邮区覆盖范围详见表4-1。调整情况如下:

1. 增设廊坊、唐山、保定、包头、无锡、扬州、南通、淮安、盐城、连云港、湖州、嘉兴、台州、泉州、潍坊、临沂、中山、东莞、佛山、阿克苏、喀什(其中廊坊、无锡同时承担环渤海、长三角区域集散中心功能)等21个二级邮区中心局。

2. 将现有大同、海拉尔、吉林、白城、齐齐哈尔、佳木斯、牡丹江、宜春、南平、德州、洛阳、宜昌、怀化、韶关、湛江、桂林、柳州、西昌、内江、南充、安康、酒泉、格尔木、库尔勒等24个二级邮区中心局调整为三级邮区中心局。

表4-1 一二级邮区中心局及其覆盖范围

序号	所属省份/自治区	一二级中心局	邮区覆盖范围	集散地市数
1	北京	北京	北京、承德*、张家口*	3
2	天津	天津	天津、沧州*、秦皇岛*	3
3	河北	石家庄	石家庄、邯郸、衡水、邢台	4
4		唐山	唐山	1
5		保定	保定	1
6		廊坊	廊坊	1
7	山西	太原	太原、大同、晋中、吕梁、朔州、忻州、阳泉、晋城、长治	9
8		侯马	临汾、运城	2
9	内蒙古	呼和浩特	呼和浩特、鄂尔多斯、乌兰察布、锡林郭勒、巴彦淖尔	5
10		包头	包头	1
11	辽宁	沈阳	沈阳、鞍山、本溪、丹东、抚顺、辽阳、铁岭、营口、通辽*	9
12		锦州	锦州、阜新、朝阳、葫芦岛、盘锦、赤峰*	6
13		大连	大连	1

续表

序号	所属省份/自治区	一二级中心局	邮区覆盖范围	集散地市数
14	吉林	长春	长春、通化、白城、吉林、辽源、四平、松原、延边、白山、兴安盟*	10
15	黑龙江	哈尔滨	哈尔滨、大庆、大兴安岭、鹤岗、黑河、鸡西、佳木斯、牡丹江、七台河、齐齐哈尔、双鸭山、绥化、伊春、呼伦贝尔*	14
16	上海	上海	上海	1
17	江苏	南京	南京、镇江	2
18		无锡	无锡、泰州	2
19		徐州	徐州、淮北*	2
20		扬州	扬州	1
21		常州	常州	1
22		南通	南通	1
23		苏州	苏州	1
24		淮安	淮安、宿迁	2
25		盐城	盐城	1
26		连云港	连云港	1
27	浙江	杭州	杭州、绍兴	2
28		宁波	宁波、舟山	2
29		温州	温州	1
30		金华	金华、丽水、衢州	3
31		湖州	湖州	1
32		嘉兴	嘉兴	1
33		台州	台州	1
34	安徽	合肥	合肥、芜湖、马鞍山、六安、淮南、滁州	6
35		蚌埠	蚌埠、亳州、阜阳、宿州	4
36		安庆	安庆、池州、黄山、宣城、铜陵	5
37	江西	南昌	南昌、抚州、萍乡、九江、新余、宜春、吉安	7
38		鹰潭	鹰潭、景德镇、上饶	3
39		赣州	赣州	1
40	福建	福州	福州、南平、宁德、三明、莆田	5
41		厦门	厦门、龙岩、漳州	3
42		泉州	泉州	1
43	山东	济南	济南、滨州、德州、东营、莱芜、聊城、泰安、淄博、菏泽	9
44		青岛	青岛、日照	2
45		烟台	烟台、威海	2
46		济宁	济宁、枣庄	2
47		潍坊	潍坊	1
48		临沂	临沂	1

续表

序号	所属省份/自治区	一二级中心局	邮区覆盖范围	集散地市数
49	河南	郑州	郑州、商丘、安阳、鹤壁、焦作、开封、洛阳、漯河、平顶山、濮阳、新乡、许昌、周口、三门峡	14
50		信阳	信阳、南阳、驻马店	3
51	湖北	武汉	武汉、鄂州、黄冈、黄石、随州、咸宁、孝感、荆门、荆州、宜昌、恩施	11
52		襄阳	襄阳、十堰	2
53	湖南	长沙	长沙、常德、娄底、湘潭、湘西、益阳、岳阳、张家界、株洲	9
54		衡阳	衡阳、郴州、永州、邵阳、怀化	5
55	广东	广州	广州、清远、云浮、肇庆、韶关、梧州*、贺州*	7
56		中山	中山、江门、珠海、阳江、湛江、茂名	6
57		汕头	汕头、潮州、揭阳、梅州	4
58		深圳	深圳、河源、惠州、汕尾	4
59		东莞	东莞	1
60		佛山	佛山	1
61	广西	南宁	南宁、桂林、百色、崇左、防城港、贵港、河池、来宾、柳州、钦州、玉林、北海	12
62	海南	海口	海口、三亚、三沙	3
63	重庆	重庆	重庆	1
64	四川	成都	成都、阿坝州、德阳、广元、乐山、眉山、绵阳、雅安、资阳、自贡、巴中、甘孜州、内江、遂宁、宜宾、凉山州、达州、广安、泸州、南充、攀枝花、昌都*	22
65	贵州	贵阳	贵阳、安顺、毕节、六盘水、黔东南、黔南、铜仁、遵义、黔西南	9
66	云南	昆明	昆明、保山、楚雄、大理、德宏、迪庆、红河、丽江、临沧、怒江、普洱、曲靖、文山、西双版纳、玉溪、昭通	16
67	西藏	拉萨	拉萨、阿里、林芝、那曲、日喀则、山南	6
68	陕西	西安	西安、安康、汉中、商洛、铜川、渭南、咸阳、延安、榆林、平凉*、庆阳*、陇南*、天水*	13
69		宝鸡	宝鸡	1
70	甘肃	兰州	兰州、白银、定西、甘南、金昌、临夏、武威、嘉峪关、酒泉、张掖、哈密*	11
71	青海	西宁	西宁、果洛州、海北州、海东、海南州、海西州、黄南、玉树州	8
72	宁夏	银川	银川、固原、石嘴山、吴忠、中卫、阿拉善盟*、乌海*	7
73	新疆	乌鲁木齐	乌鲁木齐、阿勒泰、巴州、博州、昌吉、克拉玛依、塔城、吐鲁番、伊犁	9
74		阿克苏	阿克苏、和田	2
75		喀什	喀什、克州	2

备注:标注*的为打破行政区划,跨省集散的地市。

第三节　邮件处理中心生产作业流程

一、邮件处理中心生产作业流程概述

邮件处理中心是邮区中心局的重要组成部分,是邮件集中处理的中心,在美国,邮件处理中心一般按照处理邮件种类不同分为信函处理中心和包裹处理中心。我国由于信函的处理量小,往往和包裹处理中心设在同一地点,故我国的邮件处理中心均为综合处理中心。但是在北京、上海等快件处理量大的城市,专门设置了快递邮件处理中心。目前,我国的邮件处理中心有以下几种:

1. 函件处理中心:处理信函、印刷品、报刊等各类邮件的处理中心,由邮政公司经营和管理。
2. 包件处理中心:只处理快递包裹、普通包裹邮件的处理中心,由邮政公司经营和管理。
3. 快件处理中心:只处理快递邮件的处理中心,由邮政速递物流公司经营和管理。

二、邮件处理中心生产作业流程设计的原则

邮件处理中心生产作流程设计总的原则是快进快出,高效运转。快递包裹成为最主要的寄递物品。因此,邮件处理中心的流程设计将以快递包裹处理为主进行优化设计。具体遵循以下原则:

1. 进出分流设计的原则。一般来说,处理中心为长方形,进处理中心的邮件应与出处理中心的邮件在流向上避免相互干扰。如中间进,则四角出,或者四角进,中间出。
2. 实行邮件散件外走流水作业的处理模式,即多数邮件不再装在邮袋内,而是直接外走,尽可能做到邮件不落地。
3. 在邮件处理中心实行一次分拣扫描,取消接收扫描和装发扫描,提高分拣效率。
4. 实行车等邮件,原则上先到先分,分好就装,装好就发。

三、典型邮件处理中心生产作业流程与作业规范

本教材以配备包裹分拣机的处理中心为主,按照邮件从进局到出局的生产过程,对相关环节的作业流程和规范进行描述。

（一）解车

扫描派车单进行解车,系统自动下载路单信息。若本车次带运的本口邮件存在需交下班次分拣处理情况的,解车时要在 PDA 上进行"交下班处理"标记。对于没有实行派车单管理的邮路,仍按照原有方式下载路单信息。

（二）卸车

打开车门,进行卸车作业。车厢内发现破损、水湿油污、无详情单等规格问题邮件单独摆放,后续按相关规定进行集中处理。卸车环节按以下步骤和要求进行作业:

1. 挑选可上机外走包状邮件

按照邮件形状,挑选适合上机分拣的外走包状邮件,将其摆放至拖车,不再逐件进行卸车

扫描,后续利用包裹分拣机进行分拣处理,并利用包裹分拣机分拣扫描(供包扫描或 OBR 自动扫描)或封发扫描代替卸车扫描。

2. 挑选直接转口装发的总包和外走包状邮件

接卸邮车带运部分集中转口路向邮件较多,且卸车后能够直接装发对应邮车的,在卸车时可直接挑出该部分转口路向总包和外走包状邮件,摆放至拖车,运至对应装车口,利用 PDA 扫描配发功能逐袋逐件扫描装车,利用转口装车扫描代替进口卸车扫描。

3. 总包和外走包状邮件卸车扫描

挑选完可上机分拣外走邮件和直接转口装发的总包及外走包状邮件后,剩余的其他总包和外走包状邮件,利用 PDA 直接勾核功能,全部逐袋逐件进行卸车扫描。卸车扫描时 PDA 提示堆位路向信息,同时能够实现堆位路向标签粘贴打印功能。

4. 实物分剔和分堆

卸车扫描过的总包和外走包状邮件,实物按照本局分拣包状邮件(含本局开拆分拣处理的总包和外走散件)、本局分拣信刷报邮件及国际邮件、本局经转总包(含外走包状邮件)进行分剔。总包信息按照卸车扫描记录自动进入对应的堆位。

(1) 对于需本局开拆分拣的包状总包和外走散件,摆放至拖车,运至相应分拣区域进行后续分拣处理。本局开拆处理总包不需再进行信息批量开拆操作,通过总包进局扫描或邮件分拣扫描自动开拆总包信息。需本局开拆处理的包状邮件总包,解车时未标注"交下班处理"的,卸车扫描后总包信息自动开拆;解车时标注"交下班处理"的,卸车扫描时总包信息不自动开拆。

(2) 对于需本局经转的总包和外走散件,在卸车过程中可按照出口路向进行分堆处理,总包卸车扫描时系统自动提示堆位信息,实物按出口堆位摆放至拖车。

(3) 对于需本局开拆处理的信刷报总包和国际邮件,卸车后交至相关处理车间进行后续处理,处理流程暂保持不变。

(三)邮件分拣

卸车时挑选的可上机外走散件和需本局开拆处理的包状邮件总包,运至包裹分拣机进行供包分拣处理。包裹分拣机分拣入格后,根据通知中包状邮件二码合一散件外走范围,对于符合条件的可全部实行二码合一散件外走,利用 PDA 扫描绑定功能,将入格邮件与拖车逐件绑定(绑定拖车操作的同时实现二码合一封发操作),邮件摆放至拖车(为便于装卸及保护邮件,小件邮件和易损邮件与拖车绑定后,要先装入盛装容器,再将盛装容器摆放至拖车);对于不在散件化处理和运输范围内的包状邮件,仍按照原有规定进行封发处理。

不能上机分拣的包状邮件,进行人工分拣处理,符合散件化处理和运输条件的,利用 PDA 散件外走或分拨扫描功能进行大件外走处理;不符合散件化处理和运输条件的仍按照原有规定进行封发处理。

(四)邮件装发

对于分拣完成后已与拖车进行捆绑的外走邮件和总包,将拖车运至装车口,扫描拖车条码与车次关联,将托盘上外走邮件和总包摆放至装车皮带进行装车作业。

对于分拣完未与拖车进行捆绑的外走邮件和总包,装车前逐袋逐件扫描装车。

对于转口总包和外走邮件,可按照卸车扫描后的入堆信息,进行信息配发,实物装车;也可逐件逐袋扫描进行装车处理。

所有邮件装车完毕后,扫描派车单条码进行封车作业,系统自动发送网上路单信息。对于没有实行派车单管理的邮路,仍按照原有方式网上发送路单信息。

(五) 班次处理

1. 交下班处理

班次结束时,解车时标注"交下班处理"的路单中未卸车扫描的外走邮件,以及卸车扫描过需本局分拣处理的总包及外走邮件(不含当班次已处理完成的邮件),由班长在前台终端进行信息交下班处理。

2. 总包平衡合拢和发验

班次结束时,根据当班次签收的路单信息(不含解车时未扫描且已交下班处理的外走散件),与卸车扫描和分拣机分拣扫描及直接转口装车扫描记录进行比对,生成总包平衡合拢表,总包短少进行发验处理,总包多出不发验。

3. 散件平衡合拢和发验

班次结束时,根据当班次开拆的清单信息(卸车扫描本局开拆总包自动开拆信息和邮件分拣扫描对应总包开拆信息),与分拣扫描记录进行比对,生成散件平衡合拢表,邮件少件进行发验处理,邮件多件不发验。

第四节 分拣封发计划的编制

一、分拣封发相关专业术语

邮件分拣封发是邮件传递过程中的重要作业环节,主要在邮区中心局邮件处理中心完成。在分拣封发过程中,各生产作业环节必须严格执行统一规定的邮件传递频次和时限要求,按照分拣格口的设置,把邮件逐件分入相关格口,封成袋套,交发邮运。这里面涉及很多专业术语。

1. 直封

直封是发寄局按寄达地点把邮件直接分发给寄达局的一种分拣方式。它不再由中途局重复处理,可以加快邮件的传递速度,节约人力物力。

2. 经转

经转是发寄局对寄达局的邮件不直封,而是发给相关转口局,经重分后转发到寄达局的一种分拣方式。

3. 合封

合封为减少外走袋和简化交接手续,将寄往同一寄达局量少的不同种类的邮件合封成一个总袋,如在市县分公司与其分支机构之间,平挂邮件可以合封成一袋(套)。

4. 混封

混封对于寄往不同寄达地点本应分别封发的同类邮件封成一个总袋,如本转平挂信函可以混封。

5. 运递时限

运递时限原指特快、信函、报纸两地间从收寄到投递的全程最大时间限度。因此,运递时限也称全程时限或全程运递时限。

6. 作业基本时限

作业基本时限是指各类邮件(原特指特快、信函、报纸)在本市(县)(市区、城区范围内)传递过程中各作业环节不应超过的最大时间限度。主要包括:进、出口时限;本市互寄作业时限;进出口邮件处理时限;总包邮件站转时限。

二、邮件分拣封发计划

(一)编制封发计划的依据和原则

编制封发计划的依据有两个方面:一是集团公司确定的各类邮件的封发频次;二是各局的发运计划。具体的依据和原则是:

(1)各类邮件发运频次和时限的规定;
(2)发运计划所规定的发运范围;
(3)尽可能选择直达车次,无直达车次的,选择经转次数少的车次;
(4)邮件到达时间尽可能赶上寄达局投递出班时间;
(5)到寄达局效果相同的多趟车次中,要尽可能选择发车时间晚的。

(二)编制封发计划表

1. 了解本局可以选择的发运路由

根据邮区中心局作业系统全国干线邮路联系示意图,研究由本局起点和路经本地的车(航)次,在沿途和终点站与各运邮工具的衔接情况,形成以本地为中心,联结全国各直封处所的本地发运路由。

2. 为每个直封处所(邮区中心局)选择适宜的封发车次

根据邮运工具的运行区间、时间与衔接关系,以及有关时限与频次的规定,对每个直封局都要选择从本局封发到该局投递或转发全程历时最短的路线和车次。

3. 编制封发计划表

对每一直封局都选定封发车次后,作业系统自动生成封发计划表,明确规定发往各个局的邮件封交的车次、航次,并按此进行封发作业。以石家庄为例,封发计划表的格式如表 4-2 所示。

表 4-2 石家庄邮区中心局出口信函、平刷分拣封发计划表

2017 年 4 月 26 日

班次	邮路名称	车次	开车时间	封发时间	交运时间	封发局名
白班	石家庄-北京(京2)	干线	13:00	11:30	12:00	北京
	石家庄-成都(冀2)	干线	16:00	14:30	15:00	成都、昆明
	石家庄-济南(鲁1)	干线	16:00			济南、济宁、青岛、烟台
	石家庄-邯郸(石3)	省汽	18:00	16:00	17:00	邯郸本、转(所辖县、沿途投递局)
	石家庄-保定(石4)	省汽	18:30			保定本、转(所辖县、沿途投递局)
	石家庄-衡水(石3)	省汽	19:00			衡水本、转(所辖县、沿途投递局)
	石家庄-邢台(石3)	省汽	19:00			邢台本、转(宁晋、新河、南宫除外)
	石家庄-北京(京5)	干线	21:00			北京

续 表

班次	邮路名称	车次	开车时间	封发时间	交运时间	封发局名
夜班	石家庄-郑州(豫2)	干线	0:00	22:00	23:00	郑州、重庆
	石家庄-成都(冀1)	干线	2:00	0:00	1:00	成都、昆明
	石家庄-北京(京4)	干线	2:00			北京
	石家庄-天津(津1)	干线	2:30			天津
	石家庄-济南(冀1)	干线	4:00	2:00	3:00	济南、济宁、青岛、烟台
	石家庄-太原(冀1)	干线	4:00			太原
	石家庄-保定(石1)	省汽	5:00			保定本、转(所辖县、沿途投递局)
	石家庄-沧州(石1)	省汽	5:00			沧州本、转(所辖县、沿途投递局)
	石家庄-邯郸(石1)	省汽	5:00			邯郸本、转(所辖县、沿途投递局)
	石家庄-衡水(石1)	省汽	5:00			衡水本、转(所辖县、沿途投递局)
	石家庄-邢台(石1)	省汽	5:00			邢台本、转(宁晋、新河、南宫除外)
	石家庄-合肥(皖1)	干线	5:00			合肥、芜湖、蚌埠
	石家庄-长沙(冀1)	干线	6:00	3:30	4:00	长沙、衡阳、贵阳
	石家庄-广州(冀1)	干线	6:00			广州、深圳
	石家庄-杭州(冀1)	干线	6:00			杭州、宁波、金华、温州、福州、厦门
	石家庄-兰州(冀1)	干线	6:00			兰州、酒泉、西宁、拉萨
	石家庄-南京(冀1)	干线	6:00			南京、苏州、常州、徐州
	石家庄-南宁(冀临1)	干线	6:00			南宁、海口
	石家庄-上海(冀1)	干线	6:00			上海本、转
	石家庄-沈阳(冀临1)	干线	6:00			沈阳、大连、锦州
	石家庄-武汉(冀1)	干线	6:00			武汉
	石家庄-西安(冀1)	干线	6:30			西安、乌鲁木齐
	石家庄-清河(邢1)	省汽	7:30			宁晋、新河、南宫
	石家庄-呼市(冀临1)	干线	8:00	5:00	6:00	呼和浩特、银川
	石家庄-南昌(冀临1)	干线	8:00			南昌、鹰潭
	石家庄-长春(冀临1)	干线	9:00			长春、哈尔滨、海拉尔
	石家庄-郑州(豫1)	干线	9:00			郑州、重庆
	石家庄-北京(京6)	干线	11:00			北京

(三)制订分拣封发作业时间表

分拣封发作业时间表的制订,就是对邮件处理生产过程在时间上的组织,用作业时间表的形式把各道工序的作业起讫时间详细固定下来,以便按时进行作业和对作业的进度进行监督。

制订作业时间表的方法,就是将每批邮件到达时刻和赶发车班开行时刻作为两关,从两头逐步向中间推行,然后根据各批邮件业务量的大小、生产定额、规定作业时限和技术措施等诸因素,计算出各道工序所需时长,并确定出各道工序的开始时刻和结束时刻。作业时间表的格式如表4-3所示。

表 4-3 出转口平常函件作业时间表

时间阶段	到达车次		作业时间								赶发车次		
	班次	到达时间	开拆		初拣		细拣		封发		车次	交运时间	开行时刻
			起	止	起	止	起	止	起	止			
Ⅰ													
Ⅱ													
Ⅲ													
Ⅳ													

第五节 邮区中心局的现场管理

一、邮区中心局生产现场管理概述

(一)现场管理含义

按照企业的经营目标,对生产现场的一切活动,进行计划、组织、指挥、控制、监督与调整,促成人员流、实物流和信息流的有机结合,实现优质、低耗、高产、安全。现场管理的重点以生产现场为主体,现场管理的中心以人为对象。

(二)现场管理的优化

在原有现场管理基础上,运用现代先进管理思想,采用现代管理方法和手段,运用系统论的观点对生产现场的全部活动、各种生产要素、各专业管理进行合理地组合与科学地调配,对投入转换为产出的全过程进行有效的运筹、控制和激励,使其具有自我调节能力,始终保持协调有序的良好状态,发挥其综合、整体的效能,达到优质、低耗、高产、安全、快捷、增效的目的。

(三)现场管理的主要特征

1. 目的性——为了实现优质、高效、低耗、安全、促进生产发展。
2. 科学性——建立标准、规范,消除低效、无效劳动、高耗浪费、不科学、不合理、落后现象,对生产诸要素合理科学配置,建立协调有序的投入产出转换机制。
3. 协调性——各项专业管理都在现场贯彻、物化,管理会出现交叉,务必在现场协调,达到同向、同步、同度。
4. 整体性——现场管理是企业管理在生产现场的综合作用和反映,是互相制约又互补的整体。
5. 动态性——产品结构的变化,导致生产要素跟随变化,现场管理优化无止境,现场管理优化是一个由动态到静态再到动态的不断演变发展过程。

(四)现场管理的作用

1. 良好的现场管理是企业增强竞争力的一个重要条件;
2. 良好的现场管理状态是企业良好形象的直观的第一印象,是吸引国内外合作者的重要条件;

3. 良好的现场管理与技术进步能够同步,保证先进技术发挥应有的效益;

4. 加强与优化现场管理是实现企业管理整体优化的基本保证;

5. 加强和优化现场管理,可以促进各部门、各专业管理的职能发挥和协调;

6. 加强与优化现场管理,建立一个良好的生产环境,使员工在一个清新的、确保安全的、有益于身体健康环境中,极大地激发和调动员工的积极性。

二、6S管理理论在邮区中心局生产现场管理中的应用

由于实施大平面作业,邮件种类多、数量多、设备复杂,对生产现场管理提出了更高的要求,为了保证正常的生产秩序,应按照6S管理方法对邮区中心局生产作业现场制订严格的管理规范。

(一) 6S管理的内涵

6S管理是加强企业基础管理的必要手段,是清理、整顿、清扫、安全、规范、素养六方面进行现场管理的方法。其基本目标是使生产现场达到"门类清楚、区隔整齐、标识分明,洁净安全"的状态。其内涵和实施要点如表4-4所示。

表4-4 6S要素实施要点

要素	含义	实施要点
清理	清理现场空间和物品	1. 清除垃圾或无用、可有可无的物品; 2. 明确每一项物品的用途、用法、使用频率; 3. 现场只保留必要的物品
整顿	整顿现场次序、状态	1. 在清理基础上,合理规划现场的空间和场所; 2. 按照规划安排好现场的每一样物品,使其各得其所; 3. 做好必要的标识,使所有人都感觉清楚明白
清扫	进行清洁、打扫	在清理、整顿基础上,清洁场地、设备、物品,形成干净、卫生的工作环境
安全	采取系统的措施保证人员、场地、物品等安全	系统地建立防伤病、防污、防火、防水、防盗、防损等保安措施,加强摄像监控和封闭作业管理
规范	形成规范与制度,保持、维护上述四项行动的方法和结果	1. 检查、总结,持续改进; 2. 将好的方法与要求纳入管理制度与规范,明确责任,由突击运动转化为常规行动
素养	建立习惯与意识,从根本上提升人员的素养	通过宣传、培训、激励等方法,将外在的管理要求转化为员工自身的习惯、意识,使上述各项活动成为发自内心的自觉行动

(二) 6S管理的作用

1. 改善和提高企业形象。

2. 促成效率的提高。良好的工作环境和工作气氛,有修养的工作伙伴,物品摆放有序,员工可以集中精神工作,工作兴趣高,效率自然会提高。

3. 减少直至消除故障。保障品质优良的品质来自优良的工作环境。通过经常性的清扫、点检,不断净化工作环境,避免污物损坏机器,维持设备的高效率,提高品质。

4. 保障企业安全生产。储存明确,物归原位,工作场所宽敞明亮,通道畅通,地上不会随意摆放不该放置的物品。如果工作场所有条不紊,意外的发生也会减少,当然安全就会有保障。

5. 降低生产成本。通过实施 6S,可以减少人员、设备、场所、时间等等的浪费,从而降低生产成本。

6. 改善员工精神面貌,使组织活力化。人人都变成有修养的员工,有尊严和成就感,对自己的工作尽心尽力,并带动改善意识(可以实施合理化提案改善活动),增加组织的活力。

7. 缩短作业周期,确保交货期。由于实施了"一目了然"的管理,因此异常现象明显化,减少人员、设备、时间的浪费,生产顺畅,提高了作业效率,缩短了作业周期,从而确保交货期。

(三)生产作业现场定置定位管理规范

1. 现场定置定位管理

按照 6S 管理中"清理""整顿""清扫"的基本要求,对邮区中心局生产作业现场进行定置定位管理。按照科学、合理、方便的原则,依据作业流程和环境条件绘制定置图,将场地划分区域,物品定(位)置存放,减少生产现场的不安全因素;生产用品、用具严格按定置图所标位置摆放,如有变动,应及时更改,报相关部门备案;设备、设施一经安装投入使用,不能随意挪动其位置;工作终了,所有用品、用具要及时归位,设备、物品定置图以外的用品不得进入定置区,达到"有物必有区,有区必挂牌,挂牌必分类,按图定置,图物相符""以物对号,以号对图,图号相符"。具体规范如下。

(1)运输工具

① 空拖车

横看成行,纵看成列,车把合上,每辆车间距相同,不能超过通道黄线。待修空拖车另放于指定位置。

② 装邮件的拖车

按发运路向依次摆放,要求横看成行,纵看成列,不能超过通道边线。

③ 牵引车

不得驶出生产区域;场内行驶速度不超过 5 千米/小时;牵引拖车,连挂限空车 4 辆,挂装邮件拖车不得超过 3 辆,工作完毕整齐停放于指定位置。

(2)总包邮件

① 开拆前邮件

按照卸车顺序整齐摆放,袋口朝向一致。

② 待发运邮件

按发运车次整齐摆放,堆码整齐牢固,界限清楚。

③ 待封发邮件

在规定位置按顺序整齐摆放。

(3)邮件容器

① 空袋

按型号对折向外,露出"中国邮政"字样及袋型标号,整齐存放于指定区域;每种型号只能按列堆位,堆放界限清楚;未用完邮袋按要求摆回散袋堆放处,现场不留任何散落空袋;所退空袋整齐码放于指定位置。

② 空信盒

现场原则上不得存放空信盒。特殊情况下有滞留时,在指定位置按同一方向、同一高度分类依次排列。

③ 理信筐

在指定位置按同一方向依次摆放。

④ 空集装箱

在指定位置整齐摆放,朝向一致,界限清楚。

(4) 用品用具

① 生产用品

各种单式、账册、登记本分类整齐摆放于公物柜指定位置;封套、袋牌、绳扣、铅丸、塑料扎条、日戳、夹钳(钢钳、塑料钳)、条码识读器等按类分开,按方便取用的原则整齐摆放,班后及时清理,保持地面干净整洁,台面抽屉归位无杂物。

② 安全用品

安全帽整齐放于规定位置;消防器材在规定位置存放,定期检查。

(5) 分拣封发、终端设备

所有生产作业现场的分拣封发、终端设备必须保持使用前、中、后的正常、顺畅、整洁和保养;工作终了,清理检查分拣封发、终端设备;终端设备应加盖防静电布罩。

故障设备和报废设备应及时清退搬离现场;不能及时清退搬离现场的设备必须加注明显标识,以示待修和报废。

(6) 其他

① 桌椅

细分台桌子与格口分布方向平行摆放,接发室内桌面无杂物,抽屉内物品按类摆放整齐,椅子放于抄登点或微机点指定位置,未作业时推至桌内。

② 水杯

在水杯架处摆放整齐,其他地方严禁摆放。

③ 废杂物品

废路单、清单及时放入垃圾筐,台席不得有废纸屑、色带、袋牌等。

④ 其他物品

雨披、伞等挂在更衣室外衣钩上,不得带入生产现场。

2. 生产作业现场封闭管理规范

按照"6S"管理对安全的要求,在邮区中心局生产现场进行封闭作业管理。具体内容包括:

(1) 建立封闭管理制度,主要包括建立来宾登记制度、值班制度和检查巡视制度;

(2) 划分生产作业区域,严禁生产人员串岗,非生产物品严禁带入生产现场;

(3) 加强作业现场的摄像监控;

(4) 加强处理中心装卸站台的管理,严禁邮件处理中心以外人员(包括司机)进入内部作业区,邮件交接完毕,要求生产作业人员及时关闭装卸站台闸门。

3. 6S 管理考核

按照 6S 管理中"规范"和"素养"的要求,定期对邮区中心局生产现场"6S"开展情况进行指导、监督、检查、评比、奖罚和公布,从制度上保证 6S 工作的顺利实施。

(1) 考核要求

① 各局依据要求制订 6S 管理考核办法,定期进行检查;

② 每次检查,将检查记录交给各作业区负责人一份,督促当事人在期限内整改;

③ 每次检查的下一周公布上周评比结果,并张贴于公告栏;

④ 各作业区的 6S 管理执行情况,将作为对作业区负责人及员工的工作考核内容之一;

⑤ 邮区中心局在年中及年末对成绩突出的部门予以奖励。

(2) 检查表

检查表如表 4-5、表 4-6 所示。

表 4-5　6S 检查记录单

被检部门:				检查时间:				
序号	检查部位	检查情况	评定结果	直接责任人	整改后应达到的标准	整改截止日期	合格	不合格
1								
2								
3								
4								
5								
…								
检查人员:				得分:				

表 4-6　6S 检查问题汇总表

检查项目序号	检查项目名称	检查部位	检查中发现的主要问题（分类列出）	建议

检查人员:

检查组长:

检查时间:

【复习思考题】

1. 什么是邮区？它和行政区有什么区别？有哪些因素影响邮区的划分？
2. 什么是邮政编码？我国邮政编码的结构是什么？
3. 什么是邮区中心局？邮区中心局的作用和功能是什么？
4. 掌握邮件分拣封发计划相关专业术语。
5. 编制分拣封发计划应遵循的原则和依据是什么？
6. 什么是现场管理？有哪些特征？
7. 6S 管理的内涵和实施要点是什么？
8. 什么是定置定位管理？应该如何做好此项工作？

【课后实践】

以小组或班级为单位,到石家庄邮区中心局现场参观包裹、信函的处理流程。写出观后感。

第五章　邮政运输作业组织管理

【学习目标】

通过本章的学习,了解邮政运输的任务、特点;熟悉各种运输方式的技术经济特点;理解汽车邮运和铁道邮运组织的原则;熟悉发运计划的分类方法;熟悉汽车运输作业规范。

【引导问题】

邮件是通过什么样的运输工具由甲地运送到乙地？针对不同的邮件如何选择不同的运输工具？不同的运输工具具有哪些不同的技术经济特点？不同的运输方式遵循什么样的原则？不同的运输方式如何组织生产作业？带着这些问题,我们走进本章的学习。

第一节　邮政运输概述

一、邮政运输工作的重要性

邮政运输的过程是以接收邮件并按照一定的计划规定,将其装上运输工具开始,遵循一定的路线和时限要求运行,以运达目的地将邮件卸交为终了的过程。

精确畅通的邮政运输,对整个邮政通信的生产活动有着重要的影响:

1. 邮政运输阶段时间长、环节多,如何选择最有效的运输工具和有效线路,组织各环节紧密衔接,对最大程度提高邮件全程传递时限具有重要的意义。

2. 邮政运输容易受到外界客观因素的影响,情况变化多,对外界因素的疏忽和估计不足,可能造成邮件的积压延误。

3. 邮政运输的邮件往往是整袋、整捆的总包邮件或达到一定标准的外走邮件,一旦发生差错事故,会造成较为严重的后果。

4. 邮政运输过程中涉及运邮线路、运输工具、驾押转运人员、装卸设备等,涉及各环节的装卸、交换和处理,所以运输组织工作的好坏较大程度影响着生产的成本和企业的经济效益。

二、邮政运输的任务

邮政运输的基本任务是在合理有效的基本要求下,综合利用各种运输工具,在各邮政枢纽、邮政局(所)之间,按照规定的路线、频次、时限,有计划地运输各类邮件。

邮政运输的基本要求有:

1. 合理编制并严格执行各类邮运计划；
2. 保证邮政运输的正常与稳定，邮件疏运准班准点，邮件处理准确无误，遇特殊情况，尽可能减轻和克服客观情况的影响；
3. 确保在邮件运输过程中人员、邮件、车辆等的安全，确保通信质量，如带运机要邮件，还要做好保密工作；
4. 不断提高各类运输工具和装卸设备的利用率，提高生产人员劳动生产率；
5. 不断加强邮政运输工作的指挥调度，适应业务量的变化，提高邮运工作的预见能力和应变能力；
6. 加强利用信息系统提供的数据科学判断、分析各项邮运生产指标数据的能力。

三、邮政运输的特点

邮政运输具有以下几个特点：

1. 全程全网性（也称超区域性）：邮政运输要依靠不同区域、不同类型及不同级别的邮政局所和邮路合作完成的，相互之间需要有密切的协作。因此，也就需要一个统一的规划。
2. 时限性：邮件在传递过程中的各个环节都有严格的时限要求，邮件运输环节速度的快慢、质量的高低直接影响了整个邮件传递的质量和速度。
3. 被动性（也称依附性）：由于客观条件的限制，除了部分自主开行的汽车邮路外，绝大部分运输需要依托外部运输工具，不同程度地受到运行线路、运行时间和停靠站点等的制约。
4. 连续不断性：邮政企业向用户提供通信服务是长年不断的，双休日和节假日也不停止，因此，各生产环节以及各种邮运工具更是昼夜不停地运转着，以保证邮件的传递。
5. 复杂性：邮政运输内外部环境错综复杂。从内部来说，邮件的种类繁多，时限要求不一，邮件的流量流向没有规律、不可控；从外部来说，邮运依靠交通工具，因此又受到交通状况、季节、气候等外部因素的影响。

四、邮政运输组织工作的基本内容

做好邮政运输组织工作主要做好以下几个方面的工作：一是根据通信生产的需要，合理规划邮路，选择适合的运输工具；二是在邮路上选择合适邮件交接的机构，负责交接邮件；三是如选择其他运输部门的运输工具，需同相关部门商订运邮合同；四是为了有计划地运输邮件，制订邮件发运计划；五是保证邮政运输的正常进行，建立和执行各项邮运调度制度；六是根据运输任务和各种技术和劳动定额，合理配备各种运输工具、设备和人员，并对邮运工作人员和设备进行日常管理。

1. 合理规划邮路

规划邮路时应符合"经转少，层次清，网络健全；速度快，效率高，畅通无阻和成本低廉"的要求，制订出邮路规划方案，根据各方案，按照规定的时限和频次要求的速度、运输工具利用率、运输成本等主要指标的比较，选择最切实可行的方案。

由于地形、交通条件不同，各交接点地理分布也不同，规划邮路要结合具体的条件采取不同的邮路结构形式，邮路的基本结构有直线形邮路、环形邮路、混合形邮路三种基本形式。对于运输工具的运行方式通常有直驶、迎驶和接驶三种。

2. 合理选择运输工具

各种运输工具优缺点分析如表 5-1 所示。

表 5-1　各种运输工具优缺点分析

运输工具	优　点	缺　点	目前使用情况
火车	速度快、运量大、准班准时	受到线路限制	1 500 千米以上长距离运输
汽车	速度快、灵活、便于组织	运量受限、成本高	一级干线、二级干线及邮区内邮路
飞机	速度快	运量小、运价高、中途停落点少、易受天气影响	标准快递长距离运输
非机动（马班、步班、自行车）	使用范围大	运量小、速度慢、劳动强度大	县及县以下邮路
船舶	运量大、运费低	受海运、河道影响、速度慢，准班准点差、受季节天气影响	基本上不使用

第二节　邮件的计划发运

一、计划发运的含义和作用

1. 邮件计划发运的含义

计划发运就是根据邮政运输的特点，对全国干线邮运网路中各局封发的各类总包邮件实施有组织有计划地发运。

2. 计划发运的作用

计划发运是为了有效解决邮件运输过程中存在的问题，而这些问题的产生是由邮政运输的特点所决定的。

邮件计划发运的主要作用有以下两点：

一是要综合利用已有的运能资源，尽力缓解运力与运量之间的紧张矛盾，统筹规划，合理安排，确保各类邮件运输时限，同时还要有效地降低运输成本；

二是能够使全国邮运工作保持高度协调统一，有利于统筹规划邮路和运能，便于集中控制，有效杜绝乱封乱发的现象。

二、邮件计划发运的原则

1. 计划发运的总体原则

计划发运的总体原则就是："全面规划，统筹安排，分级负责，统一调度"。

2. 计划发运的基本原则

为了贯彻总体原则，计划发运还要遵循两个基本原则，一是以条带块，以块保条，条块结合，层层包干；二是地方服从全国，局部服从整体，保证重点，兼顾一般。

3. 计划发运的组织原则

轻件：特快专递中的标准特快以及普通邮件中的轻件必须按规定的频次和时限发运，并选择到达寄达局全程时限最快的车航次发运。

重件:普通邮件中的重件应根据合理使用运邮容间,减少中转的原则组织运输。远途邮件以发远途车为主,近途邮件以发近途车为主,并尽量选择直达有效车次;如果不能当班清运时,应按照发运次序组织发运,同类邮件先到先发,同时收到的,先发经转的,后发本局封发的,但必须在规定的最大经转时限内发运完毕,确实发运不完的应做到有计划滚存。

三、邮件计划发运涉及的术语

1. 邮运频次:邮运频次是邮路上运邮工具运行的次数,也就是邮车规定的发班次数。
2. 邮件发运频次:邮件发运频次是根据出口的运邮车次确定向外埠封发和发运函件及报纸的次数。可以理解为邮件、报刊的封发部门按运邮车次封发交运的次数。
3. 邮件接发频次:邮件接发频次是各级邮政局(所)同带运邮件的车、船、飞机等运输工具接发邮件的次数。

四、发运计划的概念、作用及分类

1. 发运计划的概念:发运计划是指为在邮件运输中实行计划管理,按照计划发运的原则所编制的发运各类邮件的作业计划。
2. 发运计划的作用:邮件发运计划是组织和实施邮件计划发运的重要手段,其重要作用就是通过确定各局发运各类邮件的方向、车次、处所和发运方法,及其发运量,用计划表文件形式固定下来,作为各局(车)发运邮件的重要依据,以确保邮件迅速、准确、安全、经济地运达目的地。
3. 发运计划的分类:邮件发运计划根据需要有以下几种分类方法:
(1) 按邮件种类划分为:标准快递发运计划、信函发运计划、报纸发运计划、包裹发运计划。
(2) 按邮件运输方式划分为:汽车邮路发运计划、铁道邮路发运计划和航空邮路发运计划等。
(3) 按管理层级划分为:一级干线邮路发运计划、二级干线邮路发运计划、邮区内邮路发运计划。

五、邮件发运计划的下发

1. 集团公司指挥调度中心根据邮件运营标准、邮件流量流向、邮路运行时间、频次及运能情况,对一级干线邮路邮件运输计划调整并下发调度指令,通过网运信息系统维护、下发一级干线邮路邮件运输计划,各邮路承担局及接卸局组织实施。
2. 各省分公司根据二级干线邮路调整、运能运量变化等情况,制订二级干线邮路邮件运输计划调整方案,以正式文件报集团公司指挥调度中心审批。省分公司根据集团公司审批后的二级干线邮路邮件运输计划,下发调度指令,通过网运信息系统维护、下发二级干线邮路邮件运输计划,各邮路承担局及接卸局组织实施。

石家庄邮区中心局一级干线发运计划表如表5-2所示,石家庄邮区中心局二级干线发运计划表如表5-3所示,石家庄邮区中心局区内邮路发运计划表如表5-4所示。

表 5-2 石家庄邮区中心局一级干线邮路发运计划表

2017.4.26

序号	邮路名称	发车时间	带运范围	邮件种类	备注
1	石家庄-北京(京4)	2:00	承德*、张家口*、北京本、转	各类邮件	
2	石家庄-北京(京3)	4:30			
3	石家庄-北京(京6)	11:00			
4	石家庄-北京(京2)	13:00			
5	石家庄-北京(京5)	21:00			
6	石家庄-成都(冀1)	2:00	四川省、云南省	各类邮件	
7	石家庄-成都(冀2)	16:00		各类邮件	
8	石家庄-济南(冀1)	4:00	山东省	各类邮件	
9	石家庄-济南(鲁1)	16:00		各类邮件	
10	石家庄-天津(津1)	2:30	天津市(唐山*、秦皇岛*)	各类邮件	秦、唐快递包裹总包邮件除外
11	石家庄-太原(冀1)	4:00	山西省	各类邮件	
12	石家庄-广州(冀1)	6:00	广东省	各类邮件	
13	石家庄-杭州(冀1)	6:00	浙江省、福建省	各类邮件	
14	石家庄-兰州(冀1)	6:00	甘肃省、青海省、西藏自治区	各类邮件	
15	石家庄-南京(冀1)	6:00	江苏省	各类邮件	
16	石家庄-上海(冀1)	6:00	上海市	各类邮件	
17	石家庄-武汉(冀1)	6:00	湖北省	各类邮件	
18	石家庄-长沙(冀1)	6:00	湖南省、贵州省	各类邮件	
19	石家庄-西安(冀1)	6:30	陕西省、新疆维吾尔自治区	各类邮件	
20	石家庄-郑州(豫2)	0:00	河南省、重庆市	各类邮件	
21	石家庄-郑州(豫1)	9:00		各类邮件	
22	石家庄-南昌(冀临1)	8:00	江西省	各类邮件	
23	石家庄-南宁(冀临1)	6:00	广西壮族自治区、海南省	各类邮件	
24	石家庄-呼(冀临1)	8:00	内蒙古自治区、宁夏回族自治区	各类邮件	
25	石家庄-长春(冀临1)	9:00	吉林省、黑龙江省	各类邮件	
26	石家庄-沈阳(冀临1)	6:00	辽宁省	各类邮件	
27	石家庄-合肥(皖1)	5:00	安徽省	各类邮件	
28	邯郸-哈尔滨1526/7	12:23	黑龙江省(海拉尔*)	各类邮件	

经转地后标*的地市为跨省经转,原行政区划省份中不再经转!

表 5-3 石家庄邮区中心局二级干线发运计划表

2017.4.26

频次	邮路名称	发车时间	带运范围	邮件种类
报纸专车	石家庄-任丘(沧1)	4:40	沧州本、转	报纸(省报、市报)
	石家庄-魏屯(衡1)	5:10	衡水本、转	报纸(省报、市报)
	石家庄-曲周(邯1)	5:30	邯郸本、转	报纸(省报、市报)
	石家庄-广宗(邢1)	5:50	邢台本、转	报纸(省报、市报)
	石家庄-白沟(保1)	6:20	保定本、转	报纸(省报、市报)
进口下午投	石家庄-保定(石1)	5:00	保定本、转	各类邮件
	石家庄-沧州(石1)	5:00	沧州本、转	各类邮件
	石家庄-邯郸(石1)	5:00	邯郸本、转	各类邮件
	石家庄-衡水(石1)	5:00	衡水本、转	各类邮件
	石家庄-邢台(石1)	5:00	邢台本、转(宁晋、新河、南宫除外)	各类邮件
	石家庄-保定(石2)	6:00	保定本、转	各类邮件
	石家庄-清河(邢1)	7:30	宁晋、新河、南宫	各类邮件
	石家庄-邱县(邯1)	8:30	邯郸本、转	各类邮件
进口上午投	石家庄-邯郸(石2)	14:30	邯郸本、转	各类邮件
	石家庄-保定(石3)	15:00	保定本、转	各类邮件
	石家庄-衡水(石2)	15:30	衡水本、转	各类邮件
	石家庄-邢台(石2)	15:30	邢台本、转(宁晋、新河、南宫除外)	各类邮件
	石家庄-沧州(石2)	16:00	沧州本、转	各类邮件
	石家庄-邯郸(石3)	18:00	邯郸本、转	各类邮件
	石家庄-保定(石4)	18:30	保定本、转	各类邮件
	石家庄-衡水(石3)	19:00	衡水本、转	各类邮件
	石家庄-邢台(石3)	19:00	邢台本、转(宁晋、新河、南宫除外)	各类邮件
	石家庄-南宫(石3)	19:00	南宫	各类邮件
省内集散	石家庄-廊坊(石1)	22:30	廊坊、承德、张家口、唐山、秦皇岛	快递包裹总包邮件
	石家庄-廊坊(石1)加车	14:00	廊坊	各类邮件
	石家庄-廊坊(石1)加车	4:00	廊坊	各类邮件

表 5-4 石家庄邮区中心局区内邮路发运计划表
上午投递频次

2017.4.26

序号	邮路名称	发车时间	带运范围	邮件种类
1	石家庄-晋州(石委1)	6:10	无极、晋州	各类邮件
2	石家庄-矿区(石委1)	6:30	井陉、井陉矿区	各类邮件
3	石家庄-高邑(石委1)	6:30	赞皇、高邑	各类邮件
4	石家庄-平山(石委1)	6:30	灵寿、平山	各类邮件
5	石家庄-辛集(石委1)	7:00	辛集	各类邮件

续表

序号	邮路名称	发车时间	带运范围	邮件种类
6	石家庄-赵县(石委1)	7:00	元氏、赵县	各类邮件
7	石家庄-行唐(石委1)	7:00	新乐、行唐	各类邮件
8	石家庄-深泽(石委1)	7:00	深泽	各类邮件
9	石家庄-藁城(石委1)	7:30	藁城	各类邮件
10	石家庄-正定(石委1)	7:30	正定	各类邮件
11	石家庄-栾城(石委1)	7:30	栾城	各类邮件
12	石家庄-鹿泉(石委1)	7:30	鹿泉	各类邮件

下午投递频次

序号	邮路名称	发车时间	带运范围	邮件种类
1	石家庄-平山(石2)	11:00	鹿泉、井陉、井陉矿区、小作	各类邮件
2	石家庄-南宫(石2)	11:00	栾城、赵县、南宫	各类邮件
3	石家庄-高邑(石2)	11:30	元氏、赞皇、高邑	各类邮件
4	石家庄-灵寿(石2)	11:30	灵寿、平山	各类邮件
5	石家庄-行唐(石2)	11:30	新乐、行唐	各类邮件
6	石家庄-无极(石2)	11:30	正定、无极	各类邮件
7	石家庄-深泽(石2)	11:30	藁城、深泽	各类邮件
8	石家庄-辛集(石2)	12:00	晋州、辛集	各类邮件

第三节 铁路邮运组织

一、铁路邮运方式

铁路运输具有速度快、运量大、全天候运行的特点,使得它在保持邮政运输迅速、准时、连续等方面独具优势,是我国长途干线邮运的承担者。铁路运输的主要方式有以下几种:

1. 自备邮车:在固定的客运列车上编挂邮政专用车厢,车厢编号开头字母为UZ。
2. 租用行李车(租用容间):在未能编挂自备邮车的客运列车上,租用铁路的行李车的固定容间。
3. 加挂车:在邮件滚存较多时,利用正常的运邮车次无法清运时,与当地铁路局联系在其他车次的旅客列车上加挂自备邮车或铁路行李车。
4. 行邮专列:租用行邮专列的车厢进行邮件运输的方式。
5. 行包专列:租用铁路行包专列的车厢进行邮件运输的方式。

二、铁路邮运生产作业组织

(一) 铁路邮运生产作业组织的原则

利用铁路进行邮运生产作业组织,应遵循以下的原则:

1. 为减少邮件等待和局站盘驳时间,原则上不开通1 500千米以内的一级干线铁道邮路。已经取消火车接发功能的转运站,不再恢复干线铁道邮路邮件交接任务。

2. 利用自备邮车运邮的,要与铁路部门协调邮政车编挂和邮件装卸等事宜,向所属铁路局申请办理押运员免费乘车证和视导证,与地面局协商解决押运人员住宿休息。

3. 租用行邮专列、行包专列运邮的,邮路始发、终到及沿途局要与铁路基地站协调邮件装卸作业和邮车进出车站等工作,做好基地站与邮件处理中心、物流集散中心之间的局站运输准备工作。

4. 租用行李车运邮的,由邮路组开省负责与铁路方签订运输合同,协调铁路部门落实两端局站台或"门到门"邮件交接工作。

(二) 运邮车次的选择

在铁路上运输的车次很多,其开行时间、行驶路线、通达地点、衔转车次都不尽相同,必须从中选择合适的车次。

1. 尽可能选择覆盖范围大、线路长的车次,考虑使用现有自备车线路还是新挂自备邮政、租用行李车容间等。

2. 考虑邮件时限,考虑需发运的邮件的种类,按照邮件全程时限要求,尽可能选择直达车次或经转次数最少的车次。

3. 如需租用火车容间,根据邮件量确定所需容间。

(三) 火车邮路接发车次和频次的确定

有时可能通达某个交接局的火车车次较多,这时就要合理地确定发运的车次,也就是该局接发的车次。在综合衡量邮件量的前提下,尽量选择较少的车次,避免运能浪费的同时,也避免交接局由于接发车次过多,造成人力和物力的浪费。

在确定火车邮路接发频次时也要注意,不是所有的火车站都适合接发邮件,要考虑当地局是否有接发能力、火车站台是否有作业条件等。随着火车不断提速,还要根据邮件量和邮件种类考虑火车站停时间等因素。

(四) 自备邮车的配备要求

利用自备邮车运邮,先要由邮车配属局选定车次,再按线按车次核算邮车需要量,然后设置和组织押运班押运邮件,并管理好自备邮车。

在一条火车邮路的一次列车上编挂自备邮车,需要多少辆才够周转,应通过核算来确定。核算有两种方法:一是时间分析法;二是指示图法。

1. 时间分析法

需要的邮车数量是由两部分时间所决定的:

(1) 列车的周转时间T:包括按列车时刻表计算得出的列车去程和返程所需要的时间T_1、列车按照时刻表在终点站停留的时间T_2、列车在起点站检查和编组所需要的时间T_3。列车周转时间越长,所需要的邮车数量越多。

（2）列车的行驶间隔时间 T_0：是指两班同次列车开行之间的间隔时间，间隔时间越长，所需要的邮车数量就越少。

时间分析法的计算公式如下：

$$N = \frac{T}{T_0} = \frac{T_1 + T_2 + T_3}{T_0}$$

2. 指示图法

各线各车次编挂邮车的需要数量，可以通过编绘指示图来核定。使用此方法时，每一次列车应按照列车运行时间表绘制一个运行周期的指示图，如图 5-1 所示。

从图中可以看出，京福 45/46 次车周转一次为 5 个昼夜，第 6 天又可以出发走另一次行程。因此，在列车每天开行一次的条件下，服务这一条邮路，需要 5 辆邮车周转。

序号	周日 站名	星期一	星期二	星期三	星期四	星期五	星期六
1	北京	17:12					5:35 17:12
2	天津	19:10					3:45
3	济南	21:45				22:56	
4	南京		9:06			13:38	
5	上海		13:48			8:44	
6	杭州		16:50			5:18	
7	上饶		23:54		22:23		
8	福州			12:39	9:44		

图 5-1　运行周期指示图

为了准备代替下班车计划检修或发生意外情况（列车晚点、抢运积压邮件等）必须加配备用邮车。备用邮车应按正常行驶车辆的 18% 计算。

按照上述方法算出从某站开行的编挂自备邮车的全部列车所需邮车的行驶辆数及备用车数后，即可求得相关配属局所需配备的邮车总需要量。

第四节　汽车邮运作业组织

目前，实行火改汽后，汽车运输成为邮件最为重要的运输方式。加强干线汽车运输管理规范，维护正常运输秩序，保障邮件及时疏运，显得尤为重要。

一、汽车运输组织原则

1. 根据快递包裹运营标准中的一、二级干线邮路运行时速标准，紧密衔接进出口作业频次和有效投递频次，制订干线邮路到开时间。

2. 干线汽车邮路实行定点、定线、定班、定时运行，确保邮件运输时限。一、二级干线邮路承担局必须使用条码派车单进行派车管理和执行封车解车操作；市趟邮路使用 PDA 扫描凭证条码袋牌，执行封车解车操作。

3. 承担干线汽车邮路邮件运输任务的车辆，必须使用封闭厢式汽车或甩挂车厢，所有运邮车辆必须配备 GPS。

4. 干线汽车邮路实行随局管理制度。邮件运达指定地点后，车辆驾押人员要服从接卸单位的现场管理，将车辆停放到指定地点后（甩挂车辆要按规定进行换厢作业）。邮路终到局应负责安排好驾押人员的食宿和车辆停放等问题。

5. 承担机要邮件干线汽车运输任务的，包括机要邮件人员配备、安防设施配备及相关的保密要求和业务处理，必须符合《机要通信业务处理规则》相关规定。

6. 一、二级干线汽车邮路外包企业必须从集团级、省级两级外包企业名录中选择。各省通过招标方式选择承运合作企业，并与之分签合同，承担邮件干线运输任务。集团公司每年对"入围企业"进行考核评价，优胜劣汰。各省分公司要做好对外包企业运邮监督检查和评价考核工作，切实规范外包企业运邮行为。

7. 根据流水化、散件化、车等邮件的作业特点，干线汽车邮路运行按"固定路向、准点发车"原则组织邮件运输。在生产旺季或突发情况下，集团指挥调度中心按照"装满即发，够量直达"原则灵活动态调度。

二、组织干线直达汽车邮路的要求

（一）准点发车

干线汽车在邮路计划发车时刻前未装满邮件的，必须按点发车。

（二）装满即发

发运局要加强对邮件流量流向实时监控，及时根据邮件量变化情况，动态调整运邮车型，确保邮件及时发运。运邮车辆在邮路计划发车时刻前已提前装满邮件的，可提前发车；但考虑到部分中心局所处位置存在道路限时通行因素，邮路承担局要与地面局沟通，确定提前发车时间，尽量减少运邮车辆途中等待时间。

（三）够量直达

在生产旺季或业务量突增影响中心局生产作业情况下，经集团公司指挥调度中心批准后，按照够量直达原则组织疏运邮件：

1. 一级干线邮路，根据邮件的流量流向数据，以 12 吨车容间的 70% 作为开通临时直达邮路标准。

2. 二级干线邮路，根据邮件的流量流向数据，以 5 吨或 8 吨车容间的 70% 作为开通临时直达邮路标准。

三、汽车运能保障

1. 流水化改造局干线汽车运输必须实行车等邮件，邮路承担局须在地面局预留一辆车辆（含半挂车厢）。

2. 发运局要优先安排邮路承担局预留的车辆（含半挂车厢）发运邮件；发运不完需要加车疏运的，由发运局通过加密或增开临时邮路组织邮件疏运。

四、汽车邮运作业规范

（一）场内调度

1. 发运局必须确保派车信息、邮件装载信息与实际运邮车辆及装载邮件一致。

2. 地面局负责邮路承担局运邮车辆在局内短驳牵引、泊位移车、车门施封等工作,并根据派车预警信息及时安排入局车辆装卸作业。

3. 邮路承担局运邮车辆在地面局必须执行随局管理制度、定点停放;驾押人员要会同地面局对运邮车况全面验视,确保车厢施封完好,甩挂车驾驶人员还要完成半挂车厢行车证和车厢钥匙的交接工作,半挂车行车证和车厢钥匙由地面局负责管理,在换厢操作时,须确保半挂车厢与半挂车厢行车证及钥匙统一。

（二）封车解车

1. 厢式车:以 PDA 扫描邮路承担局驾押人员携带条码派车单执行封车扫描、进局扫描、解车扫描操作。

2. 甩挂车:以 PDA 扫描邮路承担局驾押人员携带牵引头条码派车单和扫描半挂车厢条码(或手工录入半挂车厢的车牌号)执行封车扫描操作;以 PDA 扫描邮路承担局驾押人员携带牵引头条码派车单执行进局扫描操作;以 PDA 扫描半挂车厢条码(或手工录入半挂车厢的车牌号)执行解车扫描操作。具体如下：

（1）封车扫描:邮件装车完毕后,发运局应用 PDA 扫描半挂车厢条码(或手工录入半挂车厢的车牌号),并扫描牵引车派车单条码,执行封车操作。网运信息系统以封车扫描时间自动记录为装车完毕时间、邮车出局时间、邮件出局时间,并与路单绑定同步自动发送路单信息。

（2）车辆进局扫描:邮车到达后,驾押人员使用地面局 PDA 扫描牵引头条码派车单号对车辆进局进行确认。网运信息系统以车辆进局扫描时间自动记录为邮车、邮件到局时间。

（3）解车扫描:地面局接卸人员会同驾押人员验视半挂车厢车门施封情况,并做好记录。接卸人员应用 PDA 扫描半挂车厢条码(或手工录入半挂车厢的车牌号)执行解车操作。网运信息系统以解车扫描时间自动记录为卸车开始时间,并同步自动下载网上路单信息。

各局在网运信息系统功能(车辆管理-车辆档案管理-车厢码制作)中打印半挂车厢条码,并牢固粘贴在半挂车厢左后门左下角位置,用于封车解车扫描操作。

（三）装卸作业

1. 地面局不再区分正班、加班邮路属性,原则上根据卸车垛口安排,按照车辆到局时间顺序组织卸车。

2. 地面局在特殊情况下可安排后续到局车辆优先卸车,如当卸车口全部开启仍不能满足卸车需求时,要优先接卸往返运邮车辆,但必须有记录;同一路向进局的单程运邮车辆的卸车顺序要优先于此路向下一运输频次的往返运邮车辆。

3. 旺季生产期间地面局的直连卸车垛口无法满足待卸车辆时,要及时增加临时垛口或启用备用垛口(场地)卸车。对于进局的甩挂车,地面局要及时安排摘挂换厢作业,确保牵引车循环运转。

4. 地面局要加强分拣人员和装卸作业人员协同配合,提高邮件处理效率;在直连垛口装车时,当车辆仓位容间剩余不足 20% 时,要优先保障包裹分拣机处理的邮件全部装车。

（四）邮路运行

1. 邮路承担局要加强干线汽车邮路运输监控管理,确保运邮车辆按照规定运行时长、线路完成邮件运输任务;对于同一路向连续运行的临时邮路或加班邮路,要申请组开正班邮路固化管理。

2. 对于使用邮政半挂车厢、社会牵引头委办运输的,邮路承担局要指定委办往返邮路,加强自有邮政车厢监控,防止出现违法违规情况。邮路承担局要与社会运输企业在合同中明确双方的权利义务和责任,除按照规定的邮路进行邮件运输外,不允许社会运输企业使用带有邮政专用标志的邮政自有半挂车厢从事邮件运输以外的其他活动。

3. 对于承担邮件干线汽车运输任务的,包括车辆和驾驶员管理、运行管理、监督检查以及处罚考核等,必须按照《中国邮政集团公司关于印发干线汽车邮路运行管理办法的通知》(中国邮政〔2014〕422号)相关规定执行,如有违反,予以重点考核。在干线汽车邮路运输过程中发生的突发情况要及时上报集团公司指挥调度中心处置。

第五节　邮政车辆管理

一、邮政车辆管理概述

车辆管理工作与社会、经济、生产、法律、环境、技术的动态紧密关联,与任务、效益直接挂钩。行车要遵守交通法规,这是车辆管理的首要工作;车辆运行就要有消耗,如何使产出大于投入,获得最大效益,这就要求按邮政车辆的运行规律和固有属性进行管理——精细化管理。不同环境,行车要求和消耗不一样,要求车要与环境、邮件种类、运量友好配合,同时合理控制消耗;掌握车辆技术、车辆运用技术是做好车辆管理工作的重要基础。

(一)邮政车辆管理体系

1. 邮政车辆实行分级管理。采取中国邮政集团公司,省、自治区、直辖市邮政分公司(以下简称省分公司),市(地、州)邮政分公司、邮区中心局及相关专业局或部门(以下简称车辆配属局)三级管理体制。有关车辆固定资产管理职责分工执行《邮政企业固定资产管理办法》的相关规定。

2. 邮政车辆按管理范围,分为集团公司管车辆、省分公司管车辆。

3. 集团公司主要职责如下:

① 贯彻执行国家有关车辆管理的方针、政策、法规和制度;

② 制定全国邮政车辆管理的方针、政策、规章和制度,负责领导、监督、检查全国邮政车辆的管理工作;

③ 根据邮政通信生产需要,负责编制全国邮政车辆的发展规划和邮政车辆的选型;下达集团公司管车辆的新增、更新、技术改造计划;审批集团公司管车辆的调拨、报废、租赁、封存;

④ 利用信息技术及时准确掌握邮政车辆有关数据,从技术、经济、管理等方面进行综合分析、管理与指导;

⑤ 组织对全国邮政车辆管理、使用、维护的检查评定工作;

⑥ 组织交流和推广邮政车辆管理的先进经验和现代化管理方法、手段,组织有关的技术业务培训。

4. 省分公司的主要职责如下:

① 贯彻执行国家和上级有关车辆管理工作的方针、政策、法规和制度,并组织实施;

② 制定本省有关邮政车辆管理的规章制度、技术经济指标及实施细则,并组织实施、监督

检查；

③ 根据通信生产需要,负责编制省内邮政车辆的发展规划和邮政车辆选型;编报省内集团公司管车辆的新增、更新、调拨、报废、技术改造申请计划;编制省公司管车辆的新增、更新、技术改造计划;审批省公司管车辆的调拨、报废、租赁、封存;

④ 督促建立车辆档案资料,汇总统计本省邮政车辆使用管理相关报表,为邮政车辆的决策管理提供科学依据;

⑤ 利用信息技术及时准确掌握邮政车辆有关数据,从技术、经济、管理等方面进行综合分析、管理与指导,提高车辆完好率、利用率,降低运行成本;

⑥ 组织对本省邮政车辆管理、使用、维护的检查评定工作;

⑦ 组织交流、推广邮政车辆管理的先进经验和管理方法,推广、应用车辆维修新技术、新工艺、新材料,组织本省的专业技术培训。

5. 车辆配属局的主要职责如下：

① 贯彻执行国家和上级有关车辆管理的方针、政策、法规和制度;制订本局邮政车辆管理的实施细则及各项技术、经济考核指标,并组织实施、检查、考核;

② 建立健全本局邮政车辆管理体系,明确岗位职责,保持专业技术队伍的相对稳定;

③ 编报本局邮政车辆的报废、更新、新增计划申请,提出本局邮政车辆的调拨、报废、租赁、封存等申请,并执行上级的审批决定;

④ 编制本局邮政车辆的维护、修理计划,贯彻落实强制维护、视情修理的制度,保持车辆技术状况良好;

⑤ 负责本局邮政车辆的技术档案管理,并按规定及时统计、分析、上报邮政车辆使用管理相关资料;

⑥ 及时准确掌握本局邮政车辆的运行使用、维护修理、检查评定、报废更新等情况,并从技术、经济、管理等方面进行综合分析研究,努力提高车辆完好率、利用率,降低车辆运行成本及维护成本;

⑦ 按技术规程要求对本局邮政车辆的技术状况进行检测,组织对邮政车辆管理、使用、维护的检查评定工作;

⑧ 组织邮政车辆管理、使用、维护、安全操作等方面的技术业务培训,不断提高职工队伍素质;

⑨ 积极推广车辆管理的先进经验,采用现代化管理方法、手段,组织开展遵纪、爱车、安全、节约和专业技术竞赛等活动。

6. 配备20辆以上的相关专业车辆使用部门,应根据车辆使用情况设置专职人员,履行车辆管理职责。

（二）邮政车辆管理的总体要求

1. 邮政车辆管理应坚持预防为主和技术与经济相结合的原则,实行择优选配、正确使用、定期检测、强制维护、视情修理、合理改造、适时更新和报废的全生命周期的综合性管理。

2. 邮政车辆管理坚持利用信息技术,建立健全车辆运行使用管理监控体系,达到车辆档案准确完整,运行数据及时可靠,消耗费用科学合理,统计分析支持决策等,坚持多种形式的技术、业务、管理教育培训,积极推行检测诊断技术应用,充分发挥激励机制作用,不断提高邮政车辆管理、使用和维护的精细化管理水平。

二、邮政车辆的选择与配置

(一) 邮政车辆选型的基本原则

1. 选用的车辆应符合国家相关汽车技术政策规定与环保要求,具有良好的适用性、可靠性、先进性、经济性、维修的方便性和较高的质量、性能价格比,满足邮政通信生产和车辆发展规划的需要,并有一定社会保有量的国家定型产品;

2. 根据车辆的用途,尽量选用本单位常用且相对统一的车型,避免车型过杂造成维修配件材料的供应储备及维修工作的困难。

(二) 邮政车辆在购置前的选型论证

应从技术、经济和使用等方面进行选型论证,制定技术规范。

1. 适用性强,车型合理,能满足邮政生产需求;
2. 技术性能先进,安全可靠,配比合理,载质量利用率和容积利用率较高;
3. 使用舒适,视线良好,装卸方便,操作灵活,能满足道路、气候、海拔等条件要求;
4. 故障率低,维修方便,技术资料齐全,配件供应充足;
5. 经济性好,具有相对较低的燃材料消耗和维护维修费用。

(三) 购置

购置邮政车辆应按有关规定和程序进行,并按合同管理办法执行。

(四) 接收

使用单位接收新车时,应按国家标准和车辆购置合同进行检查、验收,对未达到出厂标准和合同要求的应予拒收。

(五) 保修与索赔

邮政车辆在质量保证期内发生损坏时,应及时做出技术鉴定,属于制造厂责任的,由厂家承担保修(包修)责任。造成损失的,应依法按规定程序索赔。

(六) 邮政车辆的配置

1. 汽车配置标准

(1) 一级干线长途邮运汽车按邮路里程分线核定:日行程400千米或日运行时间超过6小时的可配车一辆。全程为高速公路或山区公路的邮路可根据实际运行情况按上述标准进行适当调整。

(2) 省内长途邮运汽车按邮路里程分线核定:高速公路日行程300千米以上、二级及以上公路日行程250千米以上、二级(含山区)以下公路日行程200千米以上可配车一辆;不足上述里程,但日运行时间超过6小时的可配车一辆。

(3) 邮区内支线邮路邮政车辆按邮路总里程核定,日行程200千米以上可配车一辆;不足上述千米,但日运行时间超过6小时配车一辆。各省可根据实际公路情况进行适当调整。

(4) 机要通信、局站拉运、市内转趟、投递、揽收等其他通信生产用车,原则上日行程70千米以上或日运行时间超过6小时的可配车一辆。市内转趟、投递等用途的车辆配置可结合服务网点数量和服务范围等按上述标准进行配置;从事营销服务的单位车辆配置可结合业务收入等按上述标准配置。

(5) 运钞车的配置可参照公安部、银行的相关规定,结合本地区实际情况,由各省自行制订。

(6) 一级干线邮路邮运检查车配置标准:各省公司网路运维部配车一辆;承担一级干线汽车邮路的一、二级邮区中心局指挥调度中心配车一辆。

(7) 备车(系车辆维护、大修及意外事故之用)以局为单位,按上述标准核定的同类车型,不得超过总数的15%。

2. 牵引车配置标准

(1) 牵引车按日均转运邮件交换量核定:每2 000~2 500袋配车一辆;

(2) 备车以局为单位,按上述标准核定总数的20%左右配备。

3. 其他

其他邮政车辆的配备标准,按照管理权限分别由集团公司或省公司根据邮政通信生产的实际需要确定。

三、邮政车辆的基础管理

(一) 管理制度

管理制度是各级车辆管理部门管理好、维护好、使用好车辆的有效手段和有力保障。必须根据国家有关部门车辆使用管理政策、法规,上级有关文件精神,并结合本单位通信生产的实际情况,制订相关的邮政车辆管理制度。

邮政企业车辆管理应建立以下规章制度:

- 《邮政通信机动车辆管理实施细则》;
- 《邮政车辆管理、使用、维护人员工作职责》;
- 《邮政车辆维护制度》;
- 《邮政车辆管理、使用、维护情况统计报表的定期上报制度》;
- 《邮政车辆的检查评定制度》;
- 《邮政车辆的维修费、燃料消耗核定及考核制度》;
- 《邮政车辆的停放管理制度》;
- 《邮政车辆驾驶员管理制度》;
- 《邮政车辆安全行车管理制度》;
- 《邮政车辆日常使用交接班制度》。

(二) 邮政车辆技术等级划分及技术状况等级评定

1. 邮政车辆技术等级划分

邮政车辆技术等级评定采用年限、关键项和项次合格率衡量,分为一级车、二级车、三级车三个等级:

- 一级,完好车:新车行驶到第一次大修间隔周期定额的三分之二或第二次大修间隔周期定额的三分之二以前,各主要总成的基础件和主要零部件坚固可靠,技术性能良好;发动机运转稳定、无异响、动力性能良好、燃润料消耗不超过定额指标,废气排放、噪声符合国家规定标准;各项装备齐全、完好有效,在运行中无任何保留条件;按《邮政通信车辆维护质量评定标准》分值评定≥90分。同时符合上述条件的即为一级车。

- 二级，基本完好车：主要技术性能和状况或行驶里程低于一级车的要求，但符合《机动车运行安全技术条件》(GB 7258—2004)的规定，能随时投入运行；按《邮政通信车辆维护质量评定标准》分值评定≥80分。已经过两次大修的邮政车辆最高只能定为二级车。
- 三级，需修车：送大修前最后一次二级维护后的和正在大修或待更新尚在行驶的邮政车辆。按《邮政通信车辆维护质量评定标准》分值评定＜80分。

有关实施技术等级评定工作的评定规则、检测项目、检测方法及技术要求等，均参照《营运车辆技术等级划分和评定要求》(JT/T 198—2004)执行。

2．邮政车辆技术状况评定

（1）各省分公司负责本省邮政车辆技术状况等级评定和监督检查；

（2）各邮政车辆配属局应定期对邮政车辆技术状况等级进行评定，每季度进行维护质量评定，评定结果进入技术档案。

（三）邮政车辆的档案资料管理

邮政车辆运行档案资料是车辆从购置到报废的全过程中，记录邮政车辆自身所具有的主要静态技术性能数据与在运行、维修、检测、使用过程中所发生的动态资料，是管理的科学依据。

邮政车辆运行档案资料要以"实用、方便、节约"为原则逐车建立，由使用单位的车辆管理人员负责填写和管理。采用车辆管理信息系统进行管理的技术档案应准确完整，机动车注册登记的电子档案信息与原始纸质技术档案的内容一致，静态技术性能数据应按标准格式在车辆管理信息系统中正确录入，按实际生产需要可打印装订，动态数据能随时汇总统计，报表齐全。

邮政车辆运行档案资料由车辆配属局根据原始资料及时、完整、准确地记录并妥善保管，不得随意更改，同时录入车辆管理信息系统，车辆调动时必须随车移交，并在车辆管理信息系统中进行相关项目修改。

（四）邮政车辆经济运行指标

1．邮政车辆的经济运行指标应综合考虑使用环境、使用条件、人员技术素质等因素，按本地区平均先进水平制订；

2．经济运行指标应保持相对稳定，但随着使用条件的改善和技术进步，可作必要的修订；

3．主要经济运行指标由集团公司和省分公司组织制订和修订；

4．各级邮政车辆管理部门应将经济运行指标实施情况按期统计上报或提出建议，由上级主管部门确定合理定额标准。

四、邮政车辆的使用管理

（一）邮政车辆使用的范围与要求

1．邮政车辆的使用要遵循"集中管理，统一调配，合理使用，确保安全，提高效率，节约成本"的原则，努力提高车辆使用效率，确保车辆利用率。

2．邮政车辆使用范围：国际邮路、省际（一级）干线汽车邮路、省内（二级）干线汽车邮路、邮区支线汽车邮路、局站运输、机要通信、市内转趟、投递揽收、邮运检查、场内作业及其他邮政通信生产。

3. 邮政车辆的运行,其经常性装备应符合《机动车运行安全技术条件》(GB 7258—2004)、《汽车及挂车外部照明和信号装置的安装规定》(GB 4785—1998)和《道路车辆外廓尺寸、轴荷及质量限值》(GB 1589—2004)等有关规定的要求,如需改装、改造及重新标定载质量时,应经相关部门批准。

4. 邮政车辆必须有邮政标识。标识应符合中国邮政集团公司《中国邮政徽标》(YZ/T 0035—2002)和《邮政专用汽车标志》(YZ/T 0036—2002)的标准规定,非邮政通信生产车辆与租用社会车辆承担邮件运输任务的车辆,严禁使用邮政标识。

5. 邮政车辆必须用于邮政通信生产,严禁挪作他用,严禁利用邮政车辆拉运各种违、禁、限运物品。

6. 严禁将邮政车辆以转让、租用、借用、挂靠或变相转让等方式给个人和社会其他单位使用。

7. 新车或总成大修后的邮政车辆,须严格执行车辆走合期的相关规定。

8. 邮政车辆在特殊条件下使用时要遵守相关规定。

9. 邮政车辆的燃、润料应选用符合汽车制造厂规定的型号和规格,难以购到时可按其规格性能要求选用相应的替代产品;不同牌号的燃、润料不得混合使用;更换不同牌号的润滑油或季节换油时,必须做好机件的清洁工作。

10. 邮政车辆停用封存时,要保持完好的技术状况,指定专人妥善保管,并按照要求进行定期维护。被封存邮政车辆的零部件、工具等严禁拆换、挪用。严格执行《邮政车辆封存规定》。启封时要进行相应维护作业。

11. 邮政车辆调动时,必须按固定资产管理办法的规定办理交接手续。

(二)邮政车辆的安全使用

1. 邮政车辆的安全行车管理应遵循"谁主管,谁负责"的原则,深入贯彻落实"安全第一,预防为主"的方针,严格执行安全生产的各项规章制度,做到有令必行,有禁必止。

2. 各车辆使用单位应根据《中华人民共和国道路交通安全法》及相关规定,结合本单位的实际情况,制订本单位的安全行车目标、安全行车经济考核办法、车辆事故处理办法及车辆事故防范措施,并将安全行车责任逐级落实到人,严格控制车辆事故的发生。

3. 车辆发生车辆事故后,车辆管理部门应会同相关部门尽快查清事故原因,根据车辆事故处理办法,按照事故性质、责任的大小对肇事者及相关责任人进行处理。

4. 重特大交通事故必须立即逐级上报车辆主管部门,并要求将事故情况如实输入邮政车辆信息管理系统。

(三)邮政车辆使用人员的要求

邮政车辆驾驶人员的职责和要求:

1. 邮政车辆的驾驶人员,除持有《机动车驾驶证》外,还须经过企业考核并领取《邮政企业机动车辆准驾证》后,才能上岗驾驶与驾驶证同类型的邮政车辆;

2. 严格遵守《中华人民共和国道路交通安全法》及其相关规定,树立安全行车的意识,确保邮政车辆的行车安全;

3. 严格遵守邮政通信纪律和规章制度,服从指挥调度,确保准班准点,完成邮政通信任务;

4. 爱护邮政车辆,严格按操作规程驾驶车辆,做好邮政车辆的日常维护工作,坚持"三

检",防止"四漏",保持"四清",发现安全隐患必须及时报修,保持车容车貌整洁和车辆技术状况良好;

5. 严格执行邮政车辆的交接班制度,保持邮政车辆证件齐全,正确填写纸质或电子的有关邮政车辆运行记录,做到登记数字准确、项目齐全、上报及时;

6. 执行邮政车辆的定点停车制度,归班后的邮政车辆必须集中停放在指定位置,驾驶员不得擅自将所驾车辆交给他人使用;

7. 努力学习专业技术、交通法规和邮政业务知识,不断提高操作技能和工作质量。

五、邮政车辆的技术管理

(一) 邮政车辆的维护

邮政车辆维护应坚持预防为主、强制维护的原则。保持车容整洁,及时发现和排除故障、消除隐患。

邮政车辆的维护分为日常维护、一级维护、二级维护。维护的主要作业范围如下:

1. 日常维护:是日常性作业,由驾驶员负责执行。其作业中心内容是清洁、补给和安全检视。

2. 一级维护:由驾驶员协助专业维修人员负责执行。其作业中心内容除日常维护作业外,以清洁、润滑、紧固为主,并检查有关制动、操纵等安全部件。

3. 二级维护:由专业维修人员负责执行。其作业中心内容除一级维护作业外,以检查调整转向节、转向摇臂、制动蹄片、悬架等经过一定时间的使用容易磨损或变形的安全部件为主,并拆检轮胎,进行轮胎换位,检查调整发动机工作状况和排气污染控制装置等。

邮政车辆二级维护前,应进行检测诊断和技术评定,根据结果,确定附加作业或小修项目,结合二级维护一并进行。邮政汽车维护必须严格遵照规定的行驶里程或间隔时间,或按厂家规定强制执行。

(1) 日常维护:每日出车前、途中、收车后进行;

(2) 一级维护:每行驶不超过 6 000 千米或两个月进行;

(3) 二级维护:每行驶不超过 18 000 千米或六个月进行,或根据使用情况调整时,不得超过一个一级维护周期。

邮政牵引车、叉车等专用车辆的维护作业内容及作业周期,按照生产厂家规定执行。各邮政车辆使用单位应按规定的周期和邮政车辆技术状况,按月编制维护计划,并组织实施。同时,应根据当地气候条件,提前做好防寒、防滑和防暑材料等装备的准备,适时组织实施季节性维护作业。季节性维护作业可结合定期维护作业进行。

(二) 邮政车辆的修理

邮政车辆修理是保障车辆安全运行的重要手段,应贯彻视情修理的原则,按国家规定的修理技术标准执行,确保修理质量。

邮政车辆修理按作业范围可分车辆大修、总成大修、车辆小修和零件修理。

1. 车辆大修:是新车或经过大修后的邮政车辆,在行驶一定里程(或时间)后,经过检测诊断和技术鉴定,用修理或更换邮政车辆任何零部件的方法,完全或接近完全恢复邮政车辆完好技术状况的恢复性修理。

2. 总成大修:是邮政车辆的总成经过一定使用里程(或时间)后,用修理或更换总成任何零部件(包括基础件)的方法,恢复其完好技术状况的恢复性修理。

3. 车辆小修:是用修理或更换个别零件的方法,保证或恢复邮政车辆工作能力的运行性修理,主要是消除邮政车辆在运行过程或维护作业过程中发生或发现的故障或隐患;

4. 零件修理:是对因磨损、变形、损伤等而不能继续使用的零件进行修理。

5. 邮政车辆和总成的送修规定:

(1) 邮政车辆和总成送修时,必须选择有资质的承修单位,并签订承修合同;

(2) 邮政车辆送修时,应具备行驶功能,装备齐全,不得拆换;

(3) 总成送修时,应在装合状态,附件、零件均不得拆换和短缺;

(4) 肇事或因特殊原因不能行驶和短缺零部件的邮政车辆,在签订合同时,应做出相应的规定和说明;

(5) 邮政车辆和总成送修时,应将邮政车辆和总成的有关技术档案一并送承修单位;同时在车辆信息系统填写送修记录。

(6) 有大修能力的单位,自行承修时,亦应按上述规定执行。

6. 修竣邮政车辆和总成的出厂规定:

(1) 邮政车辆和总成修竣检验合格后,承修单位应签发出厂合格证,并将技术档案、修理技术资料和合格证移交送修单位。

(2) 邮政车辆或总成修竣出厂时,不论送修时的装备、附件状况如何,均应按照有关规定配备齐全。

(3) 接车人员应根据合同规定,就邮政车辆或总成的技术状况和装备情况等进行验收,如发现确有不符合竣工要求的情况时,承修单位应立即查明,及时处理。

(4) 送修单位必须严格执行邮政车辆走合期的规定,在保证期内因修理质量发生故障或提前损坏时,承修单位应优先安排,及时排除,免费修理。如发生纠纷,由相关部门组织技术分析,进行解决。

在车辆信息系统完整准确填写维修记录、费用和日期。

各级邮政企业应按照邮政车辆大修理计划安排好资金,以保证邮政车辆正常进行大修。

7. 邮政车辆大修间隔里程或年限的规定:

(1) 按出厂车辆技术性能要求安排,参考:行驶里程20万千米以上或投产后5年以上;

(2) 特殊车辆,各省公司可按车辆类型参照上述里程或年限自行制订。

(三) 邮政车辆的检测诊断

邮政车辆的检测诊断是检查车辆维修质量,鉴定车辆技术性能,减少车辆故障,保证行车安全,延长车辆使用寿命,及时发现和排除故障隐患,有效地控制车辆排放污染物的重要手段,是促进维修技术发展、实现邮政车辆视情修理的重要保证。各级邮政车辆管理部门,应积极创造条件、组织推广检测诊断技术应用。

邮政车辆的维护、检测、诊断技术规范,应符合国家制定《汽车维护、检测、诊断技术规范》(GB/T 18344—2001)的规定。邮政车辆检测诊断是在邮政车辆不解体的情况下,确定其工作能力和技术状况,以查明故障或隐患的部位和原因。

检测诊断的主要内容包括:

- 安全性:制动、侧滑、转向、灯光信号等;
- 可靠性:异响、磨损、变形、裂纹等;
- 动力性:车速、加速能力、底盘输出功率、发动机功率、扭矩和供给系、点火系状况等;

- 经济性：燃油消耗；
- 环境保护：噪声、污染物排放状况等。

各省邮政公司应结合本省邮政通信生产实际和本地区条件，利用检测设备或委托其他部门对邮政车辆技术状况进行综合性能的检测。其内容包括：
- 对邮政车辆的技术状况进行检测诊断；
- 对维修的邮政车辆进行质量检测；
- 对邮政车辆更新、改造、报废和有关新工艺、新技术、新产品，以及节能、科研项目产品等进行检测、鉴定。

六、邮政车辆的更新、新增与报废

（一）更新、新增原则

邮政车辆更新是以高效率、低消耗、性能先进的新型车辆更换在用车辆，邮政车辆的新增要依邮路的增加和邮政业务的发展情况确定，应以提高经济效益和社会效益为原则。

（二）更新、新增程序

邮政车辆的更新、新增应由车辆使用单位按规定程序向上级主管部门提出申请，说明情况并附表，逐级上报，待批准后实施。邮政车辆更新后，应及时将相关情况反馈上级主管部门，并在车辆信息管理系统中更新录入。省公司车辆管理部门负责核定本省邮政生产车辆的档案情况、自编号和车辆基础资料。

（三）报废原则

邮政车辆报废须严格按国家有关规定执行。邮政车辆凡符合下列条件之一的，可申请报废处理：

1. 车型老旧，性能低劣或车型特殊，同类型数量很少，经长期使用，主要零件损坏严重、无零配件供应、无法修复，又不宜进行技术改造的；
2. 经两次大修理，技术状况下降、物料超耗严重，维修费用过高，继续使用不经济、不安全的；
3. 经长期使用虽经检修或更换零部件，在正常使用条件下行驶，耗油量严重超标，继续使用不经济的；
4. 由于多种原因，造成整车严重损坏，无法修复或一次大修费用为新车价格百分之五十以上、可回收净值百分之五十以下的；
5. 污染物的排放、噪声都已超过国家规定标准，经采取技术措施后，仍无效果的。

（四）报废程序

邮政车辆报废须填写"邮政固定资产报废申请表"，由车辆配属局审核盖章后，报省公司审批，其中集团公司管车辆报集团公司审批，待批准后，各用车单位根据国家有关规定的程序应及时办理实物报废手续。在车辆实物报废前，须除去所有的邮政标志，同时在邮政车辆管理信息系统执行报废操作。

【复习思考题】

1. 邮政运输有哪些特点？

2. 对比分析使用火车、汽车、飞机、轮船等不同的运输工具运送邮件的优缺点和适用范围。
3. 简述组织干线直达汽车邮路的要求。
4. 邮件发运计划有哪几种分类方法?
5. 在汽车运输作业中,如何进行封车解车的操作?
6. 在汽车运输作业中,如何进行装车卸车的操作?
7. 简述编制邮件发运计划应遵循的原则。

【课后实践】

学生以小组为单位到石家庄邮区中心局参观,实地了解邮件的运输过程,并写出观后感。

第六章 邮政投递组织与管理

【学习目标】

通过对本章的学习,学生能够了解投递网在邮政通信网中的地位和作用,熟悉邮政投递网路的组织、服务质量管理的相关内容,熟悉邮政投递作业的具体流程,掌握投递班组管理的主要内容,掌握邮政投递作业的组织与管理的具体内容,并能根据实际情况进行分析判断,选择合适的作业组织与班组管理方法。

【引导问题】

长久以来邮政投递员之所以被人们称为"绿衣天使",原因就是他们所从事的投递工作和千家万户的人们关系非常紧密,那么为什么邮政投递工作如此重要,投递在邮政通信中到底处于一个什么位置?投递工作到底是如何开展的?在投递工作中如何加强质量管理?如何更好地开展投递工作?这些都是人们所关心的。带着这些问题,我们走进本章的学习。

邮政投递是整个邮政生产过程的最后一个环节。邮政投递的生产过程是将各类进口邮件,按照规定的时限频次,通过邮政投递网络,即投递区、投递局、投递道段、投递路线、社区服务点及信报箱,投交给指定的收件人的过程。投递是邮政通信网的末端,直接与用户接触,属于高接触型服务作业,并且接触面更广、更深入,是邮政联系千家万户的纽带,是社会了解和认识邮政的重要途径。

第一节 投递网路组织管理

一、投递网在邮政通信网中的地位和作用

(一)投递网在邮政通信网中的地位

投递网是邮区通信网内的局部网路体系,它分别从属于城市邮政通信网路和县内通信网路之内,投递网遍布全国城市、农村各地,是邮政通信网的基础性设施。

城市邮政通信网是由城市范围内的邮政营业、投递局所及设施,本市的邮政处理中心和市内转趟邮路,按照一定的原则和方式组建起来的从事邮政通信活动的网路系统。县内邮政通信网路是以县分公司为中心,包括县内局所以及由县分公司至县内局所之间的邮路(包括邮运工具),县分公司和各乡镇局所至居民之间的投递路线所组成的邮政通信网路系统。在这些网

路中分别构成了既有密切联系又各自独立的营业网、投递网和运输网。

在城市投递网中,市内各投递局所通过市内转趟邮路联系市邮件处理中心,把进口邮件、报刊接收进来,经过处理之后,再通过市内投递路线联系各投递点和市内千家万户,把各类邮件、报刊投交给用户。

县内投递网覆盖着广大农村,通过农村邮路联系着邮件处理中心、县内投递局所和乡镇局所,再通过乡邮投递路线联系各居民点,并深入到偏远角落,将进口邮件、报刊投交给接收点和用户。

城乡投递网都处于全国邮政通信网的末端,是全网的出网口,是邮政的基础性设施。

（二）投递网在邮政通信网中的作用

投递网在邮政通信网中的作用,是由它在全网中所处的地位所决定的。它的作用主要体现在以下几个方面:

1. 发挥对邮政通信网通信服务的大力支撑作用

城乡投递网担负着完成向广大用户投递邮件报刊的任务,沟通本地区的人民群众、机关单位、企业、事业、学校、团体等用户,与国内、国际广大地区的人们、单位保持密切的通信联系,获取各方面的信息,从而在政治、经济、科学、文化、生活等诸多方面产生有益效用,为社会创造财富。所有这些投递生产任务的完成和各项效益的取得,都是建立在投递网这个物质、技术基础之上的。通过邮政投递网,不仅完成邮政了投递生产任务,还能对全网的通信服务给予有力的支撑。

2. 发挥对邮政通信网通信的最终保证作用

城乡投递网是全国邮政通信网的重要组成部分。它处于全国邮政通信网末端,是全网的出网口,也是全网的基础性设施。邮政通信在全程全网的传递过程中,都要经过收寄、分发、运输和投递这四个环节的联合作业来完成。而投递环节处于整个传递过程的最末一环,也是重要的一环。它是全程传递的终端,也是通信任务的完成阶段。因此,在城乡投递网内所完成的投递任务,是完成全程通信任务的最终体现,也是提高全网通信质量的最终保证。

3. 发挥对邮政通信网通信信誉的宣传维护作用

城乡投递网在通信活动中,由于具有广泛地接近公众和接触用户的特征,形成了邮政企业向社会开放的"窗口",并通过投递网的服务功能和投递人员的服务业绩,随时向用户和公众塑造可信的邮政通信品牌和良好的企业形象,宣传和维护着邮政通信网的信誉。

二、投递网的生产组织

投递网的生产组织包括投递生产过程的空间组织、时间组织和投递网的劳动组织。邮政投递生产过程的空间组织是对生产流程在空间上进行合理安排,通过确定企业内各投递区、投递局和投递道段的设置和投递局及内部工序的空间位置,确定邮件的最佳流动路线,使其具有最顺畅、最短、最经济的流动路由,避免邮件传递的无效交叉、重复和倒流。主要涉及投递区和投递段的划分、投递路线的组织、投递生产场地的布局;邮政投递生产过程的时间组织是对投递生产流程在时间上进行合理安排,即要根据全程时限的要求,确定各生产环节的作业时间,确定邮件的处理和传递的时限和频次。合理组织投递生产过程,不仅要求生产单位在空间上密切配合,而且要求它们在时间上紧密衔接,以实现有节奏地连续生产,保证邮件在投递环节完成局内阶段作业时限,从而确保邮件全程传递时限的时限。投递生产过程的时间组织主要涉及投递频次和投递时限的安排；投递网的劳动组织是根据邮政企业生产的需要，正确处理劳动过程中劳动者之间以及劳动者与劳动工具、劳动对象之间的关系，不断调整与改善劳动过程中的劳动分工与协作关系，以充分利用劳动时间和生产设备，提高劳动生产率。劳动组织主要涉及邮政投递的人员配备。

三、投递区和投递段的划分

（一）确定投递制式

城市按址投递制度根据城市的规模分为集中投递制和分散投递制两种。集中投递制是指全市邮件、报刊的投递都集中由邮件处理中心负责的投递制度。在集中投递制下，投递员集中工作，有利于组织和管理，并且可以减少转趟的频次。集中投递制的缺点是：投递员邮件处理中心到投递段的空白行程长，不利于投递时限的完成；投递员远离投递段和居民区，不利于提高服务质量；邮件报刊不能利用机动车运送。

分散投递制是在一个城市内划分若干个投递区，投递区内设投递局负责邮件的接收和投递。投递局一般设在投递区的中心部位，因此，投递员到投递段的距离相对较短，节约空行时间。由于投递区内又设若干投递段，缩短了投递服务半径，有利于延伸服务，提高服务质量。

（二）划分投递区

投递区是在分散投递制下，一个投递局负责投递邮件的范围。中小城市采用集中投递制的，只有一个投递区；较大城市采用分散投递制的，则要划分多个投递区。

1. 投递区划分考虑的因素

划分投递区要考虑市区面积、行政区划、市区地形、交通情况、局所分布、人口密度、用邮状况及投递业务量等因素。一个城市应划分多少个投递区，主要由该城市的市区面积和地形、局所分布情况及投递业务量三个重要因素决定。每个投递区的范围不宜过大，过大会增加投递人员从投递局到投递段的无效行程；过小会增加分拣和转趟运输工作量。

为保证投递质量，投递区一经划定就要相对稳定，不宜经常作大的变动。投递局要选在交通地理位置适中的局所，要有利于投递段的划分和投递路线的组划，尽量减少空白行程，加快投递作业速度。同时还要有内部作业场地，方便市区转趟运输。

2. 划分投递区的步骤

划分投递区的步骤如下：

（1）划区，就是圈定投递区域。一个投递区的范围要与邮政编码相结合，可以不受行政的限制，一个投递区的大小，一般以20个段为宜。个别地区因受自然条件限制，可以适当地增多或减少。

（2）选点，就是选定投递点。在一个投递区内，如果设有几个邮局、所，要选定位置比较适中，场地比较宽敞，而且交通比较便利的局作为投递点为宜。但在城市的边沿地区，由于城市建设不断加快，邮政机构设置较少，因此，根据情况把每个邮局都选做投递点，甚至邮政所也可以作为投递点。

（3）定界，就是确定投递界线。在选定投递点后，就要进一步确定投递界线。在划界时，要求界线清楚、明确，既要便于投递，也要便于分拣，并尽量利用明显的自然条件和主要干线街道划界。

(三) 划分投递段

投递段是指投递员投递邮件的范围,一个标准的投递段,就是投递员的工作定额。在一个投递区内,一般应设置若干个投递段来完成本投递区域的邮件、报刊投递任务。如果机关单位较多,业务量较大,而影响投递效率和投递安全时,还可以组织机关大户专段。

1. 投递段的划分依据

投递段的划分主要依据以下几方面:
(1) 投递频次、时限和投递员工时的规定;
(2) 机关、团体、企业、学校等单位的分布情况及用邮情况;
(3) 劳动定额标准;
(4) 投递业务量的分布;
(5) 交通、地形和街道的状况;
(6) 住宅建设等情况。

2. 划分投递段的基本要求

划分投递段的基本要求如下:
(1) 每段每班应配备一个投递员;
(2) 投递段的划分,必须保证投递员能在规定的投递时限内完成投递任务;
(3) 保证每个投递员的工时得到充分的利用;
(4) 投递段的工作负荷基本平衡,避免劳逸不均;
(5) 投递段的起点,应尽可能从靠近投递局的地方划起,力求减少无效行程;
(6) 段之间界限清楚,避免交错,互相跨越;
(7) 农村投递段的划分除考虑路程等因素外,还应考虑其各项邮政业务和多种服务的开发潜力。

3. 划分投递段的步骤

划分投递段可划分为测算、规划、调试和定案四个步骤。

(1) 测算

首先分析全投递区机关、单位的分布情况,各条街道邮件、报刊的投递量,区内地形和地区特点,房屋建筑的特点以及投递员的工作条件等;其次统计各段的投递业务量、投递户数和行走里程等资料;最后再按照定额标准核算出本区内共应划分的投递段数和每个段应增减的比例。

(2) 规划

根据测算结果,拟定出划段的初步规划方案,确定本区内的道段数以及对各个投递段的划法,然后对初步规划方案进行讨论、修改后通过。

(3) 调试

将通过后的划段方案,定期进行一次或几次试跑和调整,并在调试以前,做好人员调配,要求投递员和分发员掌握新的道段规格,以保证调试工作顺利进行。

(4) 定案

划段方案经过进一步调试、修正,并报相关部门批准后,即可定为正式的规划方案。在方案正式实施前,还应做好各项准备工作,如调整人员,画出新的投递道段图,划定各段界线,确定各段投递路线的走法,写出邮件分拣规格,做出报刊分发表,做好报刊卡片变段、变数和抄登报纸投递簿等工作。图6-1是某市投递段道示意图。

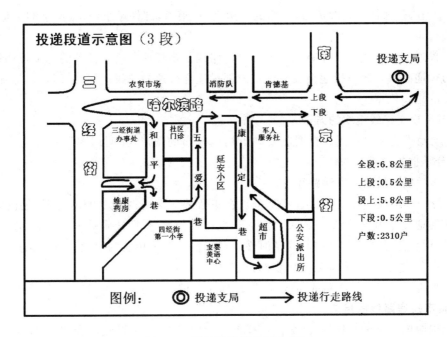

图 6-1　投递段道示意图(3 段)

5. 投递段划分的新思路

传统上投递道段的组划,一个投递区只有一种方案,一经划定,一个投递道段即配备一名投递员。投递员按固定的频次时限负责本投递段的邮件投递工作。2015 年随着包裹快递业务整合,适应快递包裹投递量飞速增长的需要,中国邮政集团公司提出以提高投递网生产作业效率和效益为原则,根据包裹快递邮件投递密度,综合考虑各类邮件报刊投递时限、投递里程和工作时长,科学规划城市混投、专投等投递组网模式。农村以乡邮道段混投为主。根据包裹快递量的增长和农村电商公共投递平台建设的实施,积极发展便民服务站、村邮站作为接转点,实现邮政直投+接转点转投或通知用户领取相结合的投递模式。因此,投递道段的组划可以根据邮件业务量和生产实际情况,设计多种方案。例如,某省对原有的"投递员+替班"编制方式进行改进,将 6 条道段进行组合,打破道段之间的投递界限,形成一个投递区域展开工作。"N"是个变量,对现有的投递资源进行重新整合,根据每个区域的业务量将投递资源进行重新分配,在生产旺季,哪个区域投递压力大,就紧急补充到哪里,为市区投递联动、相互支援提供了运行上的保障。

四、投递路线的组织

(一)城市投递路线的组织

投递路线是投递员投送邮件所行走的路线,也是投递局连接用户的空间距离。组织投递路线的原则是:以服务用户为中心,以时限要求为依据,高效、低耗地组织投递路线。

1. 城市投递路线组织应考虑的因素

城市投递路线组织要考虑下列因素:

(1)保证重点用户的优先投递,也就是把党政机关、工厂、学校等安排在去程;

(2)每个投递段的投递路线起点,应尽量靠近投递局,避免串段;

(3) 街道宽、邮件量大的街道，靠路的一边走；街道窄、邮件量小、车流量小的街道，则可以两边穿梭行走。

外部投递应坚持统一投递路线。统一投递路线是担任该段投递任务的每个投递员都应统一行走的投递路线。统一投递路线不仅是外部投递必须遵循的投递路线，而且也是邮件、报刊内部作业的重要依据。

2. 城市投递路线组织的方法

(1) 绘制投递道段详图。在图上要画出街道分布的图形，注明门牌号码及机关单位的名称，以充分掌握投递道段的情况。

(2) 选择里程最短的投递路线。

(3) 统一段内投递路线的去程和返程。在里程最短和费时最少的前提下，把机关、工厂、学校所在的地区作为去程，如果机关、工厂、学校比较分散，则把性质最为重要的邮政客户安排在去程，以保证重点用户邮件接收的及时性。对于没有机关单位的地段，应考虑把邮件较为密集的地区作为去程，以提前多数用户收到报刊、邮件的时间。

(4) 把选定的统一投递路线写成资料，并标注在道段图上。

3. 城市投递路线的走法

要依据段内道路的具体情况，灵活选择投递行走路线，做到既经济合理，又便于监督检查。投递路线按照走法分为三种：

(1) 直行路线，是指单侧行走，即靠路的一侧行走。这种走法适于街道较宽、房屋集中、人车稠密、邮件量大的地段，如图 6-2 所示。

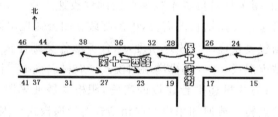

图 6-2 直行路线

(2) 对侧穿行路线，是指走"之"字形路，即沿着路的两侧穿梭行走。这种走法适于街道较窄、人车稀少、邮件量小的地段，如图 6-3 所示。

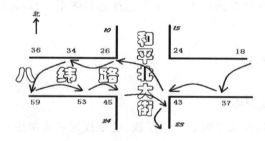

图 6-3 对侧穿行路线

(3) 混合路线，即对于道路情况较为复杂的地段，可采取两种路线混合行走，如图 6-4 所示。

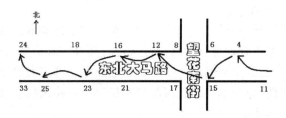

图 6-4　混合路线

4. 城市投递路线的延伸

随着时代的迅猛发展,城市范围不仅从面积上向外扩充,同时从空间上不断立体化,服务人口剧增,社会用邮需求发生了变化。这对城市投递完成普遍服务提出了更高的要求。面对庞大的服务范围和服务人口,邮政仅利用自身的投递队伍来完全实现邮件绝对意义上的投递到户,是难以保证的。因此,中国邮政集团公司提出了三进服务网点工程,即进校园、进商厦、进社区。将三进服务网点与投递网相结合,解决邮政投递"最后一公里"问题。社区投递的加盟,可以发挥社区接近用户的优势,实现接力投递,增加投递深度,完善投递网的功能。

(二) 农村投递路线的组织

1. 农村投递的特点

(1) 地面广大,居民分散。大部分居民集中居住在大小不等的自然村里,部分居民住所则较为分散,有的居民甚至没有固定住地,长期生活在移动中。这种居住地的不同通常表现在不同的地区;例如,沿海和平原地区,人们一般居住在大小不等且人口密度较大的村庄里;在山区、丘陵地区和边远的省区,居民则更多地表现为较为分散的居住特征;而牧区的居民则长期生活劳动在移动中,他们基本是居无定所的。

(2) 交通和自然条件复杂。农村和偏远地区的交通情况是各具特点的。如,山区和丘陵地区行车不便只能步行;湖泊和河流只能依靠舟船;草原和沙漠以牲畜代步;而平原地区则依靠自行车和摩托车作为交通工具。在自然条件方面,这些地区又受酷暑、严寒、干燥、降水和大风等气候的影响,特别是遇到洪水泛滥、大雪封山等自然灾害时通行条件就越发困难。

(3) 邮件流量参差不齐。影响农村和偏远地区的邮件流量的主要因素是地方经济的制约、人群素质的因素和人口相对密度的影响等。

2. 农村投递路线的组织方法

(1) 摸清情况,分析资料

县分公司管理者首先要摸清当地用邮、交通、自然条件和居民居住情况,综合汇总后得到组织农村投递区域和路线的依据。

(2) 分析研究,进行规划

根据本县的各种原始资料图和其他调查资料,认真审核现行的农村投递网的组织建设中存在的缺点和问题。不合理的投递局所和投递路线的设置应及时更新和调整,以适应当前本县邮政投递网的运行需要。

规划投递路线时,首先要考虑的本道段(地界、段道)的投递重点户,这些重点户一般要安排在去程的位置,以保证重点户的用邮需求。再根据已经掌握的详细资料,绘制本道段的平面图,优化选择投递总里程最短、点交联系点最多、道路通行条件最好的投递路线。这样就能加快邮件的传递速度。

(3) 测定试走,修正定案

新的投递行走路线规划完毕,应详细绘制投递邮路图。组织相关乡邮员(投递员)进行充分讨论,听取修正意见,参考合理意见对路线再次进行修改。对于变动较大和新规划的投递路线,应当先经过投递路线的试走和测定。待所有投递路线全部定案后,由县分公司指派专人绘制全县邮路和投递路线图,作为本县的暂行邮路和投递跑行路线标准,同时也作为今后研究和指导本县邮政投递的重要依据。

(4) 做好新邮路和投递路线的实施准备

新规划的邮路和投递路线在实施之前,还应当做好一些前期准备工作。例如,调整和配备运送邮件的车辆和人员以适应新规划的邮路的运行;合理调配乡邮员及其他辅助人员;制订每条农村投递路线单班时间表;将投递路线图交送相关邮件分拣部门和相关发行员,以便他们能按照新的规格进行分拣和封发邮件和报刊;将新的邮路和投递路线图和相关投递时间表的变动情况一并交上级主管部门审批,以便他们掌握和使用,上级主管部门也依照此变动可随时对投递等相关部门进行监督检查。最后确定日期,正式实行新的邮路和投递路线。

3. 农村投递路线的组织

农村投递路线是指以投递局所为中心,连接各村庄、信报转接点以及各类邮政用户的投递邮件、报刊路线。农村投递路线应以投递局所为中心,选择串联村庄多、重复路线少、距离近、路面好的投递路线,本着先重点,兼顾一般的原则,先机关团体单位,后行政村居民的顺序进行,确保重点用户的用邮。

具体投递路线的组织形式有三种:

(1) 直线型:直线型投递路线是从起点到终点,去程和返程都沿着一条路线行走。它的优点是迅速;缺点是联系点少,服务面小,往返重复路程多,成本投入大。即人力物力消耗大,如图 6-5 所示。

图 6-5　直线型

(2) 环型:环型投递路线是从起点经绕行又回到原起点的投递路线。它的优点是联系点多、服务面广、用人少、效率高。缺点是不如直线型路线快,特别是环型路的末端用户,如图 6-6 所示。

(3) 直环混合型:直环混合型投递路线是既有直线型,又有环型的直环混合路线。在不能全部组织环型路线时,可采用这种形式,在保证投递时限的前提下,尽可能增加环型部分,如图 6-7 所示。

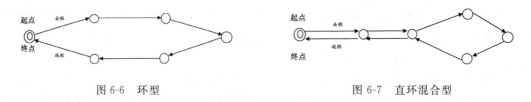

图 6-6　环型　　　　　　　　　图 6-7　直环混合型

农村投递路线是农村投递网的重要组成部分。由于农村地形复杂,交通不发达,居民分散,实行统一的投递深度是不切实际的,必须因地制宜,尽可能方便用户。在企业成本投入最小的前提下,利用社会力量,实现邮件的接力传递,实现服务效应的最大化。同时,可以开发投递员的服务项目,在普遍服务的基础上实现增值。

五、邮政信筒、信箱开取的生产组织

(一) 筒箱的设置

筒箱的设置,一般要设在居民较集中的地区和街道上,设在主要的交通路口、公共场所(如:车站、码头、机场、商场、宾馆等)和主要的机关、企业、厂矿和学校等处,以及邮政局所和代办所门前。

对筒箱的设置工作,应指定专人负责。筒箱管理人员要掌握筒箱的设置情况,设立专簿登记筒箱的设置地点、日期,以及筹办有关筒箱的增、减、迁、换等变动事项。

安装好的筒箱应保持整洁完好,门锁要灵敏有效,筒箱的钥匙应配备正副两把,由专人保管,防止丢失。

(二) 开箱的组织形式

1. 集中开箱制

实行集中开箱制的城市,开箱工作由市分公司统一组织完成。由于是市分公司集中组织开箱工作,这样就造成开箱路线过长,影响开箱的时限,同时也造成开箱人员劳动强度过高,所以,集中开箱制比较适宜中小城市。

集中开箱的优点是:直接将邮件带到市分公司处理,减少了函件的传递过程,加快了邮件的处理和发寄,提高了邮件的传递速度。

2. 分散开箱制

实行分散开箱制的城市,开箱工作是由各个邮政支局所指派的专人开取本辖区的筒箱。这样就避免了开箱路程过长所造成的影响时限等问题。分散开箱制比较适宜较大的城市。

开箱取回的函件,经过处理后,发交趟车送交市分公司统一处理。

3. 兼职开箱

农村地区或偏远地区,用邮相对较少,筒箱的设置也比较少,所以,可以由乡邮员(投递员)作兼开筒箱的工作。这样,可以节省劳动成本,也能满足筒箱开取的时限要求。

开箱的频次和时限要严格地按照国家局规定的开箱频次和时限进行。

(三) 开箱路线的组织

1. 开箱路线的种类

(1) 环型路线:即由开箱局出发后,沿着一条闭合的曲线单向行走,最后又回到开箱局。

(2) 直线型路线:即由开箱局出发后,沿着直线路线运行,最后又按原路返回到开箱局。

(3) 环直混合型路线:即由开箱局出发后,采用环型和直线型交替行走的方式开箱,但行走时,要尽量扩大环型部分,减少直线型部分,以减少迂回路程。

2. 组划开箱路线的原则

(1) 保证开箱的时限与频次;

(2) 保证开箱的质量;

(3) 合理组合开箱路线,尽可能地减少空程;

(4) 合理地安排开箱人员,提高劳动生产率。

六、投递作业现场布局与管理

投递内部作业现场,适宜设在地面一层的位置,尽量不设在楼上,避免大量的邮件报刊上下楼时费工费力费时。投递内部作业的房间要宽敞、明亮和空气畅通。邮件报刊分发作业室应与投递作业室,既要连通着,又要分隔开,方便两个作业环节的业务交接。分发室内,各工作台席的摆放位置相对要独立互不干扰,并设有专门通道。有条件的班组的邮件分发室应独立一室并有门有锁;投递室要宽敞明亮,便于行走。两个作业室最好呈现一字形排列如图6-8所示,或是拐角搭连(如图6-9所示)。

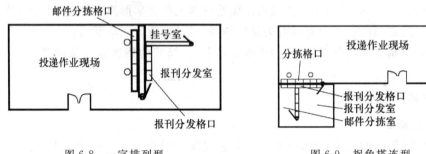

图6-8　一字排列型　　　　　　图6-9　拐角搭连型

投递室内,投递台席应采用"凹字型""曲尺型""双线型"或"一字型"排列,如图6-10所示。此外,在投递室内适当的位置,还要设置班组长、质检工作台席,以便于进行班组的现场管理和业务检查。

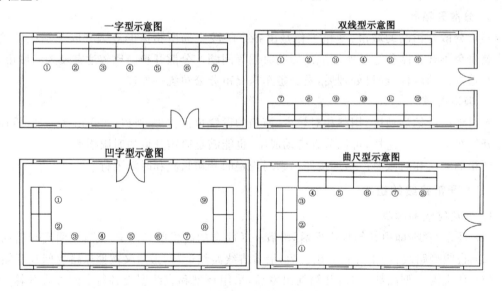

图6-10　投递台席设置方式

七、邮政投递人员配备

(一) 核定人员编制

邮政投递岗位主要包括投递分拣分发岗位、投递岗位、生产主管岗位及质检统计岗位。按

照中国邮政集团公司发布的《邮政定额定员标准》(Q/YB 0044.3—2012)对投递部的人员编制实施如下标准:

投递分拣分发岗位和投递岗位按照作业分定员。其中投递分拣分发岗位月定额标准为 8 600 分每人每月。普通邮件城市投递岗位月定额标准为 9 100 分每人每月,农村投递岗位按投递里程定员。开筒(箱)取信按工时定员,即按每月工作 166.64 小时配备 1 人。投递部未配备管理人员的,生产主管和质检统计岗位的定员标准按邮政投递岗位定员人数的 8% 计算;投递部配备管理人员的,质检统计岗位的定员标准按邮政投递岗位定员人数的 5% 计算。备员按投递岗位生产定员总人数的 2% 配备。

(二)确定生产座席

生产座席,就是常说的工作台。确定生产座席的方法如下:

(1) 分发座席

分发座席的数目,要根据分发办法和工作量的大小来确定。在一般情况下,可以按照三条流水作业线确定为三个生产座席,即:平信分拣台、给据邮件分拣台和报刊分拣台。

在工作量较小或人员较少的情况下,如果不能实现上述安排时,就可以确定挂号分拣台和报刊分拣台两个工作台,而将平信分拣工作,交由投递员进行集体分拣作业。

在工作量较大或人员较多的情况下,也可以将报刊分发台分开,设立报纸分发和杂志分发两个工作台。

(2) 投递座席

投递座席的数目,是按段设置,一段一个座席,并按投递段号顺序编列座席专号。

(三)确定班组的组织形式

班组组织应从有利于加强协作,合理使用劳动力,提高劳动生产率出发,根据具体的生产条件来选择相应的劳动组织形式。作业组(又称工作组),是在劳动分工的基础上,为完成某项工作,而将相互协作的有关工人组织在一起的劳动集体。在作业组内,每个工人都有明确的分工和职责,并由组长负责全组工作,保证全组成员的工作相互协调。如投递生产中根据工作内容划分为发行组、邮件分发组和投递组。发行组负责全投递区内用户报刊订阅工作,邮件分发组负责全投递区内各类邮件的接收、内部处理和分拣到投递段工作,投递组负责全投递区内用户邮件的投递工作。

(四)安排投递班次

投递班次是根据投递频次、时限的规定,所做的具体工作安排。通过合理地安排投递班次,可以保证把投递频次、时限的规定贯彻落实到日常投递工作中去。在安排投递班次时,一般要做好以下几项工作:

1. 投递班次安排的原则

投递班次安排,要根据以下各项原则,进行综合研究而定:

(1) 要贯彻投递频次、时限的有关规定;

(2) 要衔接进口邮件、报刊到达本市时间和本市报纸的出版时间;

(3) 要考虑到机关、单位和居民用户的一般用邮习惯和对邮件、报纸的某些特殊需要。

2. 具体安排投递出版时刻和每班投递内容

(1) 在每天投递两次的地方,一般上、下午各投递一次。具体出班时刻要结合当地早报出版时间和运邮工具或趟班到达时刻而定。每班投递内容,要看运到的邮件、报刊种类,再按照需要赶班投递的规定进行安排。对于应该当班投递的各类邮件、报刊等内容,均应在当班内混合投递。

(2) 在每天投递一次的地方,上午或下午出班均可。具体出班时刻,要根据主要运邮工具或趟班到达的时刻而定。当班投递的内容,也要按照规定,将应该赶班投递的邮件、报刊全部混合投递。

【阅读材料一】

加快投递网建设的若干举措

为构建适应包裹快递、普遍服务、农村电商共同发展的综合投递配送服务网络,着力提升中国邮政投递配送服务水平和市场竞争能力,深入推进"一体两翼"经营发展战略的全面实施,中国邮政集团公司在2017年提出加快提升投递网能力和服务品质,有效促进寄递业务发展的指导意见。相关措施主要有:

一、推进城市投递电动化,农村投递汽车化,内部处理机械化

1. 以汽车、电动三轮车作为投递配送的主要工具。

(1) 城市:城市包裹快递专段、包裹快递量大的混投段,应采用电动三轮车投递;城市大客户混投段、投递量大的包裹快递专段,应采用汽车投递。要结合国家和地方政府节能减排政策,积极尝试以租赁等方式推进新能源电动汽车在城市投递作业中的应用。

(2) 农村:乡镇农村要结合农村电商发展,对包裹快递及批销配送量大的道段,应统筹发改委对西部及农村补贴、财政部对邮政服务"三农"补贴和邮政企业自有资金投入,并积极采取"私车公助"方式推进农村投递配送汽车化。

2. 逐步将手持智能终端作为投递员生产作业的标配设备。加快投递员手持智能终端配备,满足邮件信息接收、处理、反馈及外勤监控等功能。随着包裹快递投递量的增长,要逐步用新型手持智能终端替换智能手机,将手持智能终端作为投递员的标配生产设备,提高信息扫描接收和反馈处理效率。

3. 推进投递内部处理机械化。多年来,投递内部处理以手工接收总包并分拣下段为主。随着包裹快递投递量的增长和市趟散件运输的实施,市趟接卸和分拣下段劳动强度不断增大。为提高包裹快递卸车交接效率和投递道段分拣效率,对具备一定内外部场地条件的投递部应配备传送皮带机、小笼车等设备,逐步实现内部处理机械化。

二、加快投递作业场地的新建和改造扩建

多年来,投递作业场地以满足函件、报刊内部处理进行设计和建设。随着包裹快递投递量的增长,原有的作业场地面积和布局已不能满足内部处理的需要,因此各地应根据2015年《投递网点作业场地面积配置标准》,加快推进投递作业场地的新建和改造扩建,满足包裹快递接收、分拣下段处理和再投、自提邮件存储的需要。

三、优化投递组网模式,混投、专投灵活组网

1. 城市:根据包裹快递投递量和投递密度,灵活采取混投、专段、专网等组网模式。一是重点城市继续推进和完善包裹快递营揽投一体化模式。要以包裹快递投递密度和揽收客户分

布为依据,优化营揽投网点布局,合理划分揽投作业网格,提高包裹快递投递和揽收时效。营揽投网点与普邮投递网点应同址或相邻,投递服务范围应一致或建立一多对应关系,便于中心局对进口包裹快递邮件进行分拣封发,便于业务旺季普邮投递网点对包裹快递营揽投网点的对口支援。二是其他城市,在投递密度较低的区域,采取包裹快递在普邮投递段混投;在投递密度较高的区域,在普邮投递部内设置包裹快递专段,要加大专段设置,多频次滚动出班,加快投递时限。

2. 农村:结合农村电商发展,综合利用农村投递道段,转变投递职能,实现函件、报刊及包裹快递投递、揽收、批销配送、渠道维护等一岗多能,提供工业品下乡"最后一公里"及农产品返城"最初一公里"等综合服务。

四、优化作业流程,提高投递作业效率

1. 全面推进投递部进口邮件派车单扫描交接。在投递部进口接收环节,全面推进派车单扫描交接方式,系统自动记录邮件交接时间,更有效地控制趟车运行时间和投递处理时限。同时,可以将邮件进口接收与下段扫描"二合一",提高处理效率。

2. 全面推进包裹快递进口处理集体作业。在投递部进口接收、分拣下段环节,推进包裹快递邮件"分投合一,集体作业"模式,即投递部各道段外勤投递员与内勤分拣员共同进行包裹快递邮件进口分拣下段,邮件下段后,投递员使用手持智能终端扫描邮件条码,实现邮件信息接收和下段,提高邮件接收和分拣下段效率,减少内部处理时间,增加更多的外部投递时间。

3. 优化妥投信息反馈流程,提高反馈效率。集团公司将对投递手持智能终端信息反馈操作流程和反馈内容进行优化,投递员用手持智能终端实时反馈妥投信息时,只需在同一操作界面扫描邮件条码并选择"本人收""他人代收""收发室收""物业收""自提点收"等选项,减少操作步骤,缩短操作时间,提高反馈效率。

五、扩大自提网络建设规模,提高应用效果

1. 增加智能包裹柜布放密度。试点城市要全面完成集团公司集中采购的智能包裹柜建设任务。要结合投递量分布,合理调整智能包裹柜布放区域和密度,形成规模效应,提高使用率。其他城市因地制宜进行智能包裹柜布放。打造智能化的"最后一百米"寄递终端服务平台。

2. 扩大人工自提点规模。要与邮政综合便民服务平台建设相结合,加快便民服务站、"邮乐购"站点、村邮站叠加包裹快递邮件的代投和自提服务功能,量质并重扩大人工自提点规模。

3. 提高自提网络应用效果。加大自提网络的宣传引导,营造自提服务氛围,增加包裹快递邮件自提量,形成"上门+自提"相结合的投递服务新模式,有效缓解投递压力。

4. 拓展自提网络服务功能。按照集团公司统一部署,推广应用智能包裹柜自助寄件、视频广告等增值服务,提高综合效益。

六、加强精细化管控,提升投递服务质量

1. 全面提升包裹快递投递服务品质

寄递市场的竞争归根结底是服务品质的竞争,要全面提升投递服务品质,全力支撑寄递业务发展,扩大市场份额。提升服务品质除了要增强服务能力外,必须切实强化基础管理和质量管控,形成信息系统监控、客户投诉监控、现场检查督导等多维度立体化管控体系,狠抓落实。

(1) 提高 KPI 指标,加强信息系统监控。包裹快递城市当日妥投率和农村及时妥投率提高到指标要求。各级投递管理人员要每天通过投递管理信息系统实时监控所辖省、市、县以及每个投递机构城市当日妥投率、农村及时妥投率、妥投信息实时反馈率等核心质量指标完成情况,并监控下级管理人员质量检查落实情况,加强督导。

(2) 加强客户投诉监控,有效减少工单。要以 11183 客服工单为抓手,对客户投诉内容进行深入分析,找准问题原因,有针对性地加强检查整改,有效降低客户有理由投诉。一是抓重点地区。针对投诉多的重点市、县的重点投递机构加强现场检查并督导整改。二是抓重点问题。针对客户投诉反映集中的问题,如投递延误、虚假反馈信息、信息反馈不及时等,切实抓好检查整改,减少投递有责工单。

(3) 强化现场检查,落实作业规范。一是投递网点应执行封闭作业,并加强作业现场 5S 管理,逐步安装视频监控设备,实现投递作业现场远程监控。二是落实《快递包裹投递服务质量规范》,严格执行"电话联系,按址投递"等服务要求,确保投递时限和投递深度。三是全面应用手持智能终端,实时准确反馈妥投信息,坚决杜绝反馈虚假信息的现象。四是与行业对标,压缩妥投时长。各地要对标当地社会快递,压缩投递环节内部处理时间,提高当日妥投率,落实妥投信息实时反馈要求,缩短与社会快递在邮件平均妥投时长方面存在的差距。五是落实小夜班投递。在城市城区,对收件人白天不在家,要求晚间 8 点之前投递的包裹快递邮件,应通过合理排班,安排人员进行小夜班投递,提升客户体验。六是加强关键环节检查。严格落实日常检查制度,重点加强对投递作业关键环节的检查把关,包括进口及时接收,准确下段细排、及时出班投递、及时准确反馈投递信息、平衡合拢、批退审核、及时处理客户投诉等,要保证检查频次和数量要求。

2. 高度重视普遍服务投递质量。函件、报刊是邮政的基础业务,各地邮政企业要切实加强普遍服务投递管理。一要落实普通包裹按址投递要求。二要确保投递时限。城市投递部要确保当天进口的邮件当天投递,农村要严格按班期投递。三要落实平常邮件跟段检查和接转点检查制度。检查邮件是否妥投到位,督促收发室、村邮站等接转点及时转投邮件,及时清退逾期未领邮件。四要全面推进"投递外勤监控系统"应用,提高投递网点和投递道段的系统覆盖率,提高监控点条码扫描率,确保监控效果。五要做好农村地区投递状况摸底调查,协调配合政府部门推进村邮站建设,提高农村建制村直接通邮率。

3. 合理调配资源,提高城郊建成区域投递服务水平。随着城市范围的扩大,原城郊农村地区逐渐成为开发区、工业园区、居民住宅小区,居民和企事业单位陆续迁入,对邮政投递服务的需求不断提高。各地邮政企业应不断适应城市的发展变化,根据服务人口的迁移、投递量的增长,及时调配投递资源。同时,加大投入,对城郊人口密度较大的开发区、工业园区、居民住宅小区等建成区域,比照城市投递服务标准,提高投递服务水平。

4. 结合电商发展,提高农村投递服务水平。随着农村电商的发展,现有农村普遍服务的投递班期和时限标准已不能满足电商客户和消费者的需求。各地邮政企业对邮政农村电商发展较快的县和国家级、省级农村电商示范县,应借助投递汽车、手持智能终端等设备配备带来的配送投递能力的提升,逐步增加农村投递班期(如周三班提高到周五班,甚至逐日班),加快投递时限,提高农村投递服务水平,促进农村电商快速发展。

七、培养和打造高素质专业化投递队伍

1. 增强投递管理力量。各地邮政企业要增强投递管理力量,提高投递管理人员的业务管理能力,提升精细化、专业化投递管理水平。

2. 加强投递队伍建设。各地邮政企业要结合邮政业务发展、投递量增长和投递方式优化,参照定员标准,动态合理配员,积极探索灵活用工机制。要加强投递人员岗位培训,定期组织职业技能鉴定和劳动竞赛,提高投递人员的综合素质和专业化服务水平。

3. 建立薪酬分配激励机制。邮政业务的转型发展要求投递人员向投递、配送、揽收等一岗多能转变。为充分调动投递人员的积极性,需建立与市场接轨、多劳多得的薪酬分配机制,并实行投递员计件奖励与投递时限、投递难度和投递量挂钩的差异化奖励模式,促进投递人员快投、多投,加快投递时限,提升投递服务品质。

第二节　投递生产作业流程与作业规范

一、投递作业的任务和要求

(一) 投递的任务和方式

1. 投递的任务

投递是邮政生产的最后一个环节,其任务是把本口和进口邮件报刊按照规定的时限和频次准确而完整地投交给指定的收件人。

2. 投递的方式

《邮政普遍服务标准》(YZ/T 0129—2016)规定邮件的投递方式主要包括按址投递、用户领取以及与用户协商的其他方式。邮政企业投递邮件时,应清晰、规范地加盖或者打印投递日戳。信件、印刷品、包裹、汇款通知等各类通知单和各类邮件实行按址投递。对重量超过 5 kg 的乡、镇人民政府所在地及乡、镇其他地区的包裹、邮政汇款、保价信件、存局候领邮件,无法投入信报箱的印刷品,单包不符,封皮或者内件破损,重量短少或者有拆动嫌疑,需要收件人会同拆验的邮件,有补收资费等其他原因需要收件人办理手续的邮件,其他不具备按址投递条件的邮件,邮政企业可通知用户到指定地点领取。对有特殊需求的用户,邮政企业可与用户协商,采取多种方法投递邮件。

(二) 投递作业的特点和作业要求

1. 投递作业的特点

(1) 以室外单独作业为主,工作条件差,劳动强度大;

(2) 投递质量要求高,因为如果投递工作发生差错或延误,将使前面各个工序的生产劳动全部前功尽弃;

(3) 投递人员多,服务面积大;

(4) 投递范围广,投递环境差别大。

2. 投递作业的要求

根据投递作业的特点,以及用户不断增长的需求,对投递作业组织提出了如下几点要求:

(1) 要根据邮政通信生产全过程的时限要求和不同地区的用邮情况,确定邮政投递频次和投递深度,合理安排投递班次和作业时间,加快投递速度;

(2) 保证投递邮件完整无损,避免错投、漏投、丢失、损毁、延误和泄密等事故发生;
(3) 不断改善服务,力求用户方便,树立邮政良好形象。

二、投递生产作业流程

邮政投递的生产作业过程,一般要经过两个处理环节和八个作业工序的联合处理和联合作业,方能完成进口邮件、报刊的投递任务。

(一) 两个处理环节

在投递生产过程中,一般需要设置进口分拣、分发和按址投递两个处理环节,并由这两个环节联合作业,共同完成对进口邮件的处理和投递工作。

投递环节是整个投递生产过程的主体和主力,担负着各类邮件报刊的按址投递任务。分发和投递这两个环节的关系,从整体来说,它们彼此密切配合协作,互为依存。在生产中,上一环为下一环服务,下一环为上一环把关,形成一个严密的整体。

(二) 几个主要投递生产工序

投递作业的主要工序有:接收、开拆、过戳、分拣分发、细排邮件、出班投递和回局交班等过程,其中接收、开拆、过戳、按段分拣、排信等工序皆属于邮局内部作业的环节,是邮件、报刊在投递前在投递支局内完成的业务处理工作,是为了使邮件、报刊能够顺利进行外部投递而做的必要准备。主要投递生产工序如下:

1. 班前准备:主要是做好分发作业班前的业务准备工作。
2. 接收:主要是接收趟车送至投递局的邮件总包和报刊袋捆。
3. 开拆:主要包括开拆报捆、刊袋、平常邮件袋和给据邮件袋、套。
4. 加盖投递日戳:在邮件规定的位置上对进口邮件当班逐件加盖投递日戳。
5. 分拣分发:按照投递道段分发报纸、期刊、平常邮件和给据邮件。
6. 细排邮件:主要是将本段的邮件、报刊进行整理,并按投递路线排列,为外部投递打好基础。
7. 出班投递:主要是将通过投递内部作业排好的邮件、报刊,按址投交给收件人。
8. 归班处理:主要是做好投递归班后,各项交接工作和各项收尾工作。

(三) 非集中分拣前置和集中分拣前置作业流程

在2007年的投递网改造与建设中,部分省(市)尝试进口邮件采取集中分拣到段的新模式,缩短了邮件传递时限,降低了网络运行成本,起到了良好的效果。按照要求,邮区中心局地理位置离市中心较近的,可以将分散在各投递部的分拣人员集中,在邮区中心局进口分拣封发部门将进口邮件及同城商函直分到段;配置了商函投递系统的城市,要将同城商函直分到段;当地出版印刷的早投日报、畅销报纸和都市类报纸,要力争在印刷厂直接分拣到投递部(站)。邮件下段分拣前置和集中处理,有利于简化作业流程,缩短内部处理时间,提高劳动生产率,有利于提高内部管理水平,便于自动化设备的配置和使用。

非集中分拣前置作业的操作业务总流程示意图见图6-11。

第六章　邮政投递组织与管理

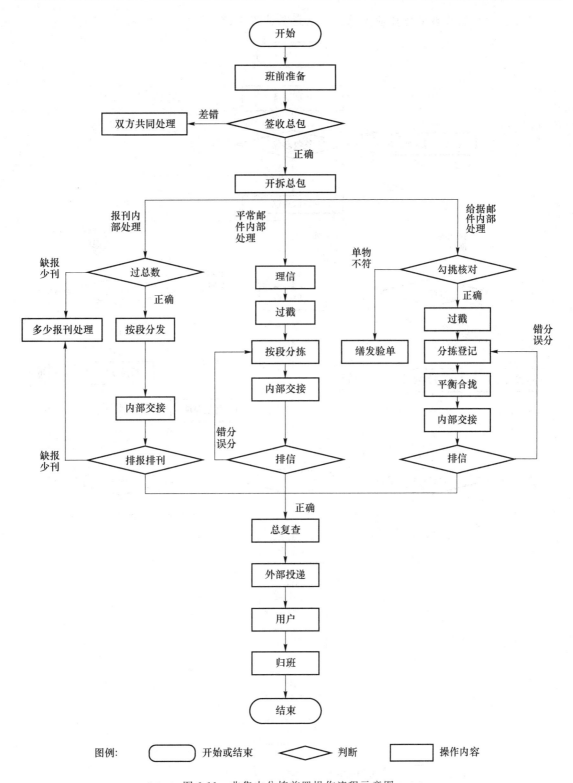

图 6-11　非集中分拣前置操作流程示意图

113

集中分拣前置作业的操作业务总流程示意图见图 6-12。

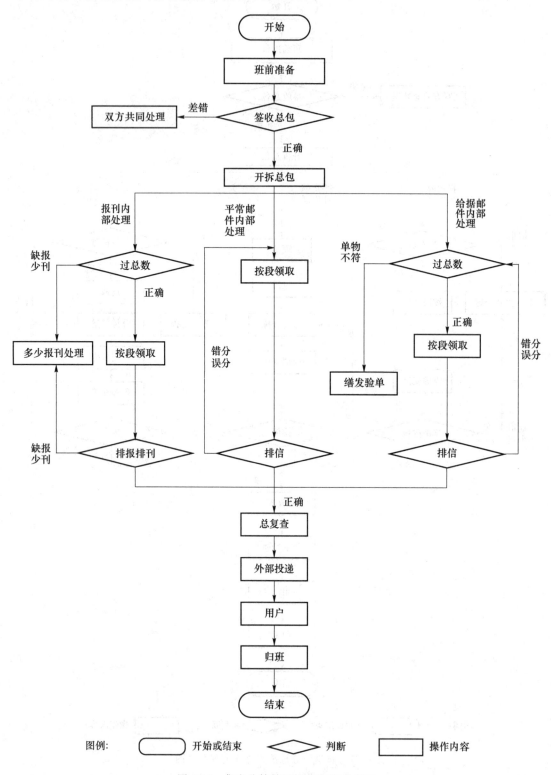

图 6-12 集中分拣前置操作流程示意图

三、投递生产作业规范

1. 班前准备

班前准备时应重点注意:现场整洁、用品用具齐备、信息系统正常、班会组织。

投递人员需提前10~15分钟到岗签到。投递人员应仪容仪表整洁端庄大方,应穿标志服、佩戴工号牌。

内部处理人员应做的准备有:

(1) 准备投递日戳/过戳机戳头,按日、班次更换或调整投递日戳字钉,并在日戳打印簿规定位置上加盖一个端正、清晰戳样,加盖经手人名章,经检查人员检查无误签章后,方可使用;

(2) 备好油墨盒、印台、名章、胶皮垫、胶指套、圆珠笔、复写纸、剪刀和纸绳等,配备过戳机的,提前检查设备状况;

(3) 向主管人员领取再投邮件,双方做好交接,无误后放入分拣格口;

(4) 有销票任务的,更换好日戳字钉,备好销票用具;

(5) 接车人员根据投递作业计划表,提前做好接收邮件准备。

投递员应做的准备有:

(1) 检查投递交通工具性能是否完好;

(2) 准备信报兜(前把兜、后架兜)和挂号背兜等,并根据天气情况准备雨具;

(3) 领取信报箱钥匙;

(4) 集中保管车辆的需向车辆保管人员领取钥匙和相关证件;

(5) 负责兼开筒(箱)的,应向主管人员领取开筒(箱)钥匙,准备好捆绳、盛装筒(箱)邮件的专用容器。

内部处理人员应做的信息系统准备有:

(1) 打开计算机终端显示器,进入"邮政投递信息系统"—"投递生产子系统"或"邮政营业信息系统"—"报刊投递子系统"界面做好数据信息接收准备;

(2) 登录报刊投递系统,打印当天的报刊投递变动通知单,并定期(年/半年/季度/月)打印报纸和期刊投递簿;

(3) 打开打印机、扫描枪等设备,检查是否异常;配备报刊电子化分发屏幕的,提前检查设备状况。

2. 接收

(1) 准备工作

根据运输趟车各频次运行到达时间,投递部要提前10分钟做好接车准备。接车人员接车时,要认真办理交接工作。

(2) 验收邮件袋、套和报刊捆的封装规格

邮件袋即总包邮件,各类邮件须装入邮袋或者规定的容器内发寄,一律不得散件外走。邮件袋的规格标准包括袋牌、绳扣、铅志、袋身和重量等五个方面。若发现不合规格的情况应及时进行处理。

3. 开拆

开拆主要包括开拆报捆、刊袋、平常邮件袋和给据邮件袋、套四个方面的内容。其中开拆平常邮件袋时,应先拆平信袋,后拆平刷袋;在靠近铅志处剪断一股绳,避免损伤铅志,剪坏袋牌和邮袋;将袋内邮件倒在工作台上,并用三角看袋法检查袋内有无遗留邮件;检查邮袋内倒出的邮件是否为本局投递;国际平信袋应由专人开拆处理。

给据邮件总包开拆前要在投递生产系统的"1 邮件接收"—A"中心局路单接收"模块,扫描总包条形码,接收总包后,在投递生产系统的"1 邮件接收"—"1 中心局邮件接收"模块,核对邮件信息,逐件接收。发现信息与实物不符、邮件不合规格的,剔出暂放一旁,待勾挑核对结束后,按相关规定处理。给据邮件袋的开拆工作应由专人负责,不能进行集体作业;拆下的袋牌、铅志和空袋要单独放在一起,以备内件不符时清查;在拆出的邮件中找出"封发邮件清单(邮1201)"(如图 6-13 所示),按照清单登列的邮件号码、收寄局名、件数等节目逐件勾挑核对。同时,验视邮件封装规格标准;核对过程中遇单、物不符或不合规格标准问题,可暂放一旁,按有关规定处理;如相符,要在清单指定位置加盖投递日戳和经手人名章;在"进口给据邮件平衡合拢交接登记簿(邮 1429)"上相关栏内登记清单号码和邮件件数;开拆时要一袋一清,不可同时开拆多袋后一起处理,防止出现问题时责任不清。

(邮1201)

封发邮件清单

封发日戳　　　第 _12_ 号第 _1_ 页　　　接收日戳

自 _沈阳挂号局_ 至 _砂阳路投递局_

格数	号码	收寄局名	投递局名	备注
1	56	北京	砂阳路	
2	243	—	…	
3	12	上海	…	
4	87	天津	…	
5	23	沈阳太原	…	退
6	368	辽阳	…	
7	50	沈阳法库	…	套
8				
⋮				
20				

挂号邮件	6
挂号套	1

总件数

封发人员盖章　_张永_　　　接收人员盖章　_金魏_

图 6-13　封发邮件清单

4. 加盖投递日戳

加盖投递日戳分为手工加盖投递日戳和过戳机过投递日戳。进口邮件必须当班逐件加盖投递日戳，做到无遗漏。投递日戳应加盖在邮件规定的位置上，并要保证清晰。

① 平、挂信函应在信封背面加盖日戳，不准盖在所贴邮票上；
② 明信片在空白处加盖日戳，不得加盖在文字上，或美术明信片的图案上；
③ 印刷品和特快专递邮件在空白处加盖日戳；
④ 各种"领取邮件通知单（邮1402）"在规定位置上加盖日戳；
⑤ 遇有邮票漏销情况，可用日戳边滚销或用笔划销，不得用投递日戳盖销。

5. 分拣分发

将各种进口报纸分发给各投递段，一般在专用的报纸分发格上进行，每段一格，不准两段或多段混用一格；分发期刊时要按刊签上的期刊代号和名称从卡片柜中找出相应的刊卡，放在待分发的期刊上。再根据报刊总卡上登记的期别、刊名、刊卡数、份数、共计数依次在期刊分发表上按段别次序逐项登记。期刊全部分发完毕后，期刊和刊卡要分别与各段投递员凭已填妥的"投递卡交接簿（邮发021）"（如图6-14所示）分别办理交接手续。

(邮发021)

投递卡交接簿

_1_ 段： 　　　　　　　　　　　　　　　　　　2004年1月10日

报刊代号	报刊名称	投递卡张数	报刊份数	备　注
82-225	现代兵器		1	

签收人：崔雨　　　　　　　　发行员：杨峰云

图 6-14　投递卡交接簿

分拣平常邮件时若有专人负责，则由专人分拣，不设专人分拣的，由投递员集体作业。集体作业前应先固定堆位数量。每段为一个堆位。大户和疑难信件各为一个堆位。堆数、堆位一经确定，不得随意改动。信件分拣完毕，要进行并段处理，各投递段的信件全部入格后，要清理现场，巡视有无遗落邮件；各段投递员根据投递支局长指令依次到本段格口取走邮件。

给据邮件分拣操作的方法与平常函件分拣操作方法相同。各类给据邮件分拣完毕后，要逐段进行复核，检查有无误分，将按段分拣后的给据邮件逐段抄登投递邮件清单，并做好平衡合拢工作。

集中分拣前置作业的邮件不再下段，直接与投递员进行交接。发现实物与信息不符的，根据实物及时进行调整。

6. 细排邮件

平常邮件在投递前，须按投递路线的行走顺序进行细排。细排操作一般分为分堆、细排、复核三个步骤。

分堆时可根据信件多少、路程长短、交通条件、操作方便、地界特点等因素进行设计；细排是整个排信过程中的关键一环，细排时出现差错，极易导致外部投递时误投。为保证细排质量，细排时应按照分堆的顺序和投递路线，以工作台为基准由前往后逐堆细排。每堆均先排零户；大户堆暂时不动，零户排好后再逐户穿插大户；大件印刷品单放一边，最后以排入卡片代替;边穿插边复查。排好的一堆放在左侧,逐堆由左向右排列,便于最后合堆。

复核是排信过程中重要的一环,能够纠正分堆、细排时所发生差错。因此,对每一封信件都要认真仔细地检查,确保准确无误。

给据邮件按上述方法细排结束后,要及时将投递量填入投递业务量登记表内。将复核后的给据邮件按照投递顺序反排插入平信内,以便与平信区分。大件挂号印刷品可用硬质卡片代替排入平信内,或将下一户的平信反排,以提示注意、防止漏投。如本段给据邮件较多,可在给据邮件正面适当空白处按照投递邮件清单前后页数编上顺序号码,以便投递时查找相关邮件的签章位置。将投递邮件清单夹入挂号夹内,以便投递时使用。

7. 出班投递

(1) 投交单位邮件

单位邮件报刊的投递顺序是:先给据后平常。即按照特快专递、挂号(含账单)、其他给据邮件、期刊、平信、印刷品、报纸的顺序点交。

投交单位的给据邮件时,必须经单位收发人员逐件验视、核对并点准件数后,在投递邮件清单相关栏内加盖单位公章或收发专用章;投交单位的期刊时,应按卡投刊,并与单位的收发人员分别种类逐一点交和签收;平信、平刷投交时不需要用户签收,投交时要逐件点交,核对收件单位的全址、全名。遇有封面书写不清的信件,要与收发人员核对无误后再投交。

(2) 投交住宅邮件

投交个人用户的零星给据邮件和各种通知单时,应由收件人在投递邮件清单上签章,若收件人不在,可由家属签章代收,但应在投递邮件清单上批注其与收件人的关系及有效身份证件的名称、号码。给据邮件经两次有效投递未能投出的,相关邮件改为局内投交,另填发"通知便条"(如图 6-15 所示)按平常邮件手续投递,通知收件人到指定的邮局领取。

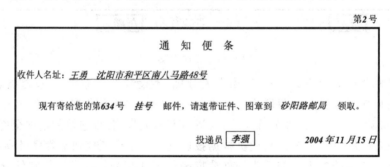

图 6-15 通知便条

期刊应按刊卡(或报刊投递清单)书写的地址投交。投交时,要核对户名、刊名、期数、份数。核对无误后,将期刊点交给订户,并请订户在刊卡背面指定位置或报刊投递清单"用户名章"栏内盖章签收。

平常邮件投交时,不需要收件人签收。但必须做到收投相见,禁止乱扔乱放,保证邮件妥投妥收;报纸的投交不需要订户签收,但要当面核实报名、点准份数。设有信报箱的,应实行插箱投递。

8. 归班处理

(1) 再投邮件的处理

对于当班未投出而需再次投递的邮件,必须在邮件封面上粘贴"再投邮件批条(邮1410)",特快专递邮件应粘贴"特快专递邮件再投批条(邮特1011)",批注再投原因后予以妥善保管,待下班继续投递。

(2) 改寄邮件的处理

对寄件人申请的,投递局收到收寄局发来的"撤回或更改通知书(邮 1607)"后,及时拣出相关邮件,按通知书上寄件人指明的地址改寄;对收件人申请的,按收件人提供的地址改寄。

对需要办理改寄的邮件,应在邮件封面上粘贴"改退批条(邮 1407)"(如图 6-16 所示),批明改寄地址后办理相关改寄手续。

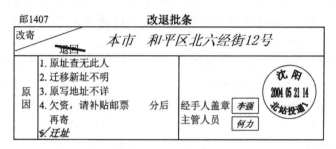

图 6-16　改退批条

(3) 退回邮件的处理

邮件退回原因一般分为无法投递和邮件撤回两种。对需要办理退回的邮件,应在邮件封面上粘贴"改退批条(邮 1407)",批明退回原因后办理相关退回手续。

【案例一】

签收不清留隐患

李老师在重庆的女儿急需学历证明,李老师急忙到邮局用特快专递将学历证明寄了出去。可半个月后女儿打来电话称还没有收到。为此李老师专门到邮局查询并要求邮局提供收件人签收情况的复印件。

几天后李老师收到了邮局寄来的签收情况复印件,但是他怎么也看不清楚签收人的名字,而且李老师敢肯定字迹不是女儿的。于是李老师又让邮局的人员辨认,结果工作人员也辨认不出签收的名字。之后,投递局多次与收件单位交涉,但一直也没有结果。大家分析可能是投递员当时根本没检查签名是否正确清晰就把邮件交给了签收人,造成他人冒领。之后的调查证实了大家的分析是正确的。

【阅读资料二】

"一拖一挂 N"投递模式,积极应对投递旺季生产

小寨投递部位于陕西省西安市南郊商业、文化教育区域,区域内商业发达,高校遍布。投递服务面积约 60 平方千米,服务人口近百万,现有投递段道 59 条(普邮段 40 条,机关段 3 条,专投段 16 条),投递人员及内部处理人员 79 人,投递作业场地 410 平方米,快递包裹日均投递量 3 300 余件,2017 年春节旺季期间,快递包裹日均投递量 5 844 件,日投递峰值达到 9 078 件,投递生产场地、人员配置远低于集团公司标准。

在现有投递生产条件下,旺季期间投递场地、人员不足等问题更加突出,需要采取有效措

施科学解码,解决旺季投递能力不足问题,确保旺季投递生产运行顺畅、质量平稳。

小寨投递部有效挖掘、整合内外投递资源,内部实施分场地转换清场作业,外部实施"一拖一挂 N"穿插投递作业模式,利用机动车辆实施区域内邮件转趟盘驳,借助"快递员助手"软件,有效提高投递生产效率,保障旺季期间投递服务质量,切实提升投递能力。

一、内部处理

1. 分场地轮换作业,轮换清场。为提高场地使用率,确保不同进口频次邮件有序处理,避免邮件场内二次搬运转手,在投递内部处理时,分场地轮换作业、堆放不同班次进口邮件,轮换处理清场,确保实现班进班清,高效利用生产处理场地。

2. 实行邮件卸车、分拣、下段一条龙作业处理。趟车进口后,接车人员接卸邮件同时,分拣人员对邮件进行分堆、下段处理,邮件卸车完毕,邮件分堆、下段同时到位,投递人员随即装车处理完毕,确保接卸、分拣、下段、装车无缝对接,有效提高内部处理时间。

3. 内、外部作业人员协作配合,各环节衔接有序。邮件下段结束后,内部处理人员协助投递人员将邮件装车处理,迅速清场的同时,投递人员及时出班投递,实现投递人员随时归班随即可装件出班投递。

4. 当日进口邮件当日全部处理完毕。晚上三次趟车和加车邮件进口后,内部处理人员确保当晚完成对所有邮件的分拣下段处理,次日早班待投邮件装车存放,库存邮件及时清场,减少库存邮件占用场地的同时,确保投递员次日到岗后直接出班投递。

二、外部投递

1. 实施"一拖一挂 N"投递作业模式,区域内穿插投递作业。即一辆机动投递车辆与一辆电动三轮车相关联,下挂 N 条普邮段道,实行区域内穿插投递作业。机动车辆负责较远区域和大件邮件的投递工作,电动三轮车负责线路环绕小区和单位邮件投递,对机动车辆和电动三轮车无法进入的小区或道路通行困难的区域,由普邮段道的电动自行车进行邮件投递。

2. 实施区域内邮件转趟盘驳,提高邮件投递效率。对投递量集中区域,安排机动车辆每3个小时对投递穿插作业区域的机动车、三轮车和自行车区域进行邮件盘驳转运,减少段道内投递车辆空驶里程,确保邮件快速出清,提升外部投递作业效率。

3. 动态调整投递区域,实施撒点、驻点投递。根据邮件进口量,动态划分、调整投递区域,及时调整、补充投递力量,实施帮扶人员撒点、驻点投递作业,动员家属力量分片承包投递。

4. 借助社会资源渠道力量,提升末端投递能力。积极与院校内小麦公社、乐收物流平台社会力量合作,加强与陕西师范大学后勤集团、中海凯旋门门面房小哈管家、华城国际小南门联合100超市等连锁店合作,大力发挥便民驿站代投点渠道力量,实行"邮政直投＋接转点转投＋通知用户领取"末端投递模式。

5. 信息化手段应用。根据区域特点,针对院校、商业区等邮件量集中区域,推广使用"快递员助手"APP软件,实现拨打电话和群发短信等功能,投递员外部投递效率明显提高。

三、质量管控

1. 做好投递量预测监控。根据每日投递预警量提前制订投递作业计划,确保投递部人员组织、各项投递应对措施提前准备到位。

2. 加强过程管控,实施日通报日激励。每日综合考评投递量和质量指标,市分公司主管领导对排名前三名投递部发放微信红包进行奖励,投递部对综合考评前三名投递员发放微信红包奖励。

3. 规范工单处理。投递部按市分公司制订下发的工单处理规范模板,统一工单回复处理口径,做好客服售后工作。

摘自 2017 年投递技能竞赛先进工作法获奖材料

第三节　投递服务规范

一、基本要求

(一)原则

(1)应具备良好的心理素质和职业道德,行为举止发自内心,真诚、自然表露;
(2)应对用户提供主动、周到、耐心服务,坚持质量的高标准和前后的一致性;
(3)应坚持因时、因事、因人的原则,真正体现尊敬和友好的本质;
(4)应主动问候、主动介绍、主动推荐。

(二)服务理念

服务理念为:用户是亲人。

(三)服务标准

投递人员提供的投递服务应符合以下要求:真诚问候每一位用户;主动了解用户的需求;保持主动热情的态度;提供迅速准确的服务;耐心解答用户的询问;虚心接受用户的意见;关注特殊需要的用户;主动为用户排忧解难。

(四)主动性服务

1. 指引手势

(1)指示方向时,上身略向前倾,手臂由下而上从身前自然划过,与身体成 45 度夹角。手臂伸直,五指自然并拢,掌心向上,以肘关节为轴指示目标方向,用目光配合手势所指示方向。
(2)手势范围在腰部以上、下颌以下距身体约一尺的距离,五指自然并拢。

2. 来去有声

(1)迎接用户时,应采用起身、欠身、点头、鞠躬、打招呼等方式。
(2)站立迎接用户时,应面向用户,稍微欠身,同时送出欢迎语或问候语。
(3)坐着迎接用户时,应起身后欠身或点头,同时送出欢迎语或问候语。
(4)行走时与用户相遇,应暂停脚步,与用户点头示意。目光与用户对视时,应送出欢迎语或问候语。
(5)用户进入投递现场时,应送出欢迎语或问候语。
(6)用户离开投递现场时,应送出道别语。

3. 接递物品

(1)接递物品时,以双手正面递物。
(2)接递笔时,笔尖应侧向自己。
(3)接收用户的物品或资料时,应向用户致谢。

4. 尊称用户

(1)为用户提供服务时,应根据用户性别、年龄,称呼"先生""小姐""女士"等称呼。

(2) 为用户提供服务时，若已经获知用户姓氏，应尊称其姓氏。

5. 问有答声

(1) 对用户的提问，及时、准确、耐心地解答。

(2) 回答完用户问题后，采用"我刚刚的解释，你满意吗?"或"请问还有其他疑问吗?"等用语，确认用户是否理解、认可。

(3) 回答用户问题，遇其他用户插入时，应视情况处理。插问用户比较着急时，应采用"先生（女士、小姐），你看这位先生（女士、小姐）比较着急，耽误您几分钟时间，我先帮他解决一下，好吗？请您稍等。"等安抚用语。插入用户不急时，应采用"先生（女士或小姐），请您稍等，我会尽快帮助您的。"等安抚用语。

6. 暂离致歉

(1) 提供投递服务时，需暂时离开取邮件、资料或业务单式，应采用"请稍等，我帮您取件。"或"请稍等，我去开取业务单式。"等用语，向用户说明原因。

(2) 提供投递服务中，在暂离回到用户面前时，应采用"谢谢你的等待。"或"让您久等了。"等用语，向用户表示感谢。

7. 唱收唱付

(1) 与用户发生现金交易时，收款时，应唱收"收您××元，请稍候。"等用语，与用户当面确认。

(2) 需要找零时，应唱付"收您××元，找您××元，请收好。"等用语，与用户当面确认。

8. 主动问候

(1) 用户进入投递现场时，附近投递人员应采用"您好，请问有什么需要帮忙的吗?"等礼貌用语，主动询问用户，并告知或引导用户到相应区域。

(2) 用户进入投递现场后，站在用户附近的投递人员应微笑，并主动向用户问候"您好"。

(3) 遇多批次用户到投递现场，等候时间超过10分钟，负责接待的投递人员应视用户情绪主动采用"对不起，让您久等了。请问有什么需要帮忙的吗?"等用语，向用户表示歉意。

(4) 遇领导或外来人员参观投递现场时，在领导及参观人员接近时(1.5米)，投递人员应起立，并主动问候"您好，欢迎指导。"遇正在内部作业时，点头微笑示意即可，不可停止工作。

(5) 遇用户离开投递现场时，就近(1.5米)的投递人员应主动面向用户，采用"再见，欢迎下次光临。"等用语，微笑地与用户告别。

9. 主动介绍

(1) 提供投递服务时，投递人员应主动向用户介绍邮政业务知识，包括新业务、报刊特点、资费、时限、优惠等信息。

(2) 提供投递服务时，遇用户对某邮政业务表现出兴趣时，应向其主动详尽介绍业务信息。

10. 主动关怀

(1) 用户办理完涉及投递的业务后，投递人员应主动采用"请问您还有什么需要?"或"请问对我们的服务有何意见?"等用语询问用户。

(2) 用户离开时，投递人员应采用"谢谢××先生（小姐），请慢走。"等用语向用户告别。

(3) 遇特殊节假日，可使用"新年好""节日快乐"等个性化祝福用语。

11. 确认需求

(1) 未清楚用户需求时，应采用"请问您办理什么业务?"或"请问有什么可帮到您的?"等用语,主动询问用户。

(2) 为用户服务结束时,应采用"您的业务已受理完毕。请问还有什么可帮您的?"等用语来确认用户是否还有其他需求。

12. 鞠躬问候

(1) 鞠躬时,应从心底里发出向对方表示感谢和尊重的意念,从而体现在行动上,给对方留下诚恳、真实的印象。

(2) 表示感谢、回礼时,行 15 度鞠躬礼。遇尊贵用户来访时,行 30 度鞠躬礼。行礼时面对用户,并拢双脚,视线由对方脸上落至自己的脚前 1.5 米处(15 度礼)及脚前 1 米处(30 度礼)。

二、服务形象

(一) 仪容

1. 男投递人员

男投递人员的日常仪容应符合以下要求:保持头发、身体和口腔气味清洁,避免牙齿留有食渍;保持面部清洁,不得留胡须和鬓角,平视时鼻毛不能露于鼻孔外;保持手部的清洁,不留长指甲,指甲长度不超过 2 mm;不染发(黑色除外),不光头,不留长发(前不掩额、侧不盖耳、后不触衣领)。

2. 女投递人员

女投递人员的日常仪容应符合以下要求:保持头发、身体和口腔气味清洁,避免牙齿留有食渍;保持面部清洁,不得留胡须和鬓角,平视时鼻毛不能露于鼻孔外;保持手部的清洁,不留长指甲,指甲长度不超过 2 mm;不得染浅色头发,长发要盘起并用发夹固定在脑后,短发合拢在耳后;不涂有色指甲油;保持淡妆(浅唇膏、少粉底、轻描眉),不应在岗位上补妆。

(二) 仪表

投递人员的仪表应符合以下要求:

(1) 按照地市邮政企业规定邮政标志服换装时间实施季节性换装,杜绝不换装或同机构换装不齐;

(2) 工作期间,应穿邮政标志服,佩戴工号牌(卡),衣着整洁,纽扣齐全;

(3) 不得佩带装饰性很强的装饰物、标记和吉祥物;

(4) 手腕部除手表外不得带有其他装饰物,手指不能配戴造型奇异的戒指,佩戴数量不超过一枚;

(5) 女士配戴耳钉数量不应超过一对,式样以素色耳钉为宜。佩戴的项链不应露于颈外;

(6) 工作期间不得使用香水;

(7) 鞋帽色调应同着装协调,不应穿拖鞋,女士不穿高跟鞋;

(8) 信报兜等随身携带的投递工具应整洁、不陈旧、不破损。

(三) 站立

投递人员站立时应符合以下要求:

(1) 双眼平视前方,下颌微微内收,颈部挺直;

(2) 双肩自然放松端平,收腹挺胸,但不显僵硬;

(3) 双臂自然下垂,处于身体两侧,男投递员右手轻握左手的腕部,自然放在小腹前,女投递员右手叠加在左手上,自然放在小腹前;

(4) 脚跟并拢,脚呈"V"字形分开,两脚尖间距约一个拳头的宽度,或双脚平行分开,与肩同宽,女投递员两脚呈"丁"字形站立。

(四) 行走

投递人员行走时应符合以下要求:

(1) 目视前方,方向明确;

(2) 身体协调,姿势稳健;

(3) 步伐从容,步态平衡,步幅适中,步速均匀,走成直线;

(4) 不可将任何物品夹在腋下行走;

(5) 上下楼梯时应靠右行;

(6) 投递现场内禁止奔跑(紧急情况下除外);

(7) 与用户并排行进时,投递人员应居于用户左侧;

(8) 居前引导用户行进时,投递人员应居于用户左前方约一米的位置;

(9) 行进中与用户交谈时,应将头部、上身转向用户;

(10) 陪同、引导用户或参观人员时,投递人员的行进速度应与其相协调;

(11) 经过拐角、台阶或楼梯时,应及时关照提醒用户留意。

(五) 眼神

投递人员的眼神应符合以下要求:

(1) 直视对方,同时避免让对方感到压力时,请用双眼看着对方的任意一只眼;

(2) 交谈时,视线不要离开对方;

(3) 面对用户时,避免眼珠不停地转动和不停地急速眨眼。

(六) 微笑

投递人员的微笑应符合以下要求:

(1) 注视对方;

(2) 对方进入视线范围时,向对方自然微笑,微笑以至多露出八颗牙为准;

(3) 微笑的口形为发"七"或"茄"音的口形。

(七) 手势

投递人员的手势应符合以下要求:

(1) 与用户交谈时,除需指示用户行动外,不应使用手势;

(2) 不可用手摆弄物品、衣服、头发等;

(3) 不可用手敲桌台和玻璃提醒用户;

(4) 传递邮件、业务单式时,应双手递接,将正面向着对方;

(5) 不得使用摆手或摇头表示"不清楚""不知道"等意思;

(6) 除非用户示意,不应主动与用户握手。

(八) 面部表情

投递人员的脸部表情应符合以下要求:

(1) 面部表情应充分表现出热心、细心、快乐、自信;
(2) 表情亲切自然而不紧张拘泥;
(3) 神态真诚、热情而不过分亲昵。

三、服务语言

(一) 声音运用

(1) 声调应进入高音区,显示有朝气,便于控制音量和语气;
(2) 音量应视用户音量而定,不应音量过轻;
(3) 语气轻柔、和缓;
(4) 语速适中,每分钟应保持在120个字左右。

(二) 语言选择

(1) 根据用户的语言习惯,正确使用普通话或方言;
(2) 解答用户疑难问题时,应用简单易懂的语言,尽量不使用专业术语;
(3) 当用户面,询问其他同事问题时应使用用户能听懂的语言。

(三) 称呼用语

(1) 男士称"先生",未婚妇女称"小姐",无法确认用户婚姻状况时,年轻者称"小姐",年纪稍长者应称"女士";
(2) 知道用户姓氏时,应用"××先生(小姐、女士)";
(3) 对第三者,应称"那位先生(小姐、女士)"。

(四) 礼貌用语

(1) 十字礼貌用语:您好、请、谢谢、对不起、再见。
(2) 欢迎语:您好,欢迎光临。
(3) 问候语:您好、早上好、下午好或晚上好。
(4) 祝福语:祝您生日快乐、祝您节日快乐。
(5) 道别语:再见、请慢走、请走好。
(6) 征询语:需要我的帮助吗?请问您有什么需要?我可以帮忙吗?请问您办理什么业务?我的解释您满意吗?
(7) 应答语:好的、是的、马上就好、很高兴能为您服务、我会尽量按照您的要求去做、这是我们应该做的、不要紧、没关系。
(8) 致歉语:对不起、很抱歉、请您谅解、这是我们的工作疏忽。
(9) 指示语:请这边走、请往左(右)边拐。

(五) 服务忌语

邮政投递服务的禁忌语有:
(1) 不行、不知道;
(2) 找领导去(你找我也没用),要解决就找领导去;
(3) 你懂不懂,不知道就别说了;
(4) 这是规定,就不行;

(5) 不能赔就是不能赔,没有为什么,这是规矩;
(6) 没到上班时间,急什么;
(7) 着什么急,没看我正忙着呢吗;
(8) 业务单式上写着呢,自己看;
(9) 有意见,告去(你可以投诉,尽管去投诉好了);
(10) 刚才不是和您说过了吗,怎么还问;
(11) 快下班了,明天再来吧;
(12) 你问我,我问谁/我解决不了;
(13) 眼睛睁大点,看清楚了再写;
(14) 邮政不是你家开的,说怎样就怎样;
(15) 电脑坏了,我有什么办法;
(16) 别在这里吵;
(17) 说了这么多遍还不明白;
(18) 人不在,等一会儿;
(19) 没身份证件不能办,你吵什么;
(20) 这问题我们不清楚。要投诉,打11185电话;
(21) 现在才说,干嘛不早说;
(22) 我们一向是这样的;
(23) 这是公司规定的,我也没办法。

四、服务过程管理规范

(一) 外部投递

1. 基本要求

(1) 敲门。敲门时,力度应适当,不能用掌拍、拳擂。按门铃应有间歇,待第一响后,3秒后才可按下第二响。按防盗门密码时,应准确,不能随便碰按、错按。敲门、按铃应以三次为限,不能有应不等,或常按不已。敲门、按铃时,有人应答,应清晰、简短、礼貌地向用户问候,"您好,我是××邮政局的投递员。"

(2) 入室。注重登门礼节,在得到准许后,方可进入。室内无人,不能擅自入室,避免误会。对接待人员、收发人员应有礼节问候和礼貌致意。

(3) 交谈。与用户交谈,应注意使用礼节用语和手势,简要说明来意。交谈中不应问及私事。与用户发生纠纷时,不能对用户无礼。遇不能自行解决或解释的问题,应采用"请原谅,此事我无权决定,请按××规定办理。"等礼用语表示歉意。

(4) 办理业务。投递人员处理业务时应符合以下要求:

① 投递人员应专注公务、不浮躁。处理业务时不应东张西望,更不应对室内人和物妄加评判。

② 递送邮件时,应双手递上,同时向用户清晰说出"这是您的邮件,请出示身份证签收。"(操作前,应先请用户出示有效身份证,再请用户签收。)

③ 待用户验视邮件外观没有问题后,用礼节手势递上业务单据、笔,采用"请您在这签

名。"等礼节性语言,指引用户在单据指定位置签名或盖章。

④ 用户签字或盖章时,投递人员应站立一旁,保持礼节距离,恭候签毕。用户签毕后,应采用"谢谢合作!"或"谢谢! 欢迎您再次使用邮政服务!"等语言表示感谢。

(5) 告别。正确使用"再见""打扰了"等告别礼节用语。告别时,应先面向用户退半步,然后转身离开。离开之前应为客户轻轻地关上门。

(6) 拥挤地方。投递人员在人多拥挤的地方,应礼节性地进退避让。乘用电梯,不能抢上抢下,入梯内要面朝梯门。手中邮件,应双手抱持。非特大、特重邮件不能随意搁置在梯内地面或拖出拖进。

2. 注意事项

(1) 如用户要求在指定的特殊地点(如室外、饮食场所等)投递时,应在保证邮件安全、人身安全的情况下提供投递服务。

(2) 自始至终正确地使用各种礼貌用语,并应时常保持微笑。

(3) 投递地址是私人住宅,没有用户允许,不应进入室内。

(4) 如能明确投递物品是祝贺性质或节日送礼的,可在用户签收后说祝贺词,如"祝您××快乐! 再见。"

(5) 投交单位用户的邮件时,应主动协助收发室(门卫)将邮件分门别类堆放,并婉言提醒收发员及时将邮件转交收件人,以免耽误收件时间。

(6) 注意五禁:一是禁索取小费、红包或其他物品;二是禁讲服务忌语;三是禁上门服务时目光游离、四处张望;四是禁仪态不端、站姿不正;五是禁服务中大声说笑、动作随便。

(二) 电话受理

(1) 提供投递服务期间,服务电话应保持正常开通,有专人负责。

(2) 服务电话应在铃响 30 秒内(三声以内)接听。

(3) 接听时,应根据用户需求使用合适的语言(普通话或方言),采用"您好,这里是××投递部。"或"您好! 请问有什么可以帮您?"等礼貌用语应答,不得与用户发生争执或强行挂断来电。对接听的电话内容应及时准确记录。

(4) 电话通知或预约投递时,应使用"我是××投递部,请问您是××先生(小姐或女士)吗? 这里有您的××邮件,请问您什么时候在家接收?"等礼节语言。如投递人员自定投递时间的,应以商询口吻说:"我们在××时间送到府上,可以吗?"不应责令用户必须何时接收。电话约定后,应按时投递。

(5) 接听投诉或查询电话的,应符合以下要求:

- 主动采用"您好,××邮政局,××为您服务。"等礼节语言向用户问好;
- 可以立即回复的,请用户稍作等待后立即将查到的信息回复。无法立即回复的,做好解释,与用户明确传真、电子邮件或电话等回复方式,详细做好事项记录。

(6) 结束电话时,采用"谢谢,欢迎您再次使用邮政服务,再见!"等礼节语言与用户告别。确认用户挂机后,再挂断电话。

(7) 接听找人电话时,应采用"他在,请稍候。"或"他不在,需转达吗?"等礼节语言,确保回答清楚明白,不应放置电话,长时间不作回应。

(三) 投诉受理

1. 投递服务投诉分为解决问题的投诉、纯粹发泄式投诉、为了某种期待的投诉、因邮政服务欠缺产生的投诉等四种。

2. 投递服务投诉性质的识别标准如下：

(1) 理由充分、愤怒中带有理智，眼神充满自信和坚定——解决问题的投诉；

(2) 愤怒、理由简单而反复，意见不明确，眼神飘忽不定——纯粹发泄式投诉；

(3) 期待的眼神，无愤怒感，大多自我说明，常用好的对比——为了某种期待的投诉；

(4) 阐述情况，善意提醒，或在短时间内出现批量投诉——因邮政服务欠缺产生的投诉。

3. 应对现场投诉的基本方式：

(1) 邀请用户到主任室或休息室，安抚用户的情绪——所有投诉；

(2) 倾听，认同，并表达改善之意，及时处理与回复——解决问题的投诉；

(3) 倾听——纯粹为了发泄的投诉；

(4) 认同并表达改善之意——为了某种期待或因邮政服务欠缺产生的投诉。

4. 现场投诉处理的步骤：

(1) 稳定投诉用户情绪，应在第一时间内将用户邀请到主任室或休息室，不应在投递生产作业现场内接待。

(2) 耐心聆听用户意见，留意用户面部、身体语言上的暗示，详细记录用户陈述。

(3) 用户叙述完毕后，不应直接反驳用户观点，应采用"我明白您的意思"或"可不可以这样理解"等礼节语言，重复用户观点，确定没有误解。

(4) 采用"我们可以一起商量下，看能不能帮助您。"等礼节语言，真诚表达愿意为用户提供帮助的意愿。属用户情绪等原因，应更多地运用倾听技巧加以劝慰、说服。

(5) 客观分析用户观点，找出用户的真正需要。采用"我有些资料（建议），或许能帮助您。"等语言，并以一些资料、数据做出分析，提出建议，帮助用户解决问题。

(6) 确实存在的问题，应立即解决。

(7) 投诉无法现场解决时，应明确告知用户回复时间。

(8) 当用户提出的特殊需求需征求上级意见时，应采用"对不起，您的问题比较特殊，我需要请示后才能答复您。"等礼节语言，告知用户等待。待上级答复后，应及时回复用户。

(9) 投诉处理完毕，向用户致谢或致歉，真诚感谢用户的理解。

(10) 遇升级投诉倾向的时候，应及时向上级上报。

(四) 业务咨询

1. 主动采用"您好，请问有什么可以帮您的吗?"等问候语。

2. 回答用户咨询时应尽可能详细，不应假设用户已明白你的意思。

3. 对有争议的事项应耐心地向用户说明。

4. 主动询问用户是否还有其他问题，而不是仅仅回答用户问题。

5. 用肯定的态度感谢用户的支持和关怀。

6. 对于用户的提问及时答复。

7. 根据用户情况，向用户推介新业务。

8. 不能及时回复时，应告知回复时间。

【阅读材料三】

春风十里，不如看"你"

——江苏南京市分公司"邮礼有矩"规范化投递服务示范教学纪实

"投递员是百年邮政普遍服务百姓的一张名片，坚持做一名合格的南京邮政人……"2017年7月上旬，"邮礼有矩"南京邮政规范化投递服务示范视频教学片在江苏省南京市邮政分公司微信平台"宁邮微刊"上再次推出，阅读量不断攀升，不仅得到全员广泛关注和投递员的积极互动，更为南京市分公司"服务质量月"系列专题活动画上了圆满的句号。

厚积薄发成首创。规范化服务对于实物投递平台快速发展的今天，是重中之重，更是立足之本。一直以来，针对投递服务规范的视频教学几乎空白。2017年3月中旬，南京培训中心多次开会讨论，经过大家的头脑风暴，最终讨论出制作既贴近投递生产实际，又符合投递服务规范，且便于复制自学的培训教学视频，这样不仅便于投递员在工作中随时运用、反复巩固，也使新员工在接受入职培训时有规可循。思路确定后，培训中心从针对投递服务规范需求的设计入手，在各个投递部和投递员中进行实践与调研，积累、梳理、分析投递员实际需求，以简单、易学、好操作为原则，在与南京市分公司投递局共同探讨服务现状的基础上，创新将投递规范化服务载入视频教学制作，以期通过反复学习演练和持续巩固，实现学以致用、行与思共促进的效果，全面提升投递人员规范化服务水平。

原汁原味加原创。从3月下旬提出构思设想，到4月上旬完成视频制作，短短15天时间，没有可以参考的模板和借鉴的范本，培训中心摸索着完成了脚本撰写、专业人员审核把关、验证修改、编辑分镜头、挑选演员、确定拍摄场地、准备服装、确认参演人员的一系列准备工作。

"您好，我是邮政中央门投递部投递员小郎，请问您是姜女士吗？您的快递包裹已到，预计10点左右为您送到。请问您在办公室吗？"投递员小郎正在与客户电话预约上门投递快递包裹的时间。征得客户同意后，小郎说："好的，一会儿为您送到，再见。"随后，按照预约时间，小郎准时来到客户办公室："您好，请问您是姜女士吗？早上和您预约过上门投递的。"确认客户后，小郎双手递上包裹说："这是您的包裹，请验视。"客户签收完毕，小郎面带微笑说："谢谢，欢迎您再次使用邮政业务。"……这是拍摄脚本的其中一个片段，在完成准备工作后的连续10天，培训中心自编自导自演，完成了视频教学片拍摄、同期收音、配音录制及后期剪辑制作工作，将其命名为"邮礼有矩"南京邮政规范化投递服务示范视频教学片。

'邮礼有矩'通过展现投递前的准备工作和投递中的服务过程，将规范的投递服务礼仪创新地用情景演示出来，点明了服务要点，将服务话术的方法贯穿在教学片中，辅以错误动作展示，反复强化理论和实际。扮演片中投递员和客户的演员均为投递员，身边的投递员演绎投递日常工作中的服务礼仪，会让员工在感同身受的同时觉得这些规范自己也可以做得到，会产生潜移默化的效果。

边学边做边促能。4月1日，南京市分公司启动了2017年"服务质量月"系列专题活动，"邮礼有矩"犹如一场及时雨，第一时间送到投递员手中。简洁明了的呈现方式、有针对性的视频切入点，在方便投递员自学的同时，更在企业内部树立了以客户为中心的服务理念。在"服务质量月"专题活动启动大会召开当天,"邮礼有矩"被当作专题培训材料下发,便于各单位充分利用晨夕会、班前会、集中会议等组织投递员学习巩固。"视频教学U盘一拿到,各分局就及时下发各投递部,要求每天滚动播出,看到身边人成了视频主角,投递员们都特别愿意学。"南京市分公司投递局龙蟠分局局长苏鹏说。"无论你是新手还是老手,视频教学都是受欢迎的形式,不受时间限制,学习内容又很直观,又方便又实用。"龙蟠分局仙林投递部投递员唐骏说。

5月初,收获了良好效果的"邮礼有矩"又以服务形象、服务语言、班前准备、外部投递为不同主题制作了微信版,在"宁邮微刊"一经推出便得到了南京邮政投递员的广泛好评。"春风十里不如看你,天天关注明白道理。'邮礼有矩'人人夸赞,服务周到千家万户""满意只有起点,服务永无止境""认真学习,学以致用""选择邮政是我一生中最重要的决定"……互动留言热烈,一时间,规范服务成了南京邮政员工口中的热门话题。与此同时,为不断巩固学习效果,培训中心还在"宁邮微刊"上同步推出了规范化投递服务知识竞答活动,参与者随机选择3道试题回答,形式新颖、参与度强的互动活动进一步提高了员工的关注度和参与度,仅5月19日一天,就有3 230人次参与答题。培训中心制作的"邮礼有矩"开创了全新的培训方式,进一步提升了南京市分公司的整体投递服务质量。

摘自《中国邮政报》2017年9月13日第006版

第四节 投递质量管理

邮政通信具有全程全网、联合作业的生产特性,投递是邮政服务工作的最后一道环节,其质量的优劣不仅决定了邮件从收寄到以后各道工序所做的一切工作是否有效,更关系到整个邮政企业的信誉和形象。

一、投递服务质量

投递服务质量有狭义与广义之分。狭义的投递服务质量仅指投递作业质量,而广义的投递服务质量在狭义投递服务质量的基础上还涵盖了邮政投递服务水平。

(一)邮政投递服务水平

邮政投递服务水平主要反映某区域的邮政企业为用户提供邮件投递服务的能力,通常可用城市道段段均服务户数、投递网点服务半径、城市道段段均日投频次、农村道段段均周投递班次等指标来评价。上述指标应用时,应综合考虑该地域的经济发展、交通状况、自然状况、居民结构等外界不受企业影响或支配的因素后,方可实施综合评定。

1. 城市道段段均服务户数

原则上段均服务户数越低表示人均享受的服务水平越高,但该指标仅是相对数,应用时必须要同时着重考虑该投递机构的作业组织模式(如机动车道段配比等因素)、对比机构的外部环境等多重因素。其计算公式是:

城市道段段均服务户数=(某投递机构服务区域内的居民户数+企业户数)/该投递机构的道段数量

2. 投递网点服务半径

原则上通过该指标可以从一定程度上了解、评价当地邮政企业响应服务的时间。半径长,投递员外部作业时间较长,响应时间即长;半径短,投递员外部作业时间较短,响应时间即快。

3. 城市道段段均日投频次

日投频次越多,表示该区域用户享受的邮政投递服务水平越高;反之则低。其计算公式为:

$$城市道段段均日投频次 = \sum(投递段 \times 日投递频次) / 投递段数量$$

4. 农村道段段均周投递班次

周投递班次越高,表示该农村区域用户享受的邮政投递服务水平越高,当其达到周投递班次七次时,基本上可以称之为达到最低城市投递服务水平。其计算公式类似于城市道段段均日投递频次计算公式。

(二)邮政投递作业质量

邮政投递作业质量用以反映某类邮件或某个工序的工作质量。目前,依托集团公司投递管理系统可实时测算快递包裹、约投挂信等重点邮件的作业质量情况。

1. 接收及时率

投递网点在重点邮件到达两小时内,通过投递系统完成接收的邮件数量占比(非工作时间到达的,进口时点顺延至下一个有效投递班次)即为接收及时率,其计算公式如下:

接收及时率=(及时接收的重点邮件数量/进口的重点邮件总数)×100%

2. 及时投递率

及时投递率是指城市投递网点当日7:00前进口的上午投递、15:00前进口的当日投递,并分别于16:00、24:00前录入投递信息的邮件量占比;农村投递网点从接收进口邮件起,在两个班期内投递,并反馈投递信息的重点业务邮件数量占比。其计算公式如下:

及时投递率=(及时投递的重点业务邮件数量/进口的重点业务邮件总数)×100%

① 城市15:00以后进口的,次日上午投递;

② 未维护投递频次(班期)计划的道段,城市按日投两频,农村按照逐日班考核;

③ 反馈投递信息指在投递系统中批注妥投、退回、再投、存局、转窗投、转他局、投交代投点、自提点或智能包裹柜等信息;

④ 农村数据统计不含代投速递邮件中超大超重及代收货款邮件。

3. 城市当日妥投率

城市当日妥投率是指县及县以上城市14:30前进口的当日妥投,并于24:00前反馈妥投信息的重点业务邮件数量占比。其计算公式如下:

城市当日妥投率=(当日妥投的重点业务邮件数量/当日进口的重点业务邮件总数)×100%

① 法定节假日和双休日进口到投递网点且收件人地址为单位,并确认单位休息的,录入相关邮件条码信息,系统向收件人发送下一工作日进行投递的短信,邮件按下一工作日计算当日妥投率。

② 反馈妥投信息指在投递系统中批注妥投、退回、投交代投点、自提点或智能包裹柜等信息的邮件;当日进口、当日妥投邮件中均不含系统中批注为"转局"的邮件。

4. 城市三日内妥投率

城市三日内妥投率是指县及县以上城市投递部进口的重点业务邮件,三日内完成妥投,并反馈妥投信息的重点业务邮件数量占比。其计算公式如下:

三日内妥投率=(三日内妥投的重点业务邮件数量/进口的重点业务邮件总数)×100%

5. 农村及时妥投率

农村及时妥投率是指农村投递网点从接收进口邮件起,两个班期内妥投,并反馈妥投信息的重点业务邮件数量占比。其计算公式如下：

农村及时妥投率＝（及时妥投的重点业务邮件数量/进口的重点业务邮件总数）×100％

6. 重点业务邮件妥投时长

重点业务邮件妥投时长指投递网点从重点业务邮件进口到完成妥投，并反馈妥投信息的平均时长，按城市、城郊、农村分区域统计。其计算公式如下：

平均妥投时长＝（进口重点业务邮件妥投时长之和/进口重点业务邮件总数）×100％

7. 投递信息实时反馈率

投递信息实时反馈率指投递人员在邮件投递一小时内通过PDA、智能手机反馈邮件投递信息的邮件量占比。其计算公式如下：

投递信息实时反馈率＝（实时反馈投递信息的重点业务邮件数量/进口的重点业务邮件总数）×100％

8. 虚假信息

虚假信息指不及时接收邮件信息、在邮件完成妥投前反馈妥投信息、反馈的信息与实际签收信息不符。

二、投递环节通信质量管理

（一）投递环节通信质量指标

1. 通信事故的具体指标

（1）邮件散件一次丧失损毁，给据邮件50件以上，平常邮件300件以上的；

（2）邮件丧失损毁造成恶劣影响的，指引起诉讼或造成经济损失200元以上的，其中包括因误投漏投造成了时效性经济损失的；

（3）邮件误退转造成恶劣影响的。

误退转的邮件包括：由于投递员的工作失误而退转的；批转的新址有误的。

2. 主要差错的具体指标

（1）丢失各类邮件散件，且当班未能找回或未能当班补救的；

（2）农村邮路脱班的；

（3）误投漏投邮件、报刊的；

（4）当班投递的邮件、报刊未能在当班投出造成延误的；

（5）退转的邮件未按照规定的时限退转造成延误的；

（6）因投递员工作失误造成误退转的；

（7）丢失杂志投递卡，影响当班杂志投递的；

（8）漏开信箱、信筒的，或虽开取却未能按照规定时限交发的。

3. 一般差错的指标

一般差错的指标，要根据当地投递的具体情况自定。

在投递质量管理中，通信事故、主要差错要列入质量考核中，此类情况发生后要进行登记并给予相应处罚，此外，还要及时向相关上级主管部门报告。上级主管部门对投递质量检查时，差错登记也是质量考核的主要指标。

一般差错为班组内部现场质量考核指标，不需要向上级主管部门报告。建立一般差错标准，是为了提高工作质量，避免主要差错和通信事故的发生而确定的。所以，为了保障通信质量，必须减少一般差错的发生。

（二）投递工作质量的控制措施

邮政投递质量的控制措施，主要从以下五个方面着手。

1. 邮政投递通信质量，要坚持"预防为主，严格控制"的方针

坚持"预防为主"的方针，就是把质量管理工作的重点从"事后把关"转移到"事先预防"上来。把要发生的质量问题消灭在萌芽阶段，做到防患于未然。这就要求广大的员工要严格自律，严格按照邮政通信作业组织管理规定的操作手续处理邮件、报刊，严把邮件、报刊处理质量关，以确保通信质量。

2. 建立明确的质量责任制度

建立质量责任制度，就是要明确规定各级人员在保证通信质量中所应承担的责任和权限。从横向看，要划清各个生产环节的责任段落，明确质量要求，规定检查把关措施，做到有问题能及时找到责任人并及时解决。从纵向看，从生产班组、主管主任到主管局长，对出现的质量问题，该由谁负责任，也要明确地作出规定，把通信质量的直接责任同管理责任紧密地结合起来。

3. 加强业务监督检查

加强业务监督检查，也是保证通信质量的一项重要措施。各级邮政投递管理部门，要设立各级业务监督检查人员，并规定检查项目、检查周期、检查数量和检查方法。各级业务监督检查人员要尽职尽责地搞好本职工作，把监督检查作为预防质量发生的重要手段，形成制度，长期执行。

4. 建立质量信息反馈系统

建立质量信息反馈系统，加强投递质量分析研究工作，来不断提高通信质量。各级邮政投递主管部门，应及时掌握以下三个信息的收集：

（1）查单、验单反映的情况；

（2）检查人员发现的问题；

（3）用户的申告信息。

要规定各种信息的收集方法，制订定期的反馈制度，并指定专人分析研究，定期提出提高质量的措施。

5. 加强作业现场的安全管理

为了保证安全生产和提高通信质量，必须加强现场的作业管理。对处理、储存邮件的场地，要根据条件，尽量做到封闭作业，无关人员不得随便出入。中间休息和下班后，对存放邮件的场地要予以封闭或派专人看管。建立严格的生产作业秩序，也是提高通信质量，避免通信事故发生的有效措施。

三、投递工作质量的检查

邮政投递的作业种类繁多，作业程序复杂多变。这给投递质量的检查工作带来一定的难度，所以，检查必须在投递工作进行过程中和在完成后进行。这样，就要求邮政投递质量检查部门和人员，必须按照中国邮政集团公司的有关规定进行定时间、定方法、定项目、定数量和定措施的检查，以确保邮政投递通信质量。

（一）投递工作质量检查的方式

1. 自查与互查

（1）自查是指投递生产人员在邮件内部操作结束、出班准备、每户点交投递完毕、归班前及归班后等五个阶段例行的自我检查。

(2) 互查是指投递员之间(一般由两条投递段相邻的投递员结成固定的对子)、投递员与分拣员、分发员之间就对方的邮件处理情况进行的相互检查。互查的目的在于堵塞自查环节存在的漏洞,主要是检查投递员或分拣员、分发员在自查阶段凭印象而忽略的质量问题,是对自查工作质量的进一步强化。

2. 专职检查与用户抽查

(1) 专职检查是指投递生产机构长、专职或兼职的投递检查员对投递综合质量进行的检查。专职检查是投递质量检查的主要方式,也是投递检查工作的重点。

(2) 用户抽查是指投递生产机构长或投递检查员用试信、征询意见函及电话等办法对投递工作质量进行的了解与检查,也可以通过分期、分批召开不同类型的用户座谈会进行调查。

(二) 投递工作质量检查的内容

1. 出班前检查

(1) 生产质量检查

① 检查投递日戳有无漏盖和是否清晰,重点对加盖两个以上不同班次或不同局名投递日戳的邮件进行检查;

② 检查邮件有无错排、误排和串段现象;

③ 检查有无未发现的欠资邮件和漏销邮票的邮件;

④ 检查邮件有无破损、拆动痕迹等异常情况;

⑤ 检查当班短缺报刊是否已填制短缺报刊通知单,是否已向上一环节缮发验单;

⑥ 检查邮件处理规格、标准的执行情况;

⑦ 检查作业台席及现场有无遗漏邮件;

⑧ 抽查投递员报纸投递表,检查报纸变动数据是否及时修订;

⑨ 检查投递员与分拣员、投递员与分刊员之间交接验收制度的贯彻情况。

(2) 服务规范检查

① 检查作业台席、分拣格、批信台以及投递车辆、过戳机、微机等设备是否清洁、整齐、无污迹,投递员作业台席的抽屉内物品是否合理定位、放置有序;

② 检查生产人员是否备好备齐各种业务用品、用具,检查投递日戳校正和各种机具灵敏情况,以及雨天是否备好雨具;

③ 检查室内定置管理工作落实情况,包括:投递现场是否整洁;图表是否按规定张贴整齐、美观;用品用具码放是否整齐;有无个人物品及其他杂物随意堆置现象;

④ 检查投递员上岗是否穿着规定款式的标志服装、佩戴工号牌(卡)。

2. 外部作业检查

(1) 规章制度检查

① 检查邮件是否按址投递,有无错投和乱扔乱放;

② 检查各种邮件投交手续是否完备;

③ 检查短缺报刊,是否按集团公司规定做到本埠报刊3日内补送、15日内退款,外埠报刊15日内补偿;

④ 检查投递深度和服务水平是否达到规定标准;

⑤ 检查在投递过程中有无捎、转、带邮件现象,有无违反邮件投递规章制度和通信纪律情况;

⑥ 检查外部投递过程中的邮件和人身安全规定执行情况。
(2) 服务规范检查
① 检查具备通邮条件的住宅,是否按规定期限投递邮件;
② 重点检查早投报刊是否完成时限规定;
③ 检查服务纪律执行情况。

- 接转投递时,是否同代投单位签订代投协议;签订了协议的是否严格按协议履行。
- 检查接转投递点有无积压邮件现象,投递员是否做到主动督促收发室人员及时转投邮件;对误投邮件是否及时带回。
- 能否做到详尽解答用户业务询问,用户查询邮件时,是否落实首问负责制。
- 投递时是否使用文明用语。
- 以开箱试片抽查兼开邮政筒箱人员是否按规定及时开取信筒(箱),信筒(箱)是否经常擦洗,做到美观、清洁。

3. 归班后检查

(1) 已投出的给据邮件和期刊,收件人签章是否正确,代收的给据邮件是否批注代收人与收件人的关系。特快专递邮件是否按收件人写明的最小地址将邮件投交给收件人;
(2) 当班未能投出的邮件和各类通知单是否全数交回;
(3) 再投邮件批注再投原因是否属实;
(4) 改退和再投邮件是否按规定办理;
(5) 信报兜内有无遗留邮件;
(6) 乡邮排单所列项目填写、章戳和考核点印章是否齐全正确;
(7) 再投和待取邮件保管是否妥善;
(8) 转局内投交的邮件是否按规定及时转出。

(三) 重点检查项目

投递工作检查除日常检查外,亦可根据不同时期、不同作业需求在一定期间内实施重点强化检查。通常检查形式表现为重点邮件检查、重点区域检查、重点环节检查。

1. 重点邮件检查

集团公司、省分公司、市分公司三个层面可有效结合各自层级的业务拓展,集中在某时段对某类重点邮件实施检查。如对新开办业务实施重点检查。快递包裹、约投挂信两类业务均是集团公司为进入商务邮件投递市场而开办的新型增值业务,为确保其寄递质量,集团公司将快递包裹、约投挂信等邮件列为重点邮件,对各省、各重点地市实施作业质量全流程管控,定期通报作业时限、投交手续、电话预约、当日妥投率、三日妥投等关键性指标。如在某类邮件投递质量出现波动时,可实施重点检查(如不定期组织平信质量检查)。

2. 重点区域检查

为确保各类邮件投递质量,邮政投递业务部门、视检部门可不定期对某类重点区域实施重点检查,如对平函类邮件,可重点针对单位、收发室、物业接发点实施检查,重点检查接转代投质量、转退邮件清退质量、接转代投协议签订情况等;对商务类邮件,可重点针对业务量集中的区域,对其作业组织、交接手续、电话预约等情况实施检查等。

3. 重点环节检查

经过梳理作业流程、分析各类质量事故成因,以重点工序为着眼点,实施重点工序、重点环节检查,可较快提升整体作业质量。如针对用户反映强烈的快递包裹投递信息虚假的反馈,可采用现场监控、档案调审、查阅电话记录等多种方式实施综合性关键环节检查,确保国内小包信息反馈质量。

四、投递服务五条禁令

为进一步加强投递服务质量管理,警示投递人员遵纪守法,集团公司制订了《邮政投递服务五条禁令》。

1. 严禁私拆、隐匿、毁弃邮件报刊;
2. 严禁擅自扣留、停投邮件报刊;
3. 严禁积压、延误邮件报刊;
4. 严禁乱投、乱放邮件报刊;
5. 严禁泄露邮件和客户信息。

投递人员违反邮政投递服务五条禁令,触犯法律的要移送司法机关处理,并依据相关规定,严肃处理相关责任人和相关领导。对邮政企业主动检查发现问题并做好善后工作,未造成社会影响的,除对直接责任人进行处理外,对相关领导可免予处理;被邮政以外的部门、人员发现,并造成社会影响的,对相关领导要进行处理;对出现问题后隐瞒不报、迟报、擅自处理,并造成社会影响的,要加重处理。

【阅读材料四】

快递包裹投递服务质量规范

为贯彻落实"一体两翼"经营发展战略,提升投递服务质量,支撑和促进快递包裹业务发展,集团公司 2015 年下发《快递包裹投递服务质量规范》,要求各地制订周密的投递作业计划,合理排班,动态匹配在普邮投递段混投、设置专段、组织专频投递等作业模式,优化投递作业组织,提高投递处理效率。加快落实集团公司关于投递环节人员配置相关文件要求,合理增配投递人员,加快电动三轮车、汽车、PDA 等设备的配发应用,加快投递作业场地的改造扩建,全面增强投递服务能力。该规范中对投递频次、时限和深度的规定如下:

一、基本要求

投递部门应依据快递包裹邮件的分段作业时限标准,周密制订投递作业计划,以"提升投递服务品质和客户体验"为中心,优先进行处理,严格落实"电话联系,按址投递"等服务要求,积极提高当日妥投率,确保投递服务质量。

二、投递频次

1. 一、二类城市的 A 类地区投递机构:每日不少于二个投递频次(上午投递频次、下午投递频次)。各地可根据实际情况在核心城区的住宅区适当增加小夜班投递,并划定住宅小夜班投递服务范围。对 17:00 前交投递网点且纳入小夜班投递服务范围内的快递包裹,当晚投递完毕。
2. 一、二类城市的 B 类地区投递机构:城市投递道段每天投递二个频次,乡邮投递道段不低于 D 类地区投递频次标准。
3. C 类地区投递机构:原则上每日二个投递频次。
4. D 类地区投递机构:原则上乡镇人民政府所在地每周投递不少于 5 次,农村行政村每周投递不少于3次。在交通不便的边远地区,投递班期由各省分公司本着从严的原则进行确定。

(注:1.城市分类:一类城市指一、二级中心局和速递省处理中心所在地市;二类城市指一类城市之外所有地市。2.地区分类:A类地区指地市城区范围;B类地区指地市城郊范围;C类地区指县城城区范围;D类地区指乡镇农村范围。)

三、投递时限

1. A类地区

上午投递频次:7:00前交投递网点的快递包裹,13:00前投递完毕。

下午投递频次:14:30前交投递网点的快递包裹,当天投递完毕。

小夜班投递频次:17:00前交投递网点且纳入小夜班投递服务范围内的快递包裹,当晚投递完毕。

2. B类地区

城市投递道段:

上午投递频次:7:00前交投递网点的快递包裹,13:00前投递完毕。

下午投递频次:14:30前交投递网点的快递包裹,当天投递完毕。

乡邮道段不低于D类地区投递时限标准。

3. C类地区

对于县城区只有一个投递网点的,9:00前交投递网点的快递包裹,14:00前投递完毕;14:30前交投递网点的快递包裹,当天投递完毕。

对于县城区有2个及以上投递网点的,8:30前到达县分公司的快递包裹,9:00前转交到各投递网点,14:00前投递完毕;14:00前到达县分公司的快递包裹,14:30前转交到各投递网点,当天投递完毕。

4. D类地区

在投递工作日12:00前到达乡镇支局的快递包裹,乡镇政府所在地范围的,当日投递完毕;行政村范围内的,能赶发当日投递的,应当日投递,无法赶发的,最迟在下一个有效班期投递完毕。

四、投递深度

1. 县及县以上城市

按照邮件详情单上的收件人具体地址进行投递,投递前应电话联系收件人。无电话或电话联系不上的,应按址上门投递。

(1) 收件人是个人姓名的,按址投交收件人本人。若收件人本人无法签收时,经收件人(或寄件人)同意,可投交收发室、物业或他人代收。严禁擅自将邮件投交收发室、物业等邮件代收点或他人代收。

(2) 收件人是单位名称的,投交收件单位收发室,有联系电话的要及时电话告知相关收件人。

2. 农村地区

(1) 乡镇人民政府所在地:对快递包裹(及标准快递)单件重量在5千克及以下(邮件实际重量或体积重量的较高者,下同)的,按照邮件详情单上的收件人具体地址进行投递;单件重量在 5 千克以上的,要在邮件接收 1 小时内电话联系收件人,告知收件人到邮政支局所窗口领取。

(2) 农村行政村地区:对快递包裹(及标准快递)单件重量在 5 千克及以下的,可投递到村邮站、村委会等邮件代收点,并电话联系收件人及时领取;投递线路沿途的应按收件人具体地址投递到户。单件重量在 5 千克以上的,要在邮件接收 1 小时内电话联系收件人,告知收件人到邮政支局所窗口领取。

(3) 各地要创造条件扩大按收件人具体地址投递的范围,应不低于当地社会快递公司按址投递的服务水平。

第五节　投递班组管理

一、投递班组管理概述

邮政投递班组是邮政投递网中最直接参与生产经营活动的基本单位。邮政投递所制订的战略目标、生产经营方针都要依靠投递班组去贯彻实施。它是邮政投递网中最具活力的部分,同时也是邮政投递网的原动力。

邮政投递班组是邮政投递网生产经营活动的第一线。企业精神最终是要通过班组贯彻到每个员工,然后通过员工的工作成果反映出来。企业的管理、思想和文化一定要深入到班组这个层次,企业才能焕发生机。邮政投递班组的管理是极为重要的。

(一) 投递班组的特点

1. 邮政投递班组是邮政投递网的重要组成部分

邮政投递网的功能是依靠邮政投递班组的工作来具体进行的。无论是中国邮政集团公司所规定的投递时限和投递频次的具体实施,还是处理邮政投递业务的规格标准,都是由邮政投递班组来具体实行的。所以,要正常运行邮政投递网,首先要搞好邮政投递班组的运行工作,只有把每个投递班组都建设好,才能从根本意义上搞好邮政投递网的建设。

2. 团队精神是邮政投递班组的灵魂所在

邮政投递班组的业务运作是依靠集体的联合作业来完成的。邮政投递业务作业各环节之间的上一环节为下一环节服务,下一环节为上一环节把关的联合作业形式是团结合作集体精神的基本体现。另外,各道段之间的业务互助也是多种多样的,例如,相邻两个道段的互核报刊卡片的撤停加新工作等;再有,邮政投递班组的各项工作之间的互助和协调(如邮件内部操作的集体作业等)都是团队精神的具体体现。

3. 邮政投递班组是最能体现企业精神和企业文化的场所

看一个企业有没有活力,首先要看班组有没有活力。一个企业的企业精神和企业文化具体体现在哪里?答案是:在现场,在班组,在生产第一线。如果没有一支认真负责、贯彻执行投递作业标准和规章制度的员工队伍,想制造精品、创造名牌,是很难的。所以,要建设和发展邮政投递网,首先要打造好投递班组的建设和发展。

4. 邮政投递作业环节繁多,作业品种多样化

邮政投递作业环节繁多,它包括:邮件报刊接发员的准备工作、同趟班车的交接验收、邮袋的开拆核对、邮件报刊的分拣下段、收单订档、结束工作和其他处理等;投递员的准备工作、内部作业、外部投递、归班处理、结束工作和其他工作等作业环节。邮政投递的作业种类很多,它包括:特快专递、平常函件、给据函件、普通包裹、快递包裹、各种报纸、各种期刊等。如在挂号信函中,包括普通挂号信函、约投挂号、银企对账单、回执挂号等细分产品。在投递端的业务操作上,又存在普通投递、电话预约、按址投递、收取回执、撤回等服务的差异。因此,如何处理好各环节间的协调工作,如何安排好各类邮件报刊的作业,是现场指挥员的工作艺术,合理安排各环节之间的作业程序是完成生产任务的关键所在。

(二) 投递班组的任务

1. 加强政治思想工作

牢固树立"人民邮政为人民"的服务思想。加强职业道德和法制教育,让员工们知法懂法。加强邮政企业的优良传统教育,让员工热爱邮政企业,用自己的辛勤劳动为邮政企业添砖加瓦。加强企业忧患教育,让员工清楚只有邮政企业这个大家兴旺发展有后劲,才能保证员工小家利益,使得员工心向一处想劲往一处使。班组在教育形式上可以采用上墙的标语和组织形式多样的学习。做好思想政治工作,调动起员工的工作积极性,以便更好地完成通信生产任务。

2. 按照上级规定的频次、时限要求组织生产,确保通信畅通

邮政投递的生产活动是邮政通信生产的最终体现。保质保量保时限是投递班组的首要任务。因此,通过在生产中严格遵守各项规章制度和操作规程,合理地组织生产,提高生产效率,加强检查监督,狠抓"质量第一"的教育,来完成邮政投递的生产任务。

3. 建立健全各岗位的岗位责任制

投递班组要加强班组的基础管理建设,建立健全各项岗位责任制,做到:管理有制度,工作有计划,生产有秩序,考核有标准,质量有保证。例如,班组长岗位责任制、质检员岗位责任制、投递员岗位责任制和接收、分发岗位责任制等。

4. 提高经济效益,调动员工的生产积极性

投递班组要在保证通信畅通的前提下,努力提高员工的经济收入。可以办理各种代办业务,降低能耗,节劳挖潜,以最小的投入带来最大的经济效益。分配时,要制订出分配考核系数,体现多劳多得的分配思路,加强分配透明度,将分配情况逐月公布于众。

5. 开展业务培训,不断提高每个员工的业务素质和技能操作水平

从当前来看,在邮政投递员工队伍中,工作年限较短、业务知识和操作技能较低的员工占大多数,所以加强员工的业务知识和操作技能培训,提高员工的业务知识和操作技能是迫在眉睫的。班组的业务知识和操作技能的培训应采取灵活多样的方式进行,但应有短期和长期的计划和定期的目标考核。培训方式可利用班前会较短的时间以最近出现的业务处理问题为切入点的专题讲解,也可以利用一些零散的时间进行长期的比较系统的业务知识的培训,应做到培训讲求实效,不走过场,并及时地进行阶段性考核。技能培训可采取集中培训和以老带新相结合的方式。

二、基础管理

（一）管理簿册

1. 种类

管理簿册的种类主要有：

（1）管理工作日志。管理工作日志是记录投递生产机构每日生产、工作中发生的各类问题的簿册。其内容包括人员出勤、班组生产作业和监督检查情况；重要事项及来电、来文情况；来信、来访、来电登记及处理情况；班组晨会情况。

（2）会议记录簿。会议记录簿是记录投递生产机构业务学习、质量分析等会议的簿册。

（3）综合台账。综合台账是记录投递生产机构综合基础资料的簿册，其内容包括：基础数据原表、兼取筒（箱）原表、邮政生产用品用具配发原表、投递人员信息原表、重点用户服务原表。

（4）签到簿。签到簿是记录投递生产机构工作人员出勤情况的簿册。

2. 使用规定

（1）填写。"管理工作日志"应由投递生产机构负责人每日据实填写；"签到簿"应由投递生产机构的工作人员每日据实填写；"会议记录簿""综合台账""住宅楼房原簿"应由投递生产机构负责人或指定人员依据实际情况变化据实填写。

（2）调审。投递生产机构的业务主管部门每半年调审或实地检查不少于一次。

（3）保管。投递生产机构自行保管管理簿册。"管理工作日志""签到簿"的保管期限为两年。保管期满，报主管部门批准后，监督销毁。处理情况做好记录，处理人员签证，记录应保管两年。"会议记录簿""综合台账""住宅楼房原簿"长期有效，由投递生产机构自行保管。投递生产机构撤销时，应上交至上一级主管部门。

（4）应用。随着信息技术的应用推广，目前中国邮政集团公司的投递管理系统已基本实现管理簿册的电子化、信息化操作。

（二）生产原始记录

1. 种类

生产原始记录主要包括"日戳打印簿（邮1615）""进口查单登记簿（邮1602）""进口验单登记簿（邮1605）""多/少报刊处理情况登记簿""疑难邮件处理情况登记簿""用户邮件插箱/存局自取/停投协议书""特快专递邮件接转投递协议书""投递工作检查工具总表""外部跟段检查记录表""基础地址与组织机构实地检查情况登记表"等。

2. 使用规定

（1）填写。投递生产机构应指定人员据实填写。

（2）调审。投递生产机构的主管部门每半年调审或实地检查不少于一次。

（3）保管。"日戳打印簿""进口查单登记簿""进口验单登记簿"按邮件业务档案管理。"疑难邮件处理情况登记簿"长期有效，由投递生产机构自行保管。"多/少报刊处理情况登记簿""特快专递邮件接转投递协议书""投递工作检查工具总表""外部跟段检查记录表""基础地址与组织机构实地检查情况登记表"有效期为两年，由投递生产机构自行保管。保管期满，报主管部门批准后，监督销毁。处理情况做好记录，处理人员签证，此记录应保管两年。

(4)应用。随着信息技术的应用推广,各类簿册可逐步实现电子化、信息化和数据采集的自动化。

(三)排班管理

投递生产机构应根据投递业务量、投递频次与时限、服务区域情况和《邮政普遍服务标准》(YZ/T 0129—2009)要求,合理确定各班次投递作业人员。每周末,投递生产机构的负责人应制订出下周投递人员排班表。排班时,投递人员月工时应不少于166.64小时(含自然需要、业务服务及预留增长时间等)。

投递人员每天局内工作时间(如排信、排报、归班处理等)和投递段上行走时间应根据实际需要的工时消耗确定,但不能超过投递作业的最大时限规定。

(四)现场管理

1. 外部

投递生产机构的外部现场管理应符合以下要求。

(1)按照《中国邮政企业形象管理手册(第二部分)》的规定设置局所名称牌。城区投递生产机构的名称统称为"××邮政投递部";农村营投合一的局所名称统称为"××邮政支局(所)",独立的农村投递生产机构统称为"××邮政投递部"。

(2)按照《中国邮政企业形象管理手册》规定,临街的投递部可设置店招,文字为"中国邮政"。

(3)投递车辆应在指定地点有序排放。有条件的投递生产机构可设置存车棚。

(4)投递生产机构的外墙、门窗和外部设施应清洁、完好,不得有污损、涂画。

(5)具有营业功能的投递生产机构门前应设置邮政信筒(箱)并保持日常清洁。

(6)悬挂的标语、旗帜等宣传用品应整洁有序。涉及的工作结束后,应及时清除宣传用品,恢复原貌。

2. 内部

(1)投递内部现场管理

投递内部现场管理应符合以下要求:

① 封闭作业,不允许投递生产机构以外的人员进入生产作业区域。外来人员进入时,应按地市邮政企业的安全保卫规定实行登记。

② 室内应布局合理、光线充足,装饰色调以白、灰为主,墙面以白色为基调,地面以灰色为基调。生产作业区的墙壁原则上不得粘贴或悬挂其他物品。

③ 荣誉称号等各类牌匾、奖状、奖杯等,应悬挂或放置在主任室或非生产区域;物品实行定置管理。

④ 生产作业区应合理布局。物流宜截弯取直,减少中间环节,缩短流程;人流宜减少往返运动,缩短行程,去掉不必要的重复动作和工序。

⑤ 每日做到"四无"(无灰尘、无纸屑、无杂物、无异味)、"四固定"(用品、用具、邮件、私人物品的存放位置要固定)、"五干净"(地面、台面、墙面、门窗、设备要干净)。

⑥ 严禁吸烟。

(2)看板管理

利用电子看板或在固定位置粘贴等方式,展示规章制度和现场定置图、生产作业信息、服务质量完成情况、局务公开信息等内容,实现动态管理和精细化管理。固定位置粘贴的看板规格、尺寸,省公司、地市邮政企业可结合本地需求、投递生产机构场地的实际情况自定。展示内容如下。

① 场地较大的投递部应设置邮政投递生产作业计划、邮政投递生产作业管理制度、邮政投递服务规范、邮政投递部各岗位职责、投递服务五条禁令和现场5S管理制度、现场定置图等看板。

② 场地较小的投递部应设置邮政投递生产作业计划、邮政投递服务规范、投递服务五条禁令等看板。

③ 具有投递功能的农村邮政支局(所)应设置邮政投递服务规范、邮政投递五条禁令等看板。

(3) 用品用具

投递生产机构的用品用具管理应符合以下要求。

①)投递台席应采用凹字型、曲尺型、双线型或一字型排列。抽屉内物品应按类摆放整齐。

② 人员离开操作台席时,应将邮政日戳、邮政夹钳放回抽屉或锁入柜内,钥匙随人走。

③ 袋牌、袋绳、铅志、业务单式应按类别分开存放在业务用品柜指定位置。

④ 空袋应对折,露出"中国邮政"字样和型号,并按型号分类存放于指定区域。

⑤ 空信盒应在指定位置按同一方向、同一高度(1.3~1.65 m)依次排列。

⑥ 计算机设备的安置场地应注意防火、防水、防静电,避免震动,确保接地正常。

⑦ 作业终了,平衡合拢后,废弃的路单、清单、色带、袋牌等应及时放入废物箱。用铅志封装的,应设专业箱予以收纳,定期回收。

⑧ 报废的用品、设备应及时搬离现场;不能及时搬离的,应加注明显标识,以示报废。

(五)外部作业管理

邮政投递外部作业具有点散、面广、单兵作业的特征,不仅是邮政投递业务管理的重点,也是邮政通信生产管理的难点。其日常管理内容主要为投递深度、投递频次时限、投交手续及服务礼仪四个方面,管理方法因事前、事中、事后不同阶段有所不同。

1. 事前管理

邮政企业主要通过班组晨夕会、质量分析会及省市企业的各类培训来提升邮政投递员工业务素质水平,达到事前管控效果。

2. 事中管理

邮政企业主要通过作业自查、班组日检、业务检查、领导检查等多种形式,在作业实施过程中对作业质量实施检查,达到作业质量的事中控制。

3. 事后管理

邮政企业主要通过用户投诉、系统反馈、座谈会、征求意见函等多种形式,在事后了解、分析当前邮政投递外部作业质量情况,梳理流程,改善作业质量,实现管理的闭环。

事前、事中、事后的管理是相辅相成、缺一不可的。针对邮政企业生产作业的特性,更多的是要侧重事前、事中管理,把质量问题消灭在萌芽中,确保每一个邮件的邮政服务质量。

三、业务管理

(一)业务协议管理

1. 插箱协议

邮件插箱协议的使用与管理应符合下列要求:

(1)投递生产机构和用户签订《用户邮件插箱协议书》一式三份,经投递生产机构负责人审核、签章后生效。

(2)《用户邮件插箱协议书》分别由用户、投递生产机构、投递员保存与使用。

(3)根据《用户邮件插箱协议书》,相关邮件实行插箱投递。

(4)《用户邮件插箱协议书》有效期最长不超过一年。过期协议由投递生产机构保管一年。

2. 存局自取协议

邮件存局自取协议的使用与管理应符合下列要求:

(1)用户提出书面申请。单位用户应出具正式介绍信,个人用户应出具有效身份证件。

(2)投递生产机构,根据用户申请和用户签订《用户邮件存局自取协议书》一式三份,经投递生产机构负责人审核、签章后生效。

(3)《用户邮件存局自取协议书》分别由用户、投递生产机构(附用户书面申请、单位介绍信或个人用户身份证件复印件)、投递员保存与使用。

(4)根据《用户邮件存局自取协议书》,城区投递生产机构的用户自取邮件,存放本投递生产机构,由当班内勤负责与用户交接;农村投递生产机构的用户自取邮件,投递员登记并与营业员办理交接,由用户到营业窗口自取。

(5)《用户邮件存局自取协议书》有效期最长不超过一年。过期协议由投递生产机构保管一年。

3. 邮件停投协议

邮件停投处理协议的使用与管理应符合下列要求:

(1)用户应提出书面申请。单位用户应出具正式介绍信,个人用户应出具有效身份证件。

(2)投递生产机构,根据用户的申请和用户签订《用户邮件停投协议书》一式三份,经投递生产机构负责人审核、签名盖章后生效。

(3)《用户邮件停投协议书》分别由用户、投递生产机构(附用户书面申请、单位介绍信或个人用户身份证件复印件)、投递员保存与使用。

(4)根据《用户邮件停投协议书》,该用户邮件实行停投。停投期间的用户邮件,一律由投递员交投递生产机构指定的非投递员保管。

(5)停投期满后的首日,投递员恢复投递。

(6)《用户邮件停投协议书》有效期最长不超过一年。过期协议由投递生产机构保管一年。

4. 业务代办协议

投递业务代办是指将邮政投递外部作业工序,委托具有承担投递作业专业能力的企业,并依据业务量及工时等实际作业因素支付一定代办费用的经济合作。其相关代办协议原则为一年一签,由市公司按业务合同类别统一管理。

(二) 作业计划管理

邮政企业的作业计划有全局作业计划和车间作业计划两种。全局作业计划规定了各主要生产环节和生产车间在完成规定的生产任务中相互配合和衔接的时间,又称为综合时间表;车间作业计划则在全局作业计划的要求下,按照各个时间阶段应完成的生产任务,对所配备的工作席位和生产人员,在时间上做出进一步的具体安排。它们是建立日常生产秩序和协调企业日常生产活动的重要手段。投递生产作业计划属车间作业计划的一类,但因投递机构的分散性,导致同一地市不同投递机构的作业计划在具体时间上存在差异,但根据投递工序组成,单个投递作业计划基本是由趟车到达时间、内部作业开始时间、内部作业结束时间、出班开始时间、归班时间、归班处理时间等部分构成的。

1. 编制原则

(1) 必须保证全局投递生产任务均衡、有节奏地完成。
(2) 尽可能缩短投递生产过程总时长,保证全局作业计划的完成。
(3) 充分利用现有投递人员、车辆、设备等已存在的资源。
(4) 充分与营业、市内转趟、干线运输等作业环节紧密衔接。

2. 表现形式

(1) 阶梯表式

阶梯表式作业计划管理如图 6-17 所示。

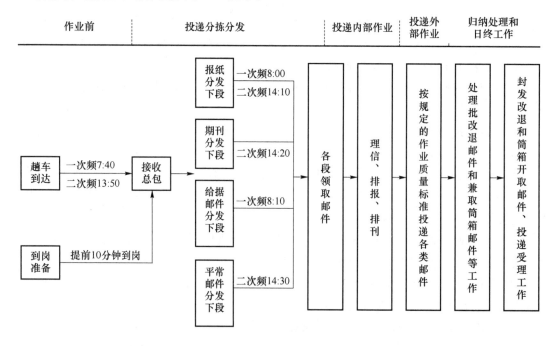

图 6-17 阶梯表式作业计划管理

(2) 表格式

表格式作业计划管理如图 6-18 所示。

太原投递部 投递作业计划表

上班时间	衔接趟车			赶投关系	投递频次	投递邮件种类	投递内部处理		投递出班时点	投递归班时点
	区间车次	到达时点	带运邮件种类				开始时点	结束时点		
0630-1600	市趟1线二次频	08:15	平信、平刷、挂信、挂刷、普包	→	2	平信、平刷、挂信、挂刷、普包	08:30	09:00	09:00	11:30
	市趟1线三次频	12:45	平信、平刷、挂信、挂刷	→	3	平信、平刷、挂信、挂刷	12:40	13:10	13:10	15:40

图 6-18 表格式作业计划管理样例

四、其他管理

（一）业务资金管理

目前，报刊收订工作已在投递工作中得到广泛开展。另外，随着物流配送、票务订送等代收款业务的快速发展，投递部门接触的业务资金越来越多，业务资金的管理已成为投递生产机构管理工作的重要组成部分。严格的业务资金管理，要注意做好以下工作：

1. 认真遵守邮政企业相关财务管理制度。
2. 建立投递生产机构业务资金管理流程，严密交接、复核、上缴程序。

① 安排专人负责向投递员发放或收回现金，内部交接要有严格的手续，分清责任段落。
② 投递员每日归班要及时缴纳收回现金及代送现金相关收款人签字的收据。
③ 缴款或缴回收据前要核对相关票据与金额，做到账实相符。
④ 对投递员收回的款项，要按有关规定及时上缴，做到账目平衡，单据项目填写要齐全、清晰。
⑤ 报刊退赔款的管理应符合专款专用、账款分管的要求。
⑥ 投递人员离岗、离职前，投递生产机构应对其涉及的业务资金进行核实确认，确保足额缴清。
⑦ 不允许私设账户，不允许截留业务资金。款项收取应遵循收款人、开票人分离互控的原则。
⑧ 投递作业现场不得留存现金过夜。

3. 投递员随身携带的业务资金保管应符合下列要求：

① 携带现金及有价证券、重要票据上段投递，应将现金及有价证券、重要票据放入专门的夹（包）内，置于随身挂号背兜内或邮政标志服内的衣袋里。
② 应检查装有现金夹的衣袋或挂号背兜有无破损、漏洞，装有现金夹的衣袋或背兜盖应盖严扣好。
③ 装有现金、票据的包夹不应放置个人物品或其他业务单据。包夹内的现金、票据分格层放置，如条件允许，现金应零、整分别放置。
④ 应会鉴别人民币真伪。有条件的可随身携带便携式验钞器。
⑤ 向用户收款时，应按先收款、后付收据的顺序处理。
⑥ 向用户退款时，应确认收款人身份，再与用户当面点清款项。
⑦ 归班后，应将现金和相关票据上缴。

4. 重要票据应视同现金保存、管理。

（二）专用发票管理

投递生产机构的邮政企业专用发票管理应符合下列要求：
（1）执行税务部门和各级邮政企业规定的发票请领、使用、归缴制度。

(2) 指定专人负责发票的日常管理,按财务制度要求建立发票管理台账。领用时应记载领用日期、数量、发票起止号、经手人等信息。

(3) 开具发票时,项目填写齐全、字迹清楚、书写规范,不允许缺联填写。

(4) 开错的发票不允许撕毁,应在全部联次上注明"作废"字样,保留在原本发票上。撕下的发票联应粘贴在附联背面。

(5) 用完的发票存根,按发票的顺序整理好,交上一级主管机构。

(三) 业务章戳管理

1. 投递日戳

投递日戳的管理应符合下列要求:

(1) 刻发给投递生产机构使用。用于盖印在进口邮件的封皮、投递业务单据及批条上。

(2) 投递日戳(包括过戳机戳头)应保持字迹清晰。如有磨损,应及时请领更换。

(3) 应由主管人员或指定专人专柜(抽屉)保管。

(4) 应执行签领手续,使用完毕后应交回主管人员或指定人员保管。

(5) 根据作业计划更换字钉,不允许提前更换或倒换日期使用。每次更换字钉后,均应在"日戳打印簿(邮1615)"上加盖清晰戳印,经主管人员检查无误后方可使用。

(6) 发现日戳丢失、损毁时,应立即报告主管领导和上一级部门处理。

(7) 充分利用新技术,推广应用数码式、电子式投递日戳。

2. 其他戳记

(1) 每个投递生产机构应至少配备一套投递生产用的"再投""改寄(另分)""退回""插箱""停投""自取"等业务戳记。

(2) 每个投递人员应配备名章或工号戳。

(3) 业务戳记应放在指定位置,由投递生产机构专人负责保管、维护。

(4) 员工名章或工号戳由员工本人保管,不得外借。

(5) 根据磨损程度,应及时请领、更换戳记。

(四) 邮政信筒(箱)管理

筒(箱)日常管理方式有"红、蓝卡"管理、筒(箱)印模管理、条码扫描管理、筒(箱)试片管理、智能锁管理等多种方式。

1. "红、蓝卡"管理

每个邮政信筒(箱)配备一套标明邮政信筒(箱)代号的红、蓝卡,由专人负责发放和回收。首次班开筒作业时取回蓝卡,投入红卡,下次班开筒时,取回红卡,投入蓝卡。

2. 筒(箱)印模管理

每个邮政信筒(箱)内固封一枚带有固定编号的印模〔规格为 20 mm×10 mm。内容为×××邮政分公司第×××号筒(箱)印模〕,投递员在执行开箱作业时,将印模加盖在专用排单或邮件投递清单上,以示完成筒(箱)开取由工作。

3. 条码扫描管理

每个邮政信筒(箱)内适当位置粘贴一枚带有专用标识的二维码或条形码,投递员在执行开箱作业时,利用投递智能设备对其扫描,以示完成筒(箱)开取工作。

4. 筒(箱)试片管理

专兼职检查人员将填写好的"开箱试片卡(邮1501)"投入待检查的筒(箱)内,筒(箱)开取人员开取筒(箱)时,填写取回试片时间后,上缴视检部门,由检查人员核对其是否逾限。

(五) 乡邮排单管理

(1) "乡邮排单"(如图6-19所示)是乡邮员投递行走路线的重要凭据,也是乡邮投递工作的记录和作为交换、验收邮件的主要依据。它可据以监督检查和考核乡邮员的服务工作质量。

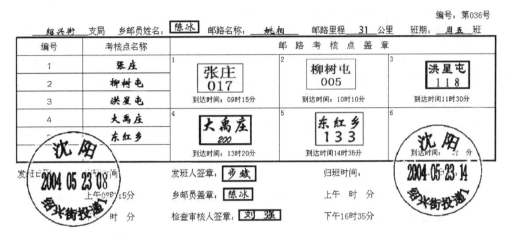

图6-19 乡邮排单

(2) 农村邮路一律实行排单印模考核制度。

① 空白排单要严加保管,一般由发班人或支局(所)负责人保管并编号发放。

② 乡邮员每次出班时,由保管人员按班签发排单(不得一次签两班或将空白排单交由乡邮员自行保管),在排单上如实填写出班时间并加盖出班日戳。

③ 乡邮员出班后,要按排单上规定的路线、地点、时间顺序跑班。每到一个交换地点,应请接收单位在排单上加盖约定的印模戳记,不得遗漏或用公、私图章和签字代替。

④ 乡邮员归班后,应立即将排单交回,由发单人员进行审核,检查有无脱班、丢点、甩片等问题。排单上如发现问题,应及时查明原因并在排单上予以批注。

⑤ 排单审核无误后,发班人员应在排单上签注归班时间,真实、正确地填写应填的项目,加盖支局(所)负责人或发班人员名章,并加盖归班日戳。

⑥ 排单随其他投递业务档案逐日寄送县(市)分公司。县(市)分公司对邮路排单要有专职或兼职人员逐日(班)稽核并按邮路填写"×月份排单稽核表",月终将全县的排单汇总编制"×月份乡邮员出班详情表"(见图6-20),上报县(市)分公司主管人员或地市分公司。

表1 ×月份乡邮员出班详情表

发班局名	乡邮员姓名	运递方法	应出班次数	实际出班次数	脱班					原因	应付津贴(元)	说明
					次数	积压平信件数	积压报刊份数	积压给据邮件件数	积压总包件数	漏开信箱数		

制表人: 汇总: 年 月 日

图6-20 乡邮员出班详情表

【阅读材料五】

打造投递员的理想居所
—— 学一学广东省东莞市分公司万江投递部的管理之法

你知道一个令人艳羡的"投递员之家"长啥样吗?

参观过广东省东莞市邮政分公司万江投递部的人,可能会毫不犹豫地回答你"知道",并会这样描述——它看上去是干净整洁的,工作起来是有制度可循的,闲下来是温暖有情趣的,它不仅是一个投递作业场所,更像一个家,温柔庇护着一群四处奔波的投递员。

场所"断舍离"

所谓"断舍离",是指断绝不需要的东西,舍弃多余的废物,脱离对物品的迷恋。它不仅是一种现代化生活理念,其实也能有效运用于工作场景之中。

笔者来到万江投递部时,投递员们都出班了,偌大的投递部空空荡荡。"这么干净整洁,不会是突击做卫生了吧。"笔者开玩笑道。"我们这隔三岔五就有人来参观,每次突击不得累死。"班长邓拔翠这样回应。

操作区中央是一部长长的皮带机,两旁摆满了编着号的蓝色塑料分拣筐,再两边是贴着黄色地标的分拣区,旁边不远与皮带机平行的区域铺着灰色地毯,邓拔翠说:"地毯是每晚归班后电动投递车的停车道,铺地毯是为了防止车磨损地板。"再往里,有个茶水台。消毒柜整齐摆放着茶杯,旁边的储物筐里放着标有"罗汉果""菊花"字样的玻璃罐,茶水区旁边有个小小的洗衣机,旁边是干衣机。楼梯间下有一排铁皮柜,投递员的私人物品入柜放置,旁边则是专门放置雨衣雨鞋的地方。对面有供投递员换装休息的两张沙发和一个塑料大筐,筐里放着统一折叠好的行军床。

一楼的小房间是内勤人员的办公室;二楼有班长办公室和投递员休息室,墙上是一长条的企业文化宣传区,书柜架、两台台式电脑、茶水台沿墙而立,中间是几套咖啡桌椅,布置得简单而温馨。

一圈逛下来,用当下一句流行的话来形容——这是一个严格执行"断舍离"的投递部,基本上看不到不必要的杂物,然而又所见皆喜,墙上的文化宣传标语、归置有序的标签格口、贴心的干衣机、消火的茶叶……无不诉说着万江投递部的脉脉温情。

管理的"术与道"

在多数人的印象中,投递工作是粗活,投递员也是"粗人",那万江投递部这样整洁清雅的环境到底只是一个理想的开端,还是现实的日常?如何督促一群大老爷们将这理想的居所维持下去?

邓拔翠给出了答案——"5个管理"(分区管理、标识管理、定位管理、责任管理、有序管理)。

分区管理,将作业区、办公区、休息区进行区隔,连休息区也根据不同休息场景设置为茶水区、私人物品放置区和娱乐休闲区,工作时就好好工作,休息时就好好放松,分区管理让投递员在不同区域能享受不同的状态;标识管理让管理进一步可视化,如万江投递部每个工作区域都有相应的管理职责说明;定位管理,所有物品都定好位、安好家,并要求投递员用完随手归还、各置其位,保证不乱其室;责任管理是不同的区域和流程均设置不同管理责任人,包括清洁卫生都由投递员轮班负责;有序管理指投递部作业流程有秩序。

"'5个管理'要做到让员工认同和执行,最重要的一条是一切以实用为中心。"邓拔翠说。确实,万江投递部无论是用品配置还是摆设都是以实用为中心,一分不多,一分不少,绝不仅仅为了美观而存在。比如墙壁上设立的一排电路插口,就是为了方便给电动车停放时充电预备的。如果说"5个管理"是万江投递部管理中可见的"术",那么,以实用为中心可谓其"道",万江投递部将管理的"术与道"有效运用融合在一起。

人本主义

在万江投递部,投递员们时时处处能感受到居所人本主义的独具匠心。投递员每天出班很辛苦,但最辛苦的还是在炎热雨水天气下出班。为了解决这个痛点,万江投递部配备了洗衣机和干衣机,方便投递员及时换洗衣物。旁边的卫生间设置了一排挂钩,是湿衣服的临时整放区。茶水区会准备饼干等零食,方便投递员及时充饥。罗汉果、菊花等按需自取,二楼休息区放有跳棋、毽子,周末,为了让投递员安心工作,如果家里的小孩没人照看,他们可以到休息区写作业、玩耍……

除笔者所见,邓拔翠还列举了不少万江投递部的人本之处。如在皮带机配套的塑料分拣筐下装滑轮,方便投递员来回搬运;再如塑料分拣筐长期承重和皮带拉扯易变形,投递员给塑料分拣筐的四个角加上铁条固定,这样就可以有效延长其使用寿命了……这些改变,看似微小,却让投递员的工作量大大减轻。

"我们的上级单位发行投送分局对基层非常关注,领导常常不打招呼就来检查工作,同时现场办公解决问题。对基层员工的建议和意见,如果可取,迅速解决和落实。这种上下沟通的无障碍性,就好像有一个巨大的心脏供血系统,保证每个基层组织细胞充分活跃。"邓拔翠说。在万江投递部,笔者深刻感受到了这种强大的文化自觉性。投递员李从顺说:"以前,大家的东西都乱丢乱放,现在的场地很宽敞很明亮,大家都自觉爱护,闲下来大家一起下棋,工作也比以前更有激情了。"

摘自《中国邮政报》2017年8月16日第008版

【复习思考题】

1. 简述投递网在邮政通信网中的作用。
2. 简述邮政投递的方式。
3. 简述邮政投递生产过程组织的主要内容。
4. 集中投递制和分散投递制的区别。
5. 如何规划城市投递路线?
6. 农村投递路线的组织形式有哪些?
7. 简述邮政信箱、信筒开取的组织形式。
8. 简述投递工作质量的控制措施。
9. 简述投递班组管理的主要内容。
10. 简述投递工作质量检查的方式。
11. 简述投递服务规范。

11. 假设你是一名邮政投递部主任,你认为应该如何做好班组管理?
12. 联系邮政企业实际思考如何更好地进行邮政投递工作的组织和管理?

【课后实践】

以班级为单位到邮政企业投递作业现场或学校实训场地参观学习,实地演练投递作业的基本流程,并开展投递作业的专项竞赛,来熟悉投递作业的基本流程。

第七章 邮政生产的指挥调度

【学习目标】

通过本章的学习，了解邮政生产指挥调度体系的机构设置和功能，了解中国邮政集团公司指挥调度中心、省分公司指挥调度中心的职责；熟悉邮政生产指挥调度制度；熟悉邮政生产指挥调度人员日常监控的内容；了解邮区中心局生产指挥调度中心设置的岗位以及岗位职责；熟悉邮政网运突发事件预防预警等级标准；掌握邮政网运突发事件应急处置原则与措施。

【引导问题】

邮政系统每年运送数以亿计的各类邮件，如何保证各类邮件有计划地、有条不紊地安全运送到目的地，应有一个全网的指挥系统，这个系统的结构是怎么样的？功能如何？是通过什么样的方式对邮件的运行状态进行统一的监控？带着这些问题，我们走进本章的学习。

第一节 邮政生产指挥调度体系

一、邮政生产指挥调度体系概述

邮政生产指挥调度体系是邮政生产运行工作的基本保障。该体系通过编制各类邮件发运计划和内部作业计划，发布各项调度指令来指挥邮政生产，通过维护生产作业系统的基础数据和控制数据，来控制邮件的分发、发运和运输；通过实时的指挥调度，协调局际间及本局内部各环节间的生产作业关系，使全网生产和谐、通畅；通过随机和定期采集生产数据，对生产运行相关数据和指标进行统计、核算、分析，为生产运行决策提供依据。

生产调度体系包含了邮路计划管理、作业计划管理、网运统计核算、信息系统管理，以及值班调度、现场调度等职能。涉及国际业务管理的中心局，可根据情况增设国际业务管理职能。

二、邮政生产指挥调度机构

搭建邮政陆运网指挥调度体系的基本组织架构，进一步规范指挥调度工作机制和流程，通过大数据分析，增强动态调度能力，全面建立邮政陆运网指挥调度体系，不断提升指挥调度规范化、智能化水平。

目前，我国邮政陆运网的指挥调度体系实行两级指挥调度管理和一级生产运行管控。即成立中国邮政集团公司指挥调度中心和省邮政分公司指挥调度中心两级指挥调度中心，由一、二级邮区中心局和地市网路运营中心负责具体的生产运行管控。邮政集团公司指挥调度中心挂靠邮政集团公司网路运行部,在集团公司网路运行部领导下组织开展工作;省邮政分公司指挥调度中心挂靠省分公司运营管理部,在省分公司运营管理部领导下组织开展工作。

1. 邮政集团公司指挥调度中心向省分公司指挥调度中心下达调度命令(必要时可以直接向生产单位下达)实施陆运网统一指挥调度。

2. 省分公司指挥调度中心执行集团公司指挥调度中心的调度指令,并通过向一、二级邮区中心局和地市网路运营中心下达调度指令,实施本省范围内陆运网统一指挥调度。

3. 一、二级邮区中心局和地市网路运营中心执行邮政集团公司指挥调度中心及省分公司指挥调度中心的指令,实施对本单位网运生产的作业组织和现场调度管理。

三、邮政生产指挥调度体系的功能

邮政指挥调度体系的功能包括以下五个方面:实时运行监控、动态指挥调度、重大任务组织、突发事件管理、客服工作支撑。邮政集团公司指挥调度中心、省邮政分公司指挥调度中心和一、二级邮区中心局和地市网路运营中心分别承担全网范围、本省范围及本单位范围的上述功能。各省分公司指挥调度中心可叠加营业网点监控、安全生产监控等其他业务功能。

(一)实时运行监控

依靠指挥调度系统、现场视频监控系统、卫星定位等系统对邮件收寄、内部处理、运输、投递等邮政陆运网各环节 7×24 小时全时段、全环节、全流程实时运行监控。

1. 实时监控邮件收寄、内部处理、运输和投递等各环节的生产运行情况;
2. 实时监控邮件运递全过程和邮路运行全程轨迹;
3. 实时监控各生产作业现场情况;
4. 实时监控各地天气、交通等关联信息。

(二)动态指挥调度

利用大数据分析技术手段,预判邮政陆运网运行变化趋势,适时对收寄、处理、运输、投递等全环节采取调整和干预措施,提出事后考核建议,实现"事前预警预告、事中动态干预、事后评估考核"。

1. 依据大数据分析结果,动态调整干线邮路运行组织、运输计划和生产作业安排;
2. 依据监控情况,对生产过程中的异常情况进行"实时干预,事中纠偏";
3. 适时下达节点或区域邮件限收、限发指令;
4. 适时启动生产应急组织预案,并督导实施。

(三)重大任务组织

提前制订运行组织方案,科学组织,协同配合,确保重大政治、经济、体育、文化活动及旺季期间,全网运行保持安全畅通。

1. 制订并组织实施重大任务及旺季运行保障方案;
2. 组织召开相关部门联席会议;
3. 根据实施情况,对运行保障方案进行动态调整。

(四)突发事件处理

制订突发事件应急预案,建立突发事件应急响应机制,对突发事件进行及时有效处置,不断提升指挥调度体系的快速反应能力,确保全网生产运行平稳可控。

1. 建立突发事件应急响应机制;
2. 制订组织实施突发事件应急响应预案;
3. 实时掌握突发事件最新事态发展,并及时妥善处置。

(五)客服工作支撑

制订客户服务工作规范,建立客服部门的沟通联系机制,就客服支撑工作情况进行定期分析及通报,并及时采取必要督促措施,不断改善客户体验。

1. 制订网运环节客户服务支撑工作规范;
2. 组织网运环节客户服务支撑工作的督导、培训;
3. 建立与相关单位和部门的沟通机制,及时通报影响客户体验的有关情况;
4. 督促整改影响客户体验的生产运行质量问题,并提出考核建议,不断改善客户体验。

四、各级邮政生产指挥调度机构的职责

(一)邮政集团公司生产指挥调度中心职责

1. 负责制订内部处理、省际干线、省内运输调度方案,发布调度命令和调度通知,实施陆运网指挥调度;
2. 负责实时监控邮件收寄、分拣、运输、投递四大环节生产现场作业情况,对预警、告警信息情况进行监控,对突发事件进行处置;
3. 负责按照陆运网收寄、分拣、运输、投递各环节的运营标准和要求,发布陆运网各环节生产运行质量报告;
4. 负责协调省际航空网和陆运网、省内网和省际网生产衔接问题。

(二)省邮政分公司指挥调度中心职责

1. 负责实施省内网日常指挥调度,制订内部处理、运输等环节调度方案,发布调度命令和调度通知,并组织实施;
2. 负责按照省内收寄、分拣、运输、投递各环节的运营标准和要求,对预警、告警信息情况进行监控,实时动态指挥调度,发布陆运网各环节生产运行质量报告,对突发情况进行汇总、上报及处置;
3. 负责协调解决省内航空网和陆运网两网衔接问题。

第二节　邮政生产指挥调度制度与日常监控

一、邮政生产指挥调度制度

邮政指挥调度是邮政生产运行的基本保障,其指挥调度的手段和方式主要依靠各种指挥调度的制度。目前,邮政生产指挥调度使用的制度主要有调度指令制度、调度例会制度、调度值班制度等。

(一) 调度指令制度

1. 调度指令的分类

根据传达信息的重要程度和权威性,生产指挥调度中心下达的调度指令分为调度命令、调度通知和调度指示三种。

(1) 调度命令:是在特殊情况或特别重要的情况下,由上级调度部门对下级调度部门或者各生产单位下达的最高等级的调度指令。

(2) 调度通知:是上级调度部门对下级调度部门下达的生产作业安排信息,包括邮件时限、交接频次、邮件发运封发计划、各类作业计划、邮路信息调整及生产要求等信息。各级指挥调度中心对邮件时限、频次和邮车运行以及邮件发运、封发计划、各类作业计划和邮路信息等内容进行调整、变更以及对生产单位提出要求时,通常会以调度通知的方式发出调度指令。

(3) 调度指示:上级调度部门对下级调度部门告知的简单事项,包括不需要书面材料的指令、要求调查了解的业务量统计资料、临时性督办事项和生产运行出现异常情况的提醒以及邮件运输计划、时限频次、临时一次性调整变更的事项。它也是指挥调度中心调度人员在协调、处理、指挥日常工作时,随即发出的需要相关单位或人员立即办理的事项以及一次性临时调整变更邮件发运计划、作业计划或安排其他临时工作的事项。

2. 调度指令处理流程

(1) 调度指令生成

调度指令由调度人员拟稿,主管领导签发。

(2) 调度指令下发

调度指令原则上应逐级下发,遇有紧急情况也可对执行单位直接下达,执行单位收到和落实指令的同时,应向上一级指挥调度部门汇报。各级调度指令原则应通过文件、传真、网运信息系统或 OA 的方式下发。

(3) 调度指令签收

① 文件签收

下级调度部门接收文件型调度指令要严格执行实名签收,并按指令类型分类登记,同时注明主题内容,以便查阅。

② 传真签收

发接传真双方均应分别记录对方姓名。接收后应按指令类型分类登记,并注明主题内容,以便查阅。

③ 系统签收

接收通过网运信息系统下发的调度指令必须按要求实名签收,以便发令方及时了解调度指令接收情况。

④ OA 签收

省分公司与省内各中心局之间以及中心局内部也可通过 OA 系统传递调度指令,下发和签收要求比照网运信息系统执行。

(4) 调度指令的执行

各单位必须及时、无条件地按指令要求严格执行,其主管领导和相关负责人是组织落实调度指令的直接责任者,要随时监控本单位执行调度指令的具体情况,对于执行中存在的问题和困难应逐级上报至下发调度指令的指挥调度部门,以便上级指挥调度部门采取相应措施。

(二）调度例会制度

1．每日碰头会

（1）总结沟通前日网路运行情况；

（2）对前日异常情况及存在的问题进行通报；

（3）安排当日重点工作。

2．每周会商会

（1）分析会商本周网路运行情况；

（2）会商本周网路运行中的各种异常情况、突发状况；

（3）对网路运行质量关键指标、生产现场情况及突发状况等方面存在的问题进行分析，并提出整改措施和工作要求；

（4）部署下周重点工作。

3．每月生产分析会

（1）对上月陆运网邮路的运输计划变更及实施情况进行通报；

（2）对陆运网日常指挥调度情况，包括内部处理、干线、省内运输调度方案，已发布的调度命令和调度通知执行情况进行分析、汇总和通报；

（3）对航空网和陆运网衔接的指挥、调度工作情况进行分析、汇总和通报；

（4）对实时监控邮件内部处理、运输、投递的生产现场作业情况进行分析、汇总和通报；

（5）对网路运行预警指标、质量关键指标分析、汇总和通报；

（6）对全网运行中出现的重大情况、异常情况、突发情况进行分析和汇总；

（7）安排布置下月网路运行相关工作。

（三）调度日志制度

为认真贯彻落实上级调度指令，加强调度管理工作，完善基础资料，做到各项记录完备，生产过程有据可查，指挥调度中心值班调度和现场调度当班期间必须按要求填写调度日志，做到记录及时、准确、项目完整，内容翔实。具体要求如下：

（1）认真填写值班期间发生的异常生产情况与处理结果。

（2）认真填写当班期间本人做出的各类调度指令与落实情况。

（3）对生产单位上报的各类生产情况、有关邮路运行情况以及发运计划、封发计划和作业计划的临时调整变更的内容及开始和终止执行时间等均要详细记录。

（4）认真记录协调处理生产单位之间、局际间的各种事务，以及上级调度部门、主管领导和本人临时安排的工作情况。

（5）当班过程中接生产单位上报问题的内容、时间、报告人以及当班调度的处理与回复情况；向领导和上级调度部门电话汇报的事务等。

（6）认真记录生产单位上报的各类产量日报，并按要求及时整理上报。

（7）当班需要移交下班办理的事情，移交的物品、设施等要逐项填写，并办理交接手续。

（8）调度人员应将调度日志逐日排序，定期进行装订，妥善保存，以备日后查询。涉及保密事项的，要锁入柜中。

（四）调度值班制度

为保持邮政生产指挥调度的统一性和连续性，提高处置问题的快速反应能力，生产指挥调度中心必须设置调度值班室，实行24小时值班。

调度值班室应配备可以拨打长途的固定电话、移动电话及无线对讲设备,并保持全天候正常运行,确保信息的畅通。

调度值班室还应分别配备能够登录邮政综合网和因特网的计算机各一台,以备随时通过网运信息系统、中心局生产作业系统和中心局监控系统查询车计划、局计划以及其他各类基础数据,进行干线汽车邮路的派车、加车、停运维护,及时将调度日志、值班记录电子文档传送给部门主管领导。

(五) 现场调度制度

为了督促各生产单位切实执行邮件发运计划和各项规章制度,及时掌握各生产现场具体情况,实行动态调度,及时解决生产过程中发生的问题,指导生产部门按照规范完成生产任务,生产指挥调度中心应根据本局实际向各枢纽派驻现场调度。

现场调度对本枢纽生产运行情况负责。各枢纽应以生产部门为单位,设立总值班长,与值班调度建立直接联系,接受值班调度指挥调度并对值班调度负责。

二、邮政生产指挥调度的日常监控与全网运行预告预警信息发送

集团公司依托邮政指挥调度系统,实现对全网收寄、分拣、运输、投递四个环节的重点运行情况的实时监控,实时生成全网运行预告预警信息,确保全网运行平稳、质量提升、时限可控。

(一) 收寄环节

1. 收寄总体概况,包括分时、分省、分邮件种类收寄情况,超过预定阈值,系统进行预警展示。

2. 收寄量流量流向情况,包括全网各省收寄量的流向,当收寄量省际流向超过预定阈值,系统通过指向线突出展示。

3. 收寄量振幅变化情况,当前实时全网及各省收寄量与昨日同期比较,根据振幅情况预警收寄的变化幅度,超过预定阈值,系统进行预警展示。

(二) 分拣环节

1. 分拣总体概况,包括分时、分省、分邮件种类分拣量情况,超过预定阈值,系统进行预警展示。

2. 分拣压力,根据处理中心的分拣能力,确定实时分拣压力状况,超过预定阈值,系统进行预警展示。

(三) 运输环节

1. 邮路运行监控,包括全网分时、分省监控干线邮路的发班及邮路运行情况。

2. 待发邮件情况,包括全网在局邮件量的实时情况、主要流向分布,超过预定阈值,系统进行预警展示。

3. 邮件装发情况,包括已装车的邮件量变化情况、全网已装发的邮件流量流向,超过预定阈值,系统进行预警展示。

4. 运行准点情况,监控邮车运行准点状况,超过预定阈值,系统进行预警展示。

5. 卸车及时情况,监控各局邮车卸车状况,超过预定阈值,系统进行预警展示。

(四) 投递环节

1. 投递总体监控,包括分时、分省、分邮件种类进行监控,超过预定阈值,系统进行预警

展示。

2. 投递量涨幅变化,通过全网各省应投递量与历史最大单日投递量的比较,监控各局投递压力,超过预定阈值,系统进行预警展示。

3. 邮件妥投情况,包括全网及各省邮件妥投率情况,超过预定阈值,系统进行预警展示。

(五)预警预告信息的生成和发送

1. 预警预告信息的生成

预警信息通过指挥调度信息平台发送。指挥调度系统通过采集生产数据,进行汇总分析,与既定预警阈值进行比对,生成报警信息。指调中心通过指调系统信息平台将报警信息向全网发送。

2. 预告预警信息分类

系统预警信息按缓急程度从低到高依次分为日常、平急、紧急、特急共四级。高一等级的信息发送对象都包括同一省份低等级信息发送对象。

(1) 日常信息。主要涵盖影响某个单独局(邮路)、小范围生产的告知性通知,或对生产单位进行计划提醒等。

发送对象:相关省(自治区、直辖市,下同)分公司网运处经理(视情)、调度,相关中心局主管局长、调度。

(2) 平急信息。主要涵盖区域省份生产的提示性通知,或要求生产单位进行关注等。

发送对象:相关省分公司网运处经理、调度,相关中心局局长、调度。

(3) 紧急信息。主要涵盖全网运行指令性通知,或要求生产单位进行重点关注等。

发送对象:相关省分公司主管网运副总(视情)、网运处经理、调度,相关中心局局长、调度。

(4) 特急信息。主要涵盖全网强制性通知,或要求生产单位立即执行的命令等。

发送对象:视具体情况确定。

3. 预警信息发送形式

预警信息分为实时发送和定时发送两种方式。

(1) 以下信息将实时发送:生产相关指标、突发异常情况、业务通知、调度命令等相关信息。

(2) 以下信息将定时发送:每日发送昨日生产运行重点数据;每周日发布上周五至本周四的周生产运行重点数据。

第三节 邮区中心局生产指挥调度中心岗位设置与职责

邮区中心局生产指挥调度中心实行主任负责制,各管理岗位在主任领导下从事各项生产管理工作。

一、生产指挥调度中心主任

1. 岗位职责

(1) 在中心局主管局长领导下,主持生产指挥调度中心日常工作并负责组织、管理全局通信生产工作。

（2）认真贯彻执行上级调度部门下达的调度通知和调度命令，严格执行邮件发运计划和各项邮运生产相关制度、规定，及时下发相关调度指令，及时调整本局的生产作业组织，保证全网畅通；掌握全网生产运行动态，对于生产中的突发事件及时向上级领导汇报；提出制订本局生产作业组织调整、计划调整、生产操作规范和管理规范的方针和思路；按月制订生产运行计划，经局领导批准后下达生产单位实施。对下发的调度通知进行把关签发。

（3）根据上级精神，向局领导提出生产运行改革、作业优化等意见和建议，为局领导决策提供依据。

（4）主持召开生产调度会议，定期向局领导汇报全局生产运行情况。

（5）监督、检查本部门各岗位人员履职、工作情况，依据内部考核制度，对各岗位人员履行职责情况进行考核。

（6）加强与上级调度部门和相关局调度部门的联系，协调解决上下级和局内外平级部门间的工作关系。

（7）认真按时完成局领导交办的临时工作任务。

2. 权限

（1）对全局生产流程、作业规范（包括生产作业系统操作规范）、通信设备、邮运车辆的使用、邮路运行等工作负有监督、检查和指导权力。

（2）有权根据上级调度指令和本中心局方针目标与阶段工作重点安排阶段性网运工作；有权签发调度通知或在主管局长授权下签发调度命令并监督执行。

（3）有权根据上级调度指令开始或终止某项生产工作，有权向生产单位领导安排各项生产工作。

（4）有权制止生产单位领导违章指挥生产；对违章指挥造成影响的生产单位，有权依据相关文件进行考核、处罚。

（5）对本部门未认真履行职责的各岗位人员，有权予以撤换。

二、邮路计划管理岗

1. 岗位职责

（1）在生产指挥调度中心主任领导下进行邮路运行管理和计划管理工作。

（2）认真贯彻落实上级调度命令、调度通知和调度指示。及时下载、签收上级调度命令、调度通知和公告文件，并及时将相关情况上报生产指挥调度中心主任。根据上级调度命令、调度通知和调度指示拟定调度命令或调度通知，报经主管领导审核、签发后负责下发和落实。

（3）根据铁路、航空部门运行计划调整和上级调度部门的统一部署，编制干线邮路邮件发运计划；根据通信生产和经营需要，及时调整干线邮件发运计划，各类计划报经上级调度部门同意后下发执行，并对计划执行情况进行监督落实。

（4）根据发运计划调整情况，协同作业计划管理人员编制生产作业计划，做好邮路信息、干线总包经转关系、局计划等信息数据的更新、下载、维护、上报和执行工作。

（5）加强与调度员的沟通联系，及时向调度员传达上级安排的各项生产运行工作和相关要求；经常深入基层掌握了解邮路运行情况，及时将邮路路阻、邮车停运、邮件积压等特殊情况和事件上报主管领导，根据上级指示随机调整发运计划。

（6）认真收集整理邮路运行情况，并及时向主管领导提供分析报告。

(7) 按时完成上级交办的临时工作任务。

2. 权限

(1) 有权对干线邮路运行及发运计划执行情况进行监督、检查;

(2) 对生产单位违反发运计划及生产单位领导违反发运计划指挥生产现象有权制止,必要时,有权根据相关规定进行处罚;

(3) 有权要求生产单位随时提供邮路运行情况和相关数据;

(4) 对调度人员及生产单位业务管理人员有业务指导的权力。

三、作业计划管理岗

1. 岗位职责

(1) 在生产指挥调度中心主任领导下进行本中心局生产运行管理和作业计划管理工作。

(2) 认真贯彻落实上级调度命令和调度指示,根据上级下达的调度命令和调度指示,及干线邮路变更情况,结合本局生产实际制订生产作业流程和相关规章制度,对本局生产进行具体安排,并拟定调度通知,经主管领导审阅、签发后负责下发和落实。

(3) 依据干线邮路发运计划,认真编制各类生产作业计划(包括各类邮件分拣封发计划、报刊分发发运计划、趟班运行计划等);根据发运计划的调整,及时调整生产作业计划,各类作业计划经与相关生产单位充分讨论并报经主管领导批准后下发执行,并对计划执行情况进行监督、检查。

(4) 根据计划调整情况,及时下载更新分拣封发关系等基础数据,做好作业计划相关信息及控制参数的维护、调整工作。

(5) 加强与调度员的沟通联系,及时向调度人员传达有关生产安排的内容和注意事项;经常深入基层,掌握了解本局生产运行情况,遇到重大事情及时上报部门主管领导并协助解决。

(6) 认真收集、汇总本局生产运行情况原始资料,并及时向主管领导提供分析报告。

(7) 按时完成上级交办的临时工作任务。

2. 权限

(1) 有权对本局生产作业计划执行情况进行监督、检查;

(2) 对生产单位违反作业计划、违规操作及生产单位领导违反计划指挥生产现象有权制止,必要时,有权根据相关规定进行处罚;

(3) 有权要求生产单位随时提供生产运行情况和相关数据;

(4) 对调度人员及生产单位业务管理人员有业务指导的权力。

四、网运统计核算岗

1. 岗位职责

(1) 按统计周期及时收缴、整理、统计、汇总各生产单位上报的各类作业量、邮运产品量报表,总结中心局生产运行效率和效益情况,写出书面统计分析报告,及时上报主管领导及上级主管部门。

(2) 利用调度日报、生产作业系统、监控系统随时收集、统计、汇总邮件流量、流向、邮车发运量等各种生产数据,为生产运行管理提供数据资料。

(3) 根据各项基础数据、资料对全局生产运行效率和效益等相关指标进行统计核算,为领导提供决策依据。

（4）加强与本局财务部门的沟通，按月核对各类业务量、产品量数据，确保网运部门与财务部门上报数据的一致性。配合财务部门做好中心局损益核算工作，并将相关数据提供给生产单位，作为各生产单位提高双效的参考。

（5）做好邮路年报的统计、汇总和核对工作，核对无误后，由财务部门集中上报。年度内如发生邮路撤并、新开、变更应及时向人事、财务部门通报。

2. 权限

（1）有权检查各生产单位工作量、业务量统计台账及相关原始资料，有权对生产单位上报的报表进行检查、核实。

（2）有权要求生产单位随时提供阶段作业量和产品量。

（3）有权要求生产单位对异常业务量进行分析并提供书面分析报告。

（4）有权根据作业量及产品量的变化情况向主管领导提出调整作业组织结构和生产作业的意见和建议。

五、信息系统管理岗

1. 岗位职责

（1）在生产指挥调度中心主任领导下进行全局生产信息系统的运行管理和生产信息系统部分通用控制数据的维护工作。

（2）负责对全局生产车间（包括远程车间）、班次、台席、操作员及相关生产参数在生产作业系统中进行维护；负责下载和维护机构代码、邮件种类等基础数据；按照生产需要，合理配置生产作业系统和管理信息系统操作员权限，并对操作员进行统一管理。

（3）负责对局内生产信息系统终端、线路、车间服务器及其相关应用的管理工作，实时对生产应用情况进行监控，及时调查、处理、上报并协调解决信息系统运行过程中出现的异常情况；负责对全局组织信息系统的升级、维护，加强与上级信息技术主管部门的沟通、协调，并对信息系统维护部门日常维护工作进行监督、考核。

（4）负责与电子化支局、速递、报刊发行、国际、物流、投递等相关信息系统的使用和运行维护部门沟通协作，做好网运系统与相关信息系统的接口数据维护和管理工作。定期汇总各系统应用情况，并上报主管领导。

（5）负责生产信息的安全管理，提出和执行具体措施保障计算机网络设备和配套设施的安全，保障信息的安全及运行环境的安全。合理调配使用信息系统的各类资源，组织和检查应用系统网络数据备份与资料整理和归档。

（6）负责信息系统应用功能和操作优化，为业务提出合理的优化系统使用方案以及根据业务人员的要求制订使用方法和流程。根据中心局生产发展对信息系统的需求，对信息系统改造和建设提出建设性意见。

（7）制订生产信息系统维护规范及操作规范，并对各使用单位进行检查和考核。

（8）负责对全局生产信息系统操作员进行业务指导和操作培训，防止违规作业。

（9）按时完成上级交办的临时工作任务。

2. 权限

（1）有权对各生产单位生产信息系统使用情况（包括各种硬件设施的使用和保养）和操作规范进行检查、考核；

(2) 有权制止违反操作规程的任何操作（包括不按操作流程操作、随意变更设备位置、地点、随意变更、撤换外设配置等），对因违规操作影响生产的情况有权向主管领导提出处理意见；

(3) 有权根据生产实际提出更换、增设、撤销信息系统设施及增设、撤换信息系统操作员的建议；

(4) 有权根据系统异常及故障情况随机采取应对措施，必要时根据应急预案启动机制报主管领导启动应急处理预案。

六、值班调度岗

1. 岗位职责

(1) 在生产指挥调度中心主任领导下对全局生产运行进行实时指挥、调度、监控和管理。

(2) 认真贯彻落实上级各项调度指令以及中心局下达的调度通知，对相关内容落实执行情况实时跟踪、反馈。

(3) 与现场调度员以及局内各生产单位、各相关局之间保持沟通，联系，借助中心局监控系统充分掌握生产运行情况，认真分析生产中存在的问题并及时予以协调解决。遇到重大事情及时报主管领导（紧急情况时可越级上报），并协助做好处理工作。

(4) 铁路、公路和航空运邮过程中发生突发事件（如邮车摘挂、折返，道路受阻，航班延误、停飞及其他临时变故）以及邮件积压等情况时，及时上报主管领导，涉及其他局的，及时进行联系和协调，在不影响邮件传递时限的基础上下达临时变更、调整发运计划、邮运路线的指令，采取措施积极组织疏运邮件并预报相关局。

(5) 根据邮件流量、流向合理安排运邮车辆。遇到邮件量不足或骤增，根据实际情况临时安排停班或加班，并向相关局做好预报工作，加班邮路做好加车流水号的申请和分配工作；涉及其他局承运的邮路邮件量突增，应及时联系疏运事宜。

(6) 做好各种生产数据的收集、整理和调度日报的统计、填报工作；把值班调度日志、电话记录、现场调度记录按照规范的格式输入计算机存档并认真做好交接班工作。

(7) 按要求认真填写履职周报，定期向主管领导汇报生产运行情况，根据生产实际情况对生产运行管理、计划调整等提出意见和建议。

(8) 按时完成上级交办的临时工作任务。

2. 权限

(1) 对各项调度指令（包括上级下达和本人发出）的内容和要求负有传达和监督执行的权力；

(2) 有权根据生产实际临时调整发运计划或作业计划，有权向生产单位安排临时性工作；

(3) 根据实际情况，有权调动全局范围内的各种车辆、设备和生产人员从事邮件疏运、抢险等应急工作；

(4) 有权要求生产单位随时上报生产运行情况和相关数据；

(5) 有权根据生产情况提出调整邮件发运计划、生产作业组织和生产运行管理的建议。

七、现场调度岗

1. 岗位职责

(1) 在生产指挥调度中心主任领导下对所派驻的生产现场进行实时指挥、调度、监控和管理。

（2）认真贯彻落实上级各项调度指令以及中心局下发的调度通知，对相关内容进行现场检查、督促落实。

（3）在生产现场实时指挥协调生产，要做好邮件封发、邮件局内盘运、重点火车、干线汽车配量发运以及本局承担的各级邮路运行等关键时段、关键环节的现场监控和调度，对卡口时段进、出口邮件的送交、领取、发运等情况进行实时监控，尤其对交接时间紧张的火车邮路，要逐车在火车站台进行现场指导；重点做好对特快专递、畅销报刊、一体化物流等各类限时邮件处理、发运的监控、管理工作。

（4）监督检查生产单位是否按规定的时限、频次、发运计划和操作规程进行交接、处理和发运邮件，通过现场检查，掌握生产运行情况，并加强与值班调度员以及局内各生产单位、各相关局之间的沟通、联系，及时解决处理影响生产的各类问题。

（5）发生各类突发事件（如邮车摘挂、折返、道路受阻、航班延误、停飞以及其他临时变故），及时与值班调度联系沟通，协助值班调度员实施现场指挥调度，采取相应措施组织疏运邮件。遇紧急情况，可直接向生产指挥调度中心主任汇报。

（6）按照发运原则、发运计划和邮车容间监督邮件配量情况，在保证邮件传递时限的基础上，根据邮件流量、流向以及堆位、体积等情况协同值班调度员合理安排运邮车辆，做到运能运量匹配、均衡。

（7）认真做好现场调度日志、现场调度格式化报表的填写工作，当班结束交值班调度汇总。按要求填写调度员履职周报，定期向部门主管领导汇报生产运行情况。

（8）按时完成上级交办的临时工作任务。

2．权限

（1）对各项调度指令的内容和要求负有监督执行的权力；

（2）有权根据生产实际临时调整作业计划，有权向生产单位安排临时性工作；

（3）对违反通信纪律以及各项规章制度、违规操作等情况有权制止、纠正和处罚；

（4）对不按发运原则和发运次序配发邮件的现象有权要求其更正；

（5）有权根据生产情况提出调整邮件发运计划、生产作业组织和生产运行管理的建议。

3．现场调度与值班调度的关系

现场调度是走动式管理和动态调度的基本形式，是值班调度的延伸和补充，值班调度侧重于局间协调，而现场调度侧重于现场指挥及内部各单位之间的协调。现场调度通过现场跟踪查看能够及时、准确地了解生产现状，有利于提高反应速度，有效实施动态调度。为了准确地指挥生产，现场调度与值班调度之间必须保持良好的沟通联系，相互通报生产情况，值班调度应对当班全局生产运行情况负总责，在总体生产安排上，现场调度应服从值班调度。

第四节　邮政网运突发事件的应急处置

（一）邮政网运突发事件预防预警等级标准

陆运网突发事件是指突然发生，造成或者可能造成重大人员伤亡、财产损失和严重社会危害,危及公共安全的紧急情况。陆运网突发事件的应急处理及管理规范参照《中国邮政集团公司突发公共事件应急预案》执行。

各级网运部门要针对陆运网突发事件,建立应急指挥小组,组织、指挥、协调突发事件的处理工作,并制订应急预案。开展风险分析,做到早发现、早报告、早处置。

对所属单位存在的网运故障隐患和暴露出的各类问题,建立相应的预防预警等级标准。预警分级如下:

(1) Ⅰ级预警:重大事件。

因重大突发事件引发的,有可能造成多省通信枢纽破坏、通信枢纽瘫痪、大面积干线邮路中断等情况;需要网运保障应急准备的重大情况;故障可能升级造成多省网运故障的情况;重大生产和重大交通事故。

(2) Ⅱ级预警:严重事件。

因严重突发事件引发的,有可能造成省内多个生产单位网运故障或全省大面积邮路中断的情况;需要网运保障应急准备的严重情况;故障可能升级造成该省多个生产单位网运故障的情况;严重生产和严重交通事故。

(3) Ⅲ级预警:一般事件。

因较大突发事件引发的,有可能造成省内某个生产单位网运故障的情况;故障可能升级造成该省某生产单位多个生产车间网运故障的情况;一般生产和一般交通事故。

(二) 邮政网运突发事件应急响应等级标准

陆运网突发事件发生时,按照分级负责、快速反应的原则,网运保障应进行应急响应工作。应急响应分为三个等级:

(1) Ⅰ级响应:Ⅰ级预警中出现的网运故障发生后 10 分钟内,由事件发生省指挥调度中心负责向集团公司指挥调度中心及时报告,集团指挥调度中心启动Ⅰ级应急预案,会同其他相关部门进行指挥调度和应急处理,集团指挥调度中心报告集团公司相关领导。

(2) Ⅱ级响应:Ⅱ级预警中出现的网运故障发生后 15 分钟内,由事件发生省指挥调度中心负责向集团公司指挥调度中心报告,集团指挥调度中心启动Ⅱ级应急预案,按照应急总体预案会同其他相关部门进行指挥调度和应急处理,事件发生省分公司负责组织和协调。集团指挥调度中心将事件情况和处理情况报告集团公司相关领导。

(3) Ⅲ级响应:Ⅲ级预警中出现的网运故障发生后 20 分钟内,由事件发生省指挥调度中心负责向集团公司指挥调度中心及时报告。集团指挥调度中心按照应急总体预案进行指挥调度和应急处理,按照本省制订的相应的预案进行处理,启动Ⅲ级应急预案,由地市州分公司、邮区中心局、速递物流处理中心负责组织和协调,并将事件情况和处理情况报备集团指挥调度中心。

(三) 邮政网运突发事件应急预案的制订

(1) Ⅰ级应急预案重点考虑发生Ⅰ级重大网运故障时的应急处置工作。由集团公司统一制订。

(2) Ⅱ级应急预案重点考虑发生Ⅱ级严重网运故障时的应急处置工作。由省分公司统一制订。

(3) Ⅲ级应急预案重点考虑发生Ⅲ级较大网运故障时的应急处置工作。由地市州分公司、邮区中心局、速递物流处理中心制订。

(四) 突发事件报告内容

邮政网运突发事件的报告应包括以下具体内容：时间、地点、人员、规模、起因、造成的影响和严重程度，采取的措施以及会进一步造成的危害，需要帮助解决的问题。

(五) 邮政网运突发事件应急处置原则与措施

1. 发生多省通信枢纽破坏、瘫痪情况时，应遵循的原则

(1) 事发地邮政企业要积极采取措施，恢复通信枢纽生产，对不能及时恢复生产的，应组织临时场地恢复邮件内部处理功能和邮件储存能力；

(2) 对个别通信枢纽在一定时期内确实不能恢复生产的，全网进行调整，在指定的其他通信枢纽进行处理；

(3) 根据通信枢纽生产情况，实时调整各类邮件分拣封发方案，制订应急邮件疏运方案；

(4) 针对应急保障不同时段的情况，采取超常规的组织方式，调整内部作业组织，打破内部作业工种、业务种类等界限，完成邮件内部处理工作；

(5) 全网恢复通信枢纽生产应遵循"先重点，后一般"的原则。

2. 发生多省大面积干线邮路中断时，应遵循的原则

(1) 首先尽力保障全网一级干线邮路畅通，其次尽力保障省内二级干线邮路畅通；

(2) 根据邮路中断情况，实时调整各类邮件疏运方案；

(3) 充分调度全网自主运能开展网运保障应急工作，在自主运能不足的情况下，综合利用铁路、航空、公路、水运等各种社会运能资源；

(4) 建立邮运救助机制，遇邮路阻断，对于受困于本辖区范围内的各地邮车和驾驶员、押运员，事发地邮政企业应根据需要提供相应的帮助，及时出动车辆设备救援，并视情况为滞留驾押人员提供医疗、御寒、食宿等帮助；

(5) 发生道路运输安全事故的，要迅速组织救援，并配合相关部门及时有效地进行处置，控制事态发展；

(6) 在进行网运保障应急工作中，各级网运部门要积极与邮路中断区域的交通主管部门协调，尽量保证紧急情况下邮运车辆优先通行和邮件运输安全。

【复习思考题】

1. 什么邮政生产指挥调度体系？
2. 邮政生产指挥调度体系的功能有哪些？
3. 我国邮政生产指挥调度机构是如何设置的？其职责有哪些？
4. 调度指令分哪几种？
5. 调度例会分哪几种？
6. 邮政生产指挥调度日常监控信息包括哪些？

7. 生产调度系统中预告预警信息分哪几种？
8. 简述邮政网运突发事件预防预警等级标准。
9. 简述邮政网运突发事件应急响应等级标准。
10. 简述突发事件应报告的内容。
11. 简述邮政网运突发事件应急处置原则与措施。

【课后实践】

分组到石家庄邮区中心局生产指挥调度室参观。写出参观后的心得体会。

第八章　邮政通信质量管理

【学习目标】

通过对本章的学习,学生能够了解邮政通信质量管理在邮政生产作业中的重要性,熟悉邮政通信质量管理的基本概念、方法和相关内容,熟悉陆运网及邮区中心局质量管理评价指标及其内容,掌握邮区中心局质量管理制度和考核方法。

【引导问题】

邮政通信质量是邮政通信社会效益的集中表现,是邮政企业各项管理工作的综合反映,也是邮政服务水平和企业竞争力不断提升的保证,那么针对邮件传递的全过程是如何实施质量管理、如何评价生产过程质量水平的高低呢?让我们带着这些问题,走进本章的学习。

第一节　质量管理概述

一、质量管理的含义

质量管理是指确定质量方针、目标和职责,并通过质量体系中的质量策划、控制、保证和改进来使其实现的全部活动。质量管理专家朱兰对质量管理的基本定义是"质量就是适用性的管理,市场化的管理。"费根鲍姆对质量管理的定义是"为了能够在最经济的水平上,并考虑到充分满足顾客要求的条件下进行市场研究、设计、制造和售后服务,把企业内各部门的研制质量、维持质量和提高质量的活动构成为一体的一种有效的体系。"国际标准和国家标准对质量管理的定义是"在质量方面指挥和控制组织的协调的活动。在质量方面的指挥和控制活动,通常包括制定质量方针和质量目标以及质量策划、质量控制、质量保证和质量改进。

质量代表了一个国家的形象,一个民族的精神。美国前总统里根曾说过:"国家的强大依靠能生产高质量的产品和服务的工业能力"。质量是企业的生命,质量管理是企业管理的纲要,企业要提高经济效益,必须根据企业自身特点,在内部建立相应的管理体系,用适宜的、符合自己经济发展的质量管理模式,来有效地开展各项质量活动,实现质量管理。

二、质量管理的发展过程

质量管理的发展大致经历了三个阶段。

1. 质量检验阶段

20世纪前,产品质量主要依靠操作者本人的技艺水平和经验来保证,属于"操作者的质量管理"。20世纪初,以 F. W. 泰勒为代表的科学管理理论的产生,促使产品的质量检验从加工制造中分离出来,质量管理的职能由操作者转移给工长,是"工长的质量管理"。随着企业生产规模的扩大和产品复杂程度的提高,产品有了技术标准(技术条件),公差制度(见公差制)也日趋完善,各种检验工具和检验技术也随之发展,大多数企业开始设置检验部门,有的直属于厂长领导,这时是"检验员的质量管理"。

质量管理从操作者发展到检验员,对提高产品质量有很大的促进作用,但这一阶段上述几种做法有明显的不足,它们都属于事后检验、全数检验,甚至是破坏性检验的质量管理方式。

2. 统计质量控制阶段

1924 年,美国数理统计学家 W. A. 休哈特提出控制和预防缺陷的概念。他运用数理统计的原理提出在生产过程中控制产品质量的 6σ 法,绘制出第一张控制图并建立了一套统计卡片。与此同时,美国贝尔研究所提出关于抽样检验的概念及其实施方案,成为运用数理统计理论解决质量问题的先驱,但当时并未被普遍接受。以数理统计理论为基础的统计质量控制的推广应用始自第二次世界大战。由于事后检验无法控制武器弹药的质量,美国国防部决定把数理统计法用于质量管理,并由标准协会制定有关数理统计方法应用于质量管理方面的规划,成立了专门委员会,并于 1941—1942 年先后公布了一批美国战时的质量管理标准。这些标准的提出和应用标志着质量管理在 20 世纪 40 年代进入统计质量控制阶段,二战后,统计质量控制的方法开始得到推广,为企业带来了极好的利润,从"事后把关"变为预先控制,并很好地解决了全数检验和破坏性检验问题。但是其过多地强调了统计方法的作用,忽视了其他方法和组织管理对质量的影响。

3. 全面质量管理阶段

20 世纪 50 年代以来,随着生产力的迅速发展和科学技术的日新月异,人们对产品的质量从注重产品的一般性能发展为注重产品的耐用性、可靠性、安全性、维修性和经济性等。在生产技术和企业管理中要求运用系统的观点来研究质量问题。在管理理论上也有新的发展,突出重视人的因素,强调依靠企业全体人员的努力来保证质量,此外还有"保护消费者利益"运动的兴起,企业之间市场竞争越来越激烈。在这种情况下,美国于 60 年代初提出全面质量管理的概念。全面质量管理是"为了能够在最经济的水平上,并考虑到充分满足顾客要求的条件下进行生产和提供服务,并把企业各部门在研制质量、维持质量和提高质量方面的活动构成为一体的一种有效体系"。

质量管理发展到全面质量管理,是质量管理工作的又一个大的进步,统计质量管理着重于应用统计方法控制生产过程质量,发挥预防性管理作用,从而保证产品质量。然而,产品质量的形成过程不仅与生产过程有关,还与其他许多过程、许多环节和因素相关联,这不是单纯依靠统计质量管理所能解决的。全面质量管理相对更加适应现代化大生产对质量管理整体性、综合性的客观要求,从过去限于局部性的管理进一步走向全面、系统性的管理。

三、质量管理的实施

企业质量管理实施中应遵循的原则有:以顾客为中心、领导作用、全员参与、过程方法、管理的系统方法、持续改进、基于事实的决策方法、与供方互利,从而体现质量管理是全面的质量管理、全过程的管理、全员参加的管理。

影响企业质量管理实施的因素有:

1. 缺少远见

远见是指洞察未来从而决定企业将要成为什么样企业的远大眼光,它能识别潜在的机会并提出目标,现实地反映了将来所能获得的利益。远见提供了企业向何处发展、企业如何制订行动计划以及企业实施计划所需要的组织结构和系统的顺序。缺少远见就导致把质量排斥在战略之外,这样企业的目标及优先顺序就不明确,质量在企业中的角色就不易被了解。要想从努力中获得成功,企业需要转变其思维方式,创造不断改进质量的环境。

2. 没有以顾客为中心

误解顾客意愿、缺少超前为顾客服务的意识,虽改进了一些工作但没有给顾客增加价值,也会导致质量管理的失败。例如,传递公司着迷于准时传递,努力把准时从42%提高到92%,然而令管理者惊讶的是公司失去了市场,原因是公司强调了时间准时却没有时间回答顾客的电话和解释产品。顾客满意是一个动态的持续变化的目标,要想质量管理成功就必须集中精力了解顾客的期望,开发的项目要满足或超出顾客的需要。国外一家公司声称对不满意顾客提供全部赔偿,公司为此付出了代价,但收入却直线上升,员工的流动率也从117%降至50%。

3. 管理者贡献不够

调查表明,大多数质量管理活动的失败不是技术而是管理方面的原因。所有的质量管理权威都有一个共识:质量管理最大的一个障碍是质量改进中缺少上层主管的贡献。管理者的贡献意味着通过行动自上而下地沟通公司的想法,使所有员工和所有活动都集中于不断改进,这是一种实用的方法。只动嘴或公开演说不适合质量管理,管理者必须参与和质量管理有关的每一个方面的工作并持续保持下去。在一项调查中,70%的生产主管承认,他们的公司现在花费更多的时间在改进顾客满意的因素上。然而他们把这些责任授权给中层管理者,因而说不清楚这些努力成功与否。试想,这样的质量管理能够成功吗?

4. 没有目的的培训

企业把许多钱花费在质量管理的培训上,然而许多企业并没有因此得到根本的改进。因为太多的质量管理培训是无关紧要的。例如,员工们学习了控制图,但不知道在哪里用,不久他们就忘记了所学的内容。可以说,没有目标、没有重点的培训实际上是一种浪费,这也是质量管理失败的一个因素。

5. 缺少成本和利益分析

许多企业既不计算质量成本,也不计算改进项目的利益,即使计算质量成本的企业也经常只计算明显看得见的成本(如担保)和容易计算的成本(如培训费),而完全忽视了有关的主要成本,如销售损失和顾客离去的无形成本。有的企业没有计算质量改进所带来的潜在的利益。例如,不了解由于顾客离去而带来的潜在销售损失等。国外研究表明:不满意的顾客会把不满意告诉22个人,而满意的顾客只将满意告诉8个人。减少顾客离去率5%可以增加利润25%~95%,增加5%顾客保留可以增加利润35%~85%。

6. 组织结构不适宜

组织结构、测量和报酬在质量管理培训、宣传中没有引起注意。如果企业还存在烦琐的官僚层次和封闭职能部门,无论多少质量管理的培训都是没有用的。在一些企业中,管理者的角色很不清楚,质量管理的责任常常被授权给中层管理者,这导致了质量小组之间的权力争斗,质量小组缺少质量总体把握,结果是争论和混乱。扁平结构、放权、跨部门工作的努力对质量管理的成功是必需的。成功的企业保持开放的沟通形式,发展了全过程的沟通,消除了部门间的障碍。研究表明:放权的跨部门的小组所取得的质量改进成果可以达到部门内的小组所取得成果的200%到600%。

7. 形成了自己的官僚机构

在质量管理活动过程中,通常把质量管理授权于某质量特权人物。质量成为一个平行的过程,产生带有自己的规则、标准和报告人员的新的官僚层次和结构,无关的质量报告成为正常。这个质量特权人物逐渐长大渗透,成为花费巨大而没有结果的庞然大物。质量官僚们把自己同日常的生活隔离开来,不了解真实的情况,反而成为质量改进的障碍。

8. 缺少度量或错误的度量

缺少度量或错误的度量是导致质量管理失败的另一个原因。不恰当地度量鼓励了短期行为而损失了长期的绩效,一个部门的改进以损失另一个部门为代价。例如,选择合适的价格改进了采购部门的绩效,但给生产部门带来了极大的质量问题。企业没有参考对比就如同猎手在黑夜里打猎物,只能乱打一气,其结果只能是偶然有结果,更大可能是巨大的损失。公司需要与质量改进有关的绩效度量手段,包括过程度量和结果度量。成功的公司都是以顾客为基础度量和监测质量改进的过程。

9. 报酬和承认不够

战略目标、绩效度量和报酬或承认是支持企业质量改进的三大支柱。改变观念和模式转变需要具有重要意义的行为改变,行为在很大程度上受承认和报酬制度的影响。企业如何承认和回报员工是传递公司战略意图的主要部分。为使质量管理的努力富有成效,企业应当承认和回报具有良好绩效者,从而使质量改进成为现实。

10. 会计制度不完善

现行的会计制度对质量管理的失败负有很大的责任。它歪曲了质量成本,没有搞清楚其潜在的影响。例如,与不良产品有关的成本,如担保,甚至没有被看成是质量成本;废弃、返工被看成是企业的一般管理费。

四、全面质量管理

全面质量管理,即TQM(Total Quality Management)就是指一个组织以质量为中心,以全员参与为基础,目的在于通过顾客满意和本组织所有成员及社会受益而达到长期成功的管理途径。从现在和未来的角度来看,顾客已成为企业的衣食父母。"以顾客为中心"的管理模式正逐渐受到企业的高度重视。全面质量管理注重顾客价值,其主导思想就是"顾客的满意和认同是长期赢得市场,创造价值的关键"。为此,全面质量管理要求必须把以顾客为中心的思想贯穿到企业业务流程的管理中,即从市场调查、产品设计、试制、生产、检验、仓储、销售、到售后服务的各个环节都应该牢固树立"顾客第一"的思想,不但要生产物美价廉的产品,而且要为顾客做好服务工作,最终让顾客放心满意,在全面质量管理中,质量这个概念和全部管理目标的实现都密切相关。

全面质量管理思想集中体现在PDCA(P—plan,计划;D—do,执行;C—check,检查;A—act,处理)循环上,这是美国统计学家戴明(W. E. Deming)发明的,因此也称之为戴明循环。

(1) 计划阶段,看哪些问题需要改进,逐项列出,找出最需要改进的问题;

(2) 执行阶段,实施改进,并收集相应的数据;

(3) 检查阶段,对改进的效果进行评价,用数据说话,看实际结果与原定目标是否吻合;

(4) 处理阶段,如果改进效果好,则加以推广;如果改进效果不好,则进行下一个循环。

PDCA 循环的特点是大环套小环,企业总部、车间、班组、员工都可进行 PDCA 循环,找出问题以寻求改进;阶梯式上升,第一循环结束后,则进入下一个更高级的循环,循环往复,永不停止。戴明强调连续改进质量,把产品和过程的改进看作一个永不停止的、不断获得小进步的过程。

全面质量管理有以下四个方面的含义:首先,全面的质量,包括产品质量、服务质量、成本质量;其次,全过程的质量,指质量贯穿于生产的全过程,用工作质量来保证产品质量;再次,全员参与的质量,对员工进行质量教育,强调全员把关,组成质量管理小组;最后,全企业的质量,目的是建立企业质量保证体系。

【阅读资料一】

朱兰的质量管理三部曲

朱兰(Joseph H. Juran)1904 年出生,因为为日本制造商协会提高生产率而知名,后来也被美国人知晓。朱兰三部曲:质量计划、质量控制和质量改进。朱兰理论的核心:管理就是不断改进工作。朱兰提出质量不仅要满足明确的需求,也要满足潜在的需求。提出了质量三元论:

(1) 质量计划——为建立有能力满足质量标准化的工作程序,质量计划是必要的。

(2) 质量控制——为了掌握何时采取必要措施纠正质量问题就必须实施质量控制。

(3) 质量改进——质量改进有助于发现更好的管理工作方式。

朱兰理论的七个环节:突破的取态、突出关键的少数项目、寻求知识上的突破、进行分析、决定如何克服变革的抗拒、进行变革、建立监督系统。

朱兰博士提出,为了获得产品的合用性,需要进行一系列工作活动。也就是说,产品质量是在市场调查、开发、设计、计划、采购、生产、控制、检验、销售、服务、反馈等全过程中形成的,同时又在这个全过程的不断循环中螺旋式提高,所以也称为质量进展螺旋。

他还尖锐地提出了质量责任的权重比例问题,他依据大量的实际调查和统计分析认为,在所发生的质量问题中,追究其原因,只有 20% 来自基层操作人员,而恰恰有 80% 的质量问题是由于领导责任所引起的。在国际标准 ISO 9000 中,与领导责任相关的要素所占的重要地位,在客观上证实了朱兰博士的"8020 原则"所反映的普遍规律。

朱兰的重要著作《质量控制手册》写于 1974 年,1999 年 94 岁的朱兰出版了该书的第 15 版。

第二节 邮政通信质量管理概述

一、邮政通信质量管理的概念

质量管理是指为了实现质量目标,而进行的所有管理性质的活动,通常包括制订质量方针和质量目标以及质量策划、质量控制、质量保证和质量改进等方面。

邮政通信质量是邮政通信社会效益的集中表现,是邮政企业各项管理工作的综合反映,也是衡量邮政企业向社会提供服务水平高低的主要标志。同时严格的邮政通信质量管理能够有效保护用户的通信利益,维护邮政企业信誉。

邮政通信质量实行"一级管一级"的分级管理原则。中国邮政集团总公司负责各省、自治区、直辖市邮政通信质量的检查考核;省、自治区、直辖市分公司负责所属市县分公司邮政通信质量的检查考核。市、县分公司根据省、自治区、直辖市分公司下达的质量指标计划,组织制订落实措施,搞好质量管理的基础工作和监督检查,及时发现通信质量上存在的问题,积极采取改进措施,保证完成通信质量计划。

二、邮政通信质量管理的主要内容和常见问题

邮政通信质量主要包括两个方面:一是时限,二是安全,通过通信质量管理从而保证各类邮件的时限和安全传递。

根据邮件在传递、处理过程中发生问题所带来的后果,邮政通信质量问题可以分为三种:

(1) 危害邮件安全,包括邮件丢失、被盗、冒领以及焚烧、水湿、污染、腐蚀、爆炸而使邮件受到损失。

(2) 影响邮件时限,包括局内积压、延误班期、错发、误发等,造成邮件超过全程规定时限。

(3) 造成邮件损毁、延误等隐患,包括处理邮件不执行规章制度,不符合规格标准。

根据对邮政通信效用的影响和危害程度不同,邮政通信质量问题又可分为四种:

(1) 重大通信事故,邮件散件一次丧失损毁给据邮件50件以上、平常邮件300件以上的;

(2) 通信事故,邮件丧失造成恶劣影响的;

(3) 主要差错,邮件误投、漏投造成恶劣影响的;

(4) 一般差错,邮件误改退造成恶劣影响的。

针对邮件寄递时限和安全又可以将邮政通信质量问题分为总包邮件损失、给据邮件损失逾限、邮件全程时限逾限、邮件处理不合规格、机要文件失密丢损等。

(1) 总包邮件损失,是指各类总包在传递过程中丢失、损毁、被窃后无法找回的或失去效用的;

(2) 给据邮件损失,是指各类给据邮件在传递过程中丢失、损毁、被窃后无法找回或失去效用的;

(3) 邮件时限逾限,是指邮件超过规定的从收寄到投递全过程所用的时间。

(4) 邮件处理不合规格,是指各类总包或散件的收寄和处理不符合规格标准;

(5) 机要文件失密丢损,是指机要文件丢失、泄密、被窃、损毁;

(6) 国际邮件误收、误投,特别是使国家造成损失或引发涉外问题的情况;

(7) 误收寄危险物品造成严重后果的。

有效的质量管理就要消除上述邮件生产过程中存在的或可能存在的各方面问题,从而保障各类邮件迅速、安全、准确的传递。

三、邮政通信质量的控制措施

邮政通信质量坚持"预防为主、严格控制"的方针。重视三个质量信息源:查单验单反映的

情况；检查人员发现的问题；人民群众的申告（包括社会监督岗、电话申告）。针对各种质量问题要严格邮政通信质量的考核与奖惩，集团公司对省、自治区、直辖市分公司邮政通信质量的考核方式分为两种：一是行政方式，定期发通报；二是经济方式，扣减质量得分。

首先，在管理上重视对奖励通信质量先进单位进行奖励。一般以省、自治区、直辖市分公司为单位，全年各项质量指标完成较好，无重大通信案件，通信质量管理基础工作扎实、成绩显著的，可评为邮政通信质量先进单位；单项质量好的可评为单项质量优秀单位。对于先进单位、单项质量优秀单位，颁发质量奖状和奖金。

其次，确保质量管理相关数据的准确、真实。严肃对质量数据上报不实或弄虚作假者的惩罚，除按实际发生量考核外，对虚报部分要加倍扣分，情节严重的要给主管领导人以行政处分和经济处罚。同时设置各级视察员、检查员，对相关单位的质量统计上报的真实性、准确性进行监督。

最后，根据邮件传递的不同环节、不同生产岗位的工作内容和要求设置具体的质量管理、考核标准，如营业服务质量管理、邮政投递服务质量管理、邮政客户服务中心质量管理、邮区中心局生产质量管理等。下面重点介绍邮政陆运网通信质量管理和中心局生产质量管理和内容。

第三节　邮政陆运网质量管理

一、邮政陆运网质量管理概述

邮政陆运网质量管理就是邮政企业结合市场要求及当前生产实际，通过建立与结算收入挂钩的 KPI 指标体系，客观反映陆运网运行质量，引导生产组织的持续优化，最终提升陆运网整体运行水平的全过程。其采取的主要管理原则包括：注重客户体验，以提升客户体验为质量管理的目标；从用邮客户的角度，来设定质量和服务标准，设计指标体系、权重和奖罚机制；质量管控贯穿全流程各个环节，从集团公司、省、地市、县市分公司实行闭环管理，持续推进质量提升。

陆运网运行中存在一些问题，直接影响着网络运行质量，首先是网络支撑着不同质量产品寄递，因此网络组织非常复杂；网络运营主体既有邮政又有速递，两个运营主体就很大程度增加了管理难度；网络中运行的信息系统较多，基础数据不准确，给管理决策造成困难；各个省分公司的省内网组织、建设、运营水平参差不齐，生产操作及信息操作规范程度参差不齐，环节间衔接作业不够规范，这些因素都直接影响了全网运行。只有通过持续、有效的陆运网质量管理才能解决目前陆运网运行中存在的上述问题，而实施质量管理的重要手段就是建立指标评价机制，因此陆运网质量管理的重点就是建立适应网络运行规律的质量管理考核、评价指标体系，通过不间断地对网络运行质量进行监控、评价、改进，不断提高网络适应性和运行有效性，最终满足市场和客户的需求。

二、邮政陆运网质量管理指标设置及含义

邮政陆运网质量管理通过建立相关评价考核指标体系来实施，邮政陆运网质量管理指标

体系分为质量考核指标和质量评价指标两个部分,整个指标体系共有 12 个考核指标和 41 个评价指标。质量评价指标又分为时限质量、作业质量、服务质量以及效率效益四大类,涵盖陆运网收寄、分拣、运输和投递全流程各环节。重点从邮件全程时限、客户体验、企业运营效果等方面,量化评估陆运网整体运行水平。

(一)邮政陆运网运行质量考核指标

1. 邮政陆运网运行质量考核指标设置及含义

表 8-1 的 12 个考核指标中需要根据实际情况设置达标值,达标值是整个考核体系中非常关键的设定内容,该值设置所依据的原则有:

(1)统筹兼顾的原则

要确保考核目标可是实现的,且考核标准全网统一;对提升难度大,且目前差距大的指标,采用分段达标法,分省制订达标值。

(2)过程和结果相统一原则

分环节时限指标达标值必须高于全程时限达标值,才能确保全程时限达标。

(3)持续提升原则

达标值不是固定不变的,根据实际工作和考核情况每 1~2 年进行调整,从而保证质量管理水平的持续提升。

表 8-1 邮政陆运网运行质量考核指标

序号	指标分类		指标名称	考核范围
1	时限质量	全程时限	省内计划编制完整率	快递包裹、普服
2			省内互寄邮件次日递率	快递包裹、普服
3			同城邮件次日递率	快递包裹、普服
4		分段时限	省际出口邮件时限达标率	快递包裹、普服
5			省际进口邮件时限达标率	快递包裹、普服
6	作业质量	收寄环节	收寄名址信息准确率	快递包裹
7			超收寄规格邮件	快递包裹、普包
8		网运环节	一级干线邮路运行准班率	一干邮路
9			一级干线邮车运行准点率	一干邮车
10		投递环节	提前录入妥投信息	全产品
11		全环节	客户投诉有责丢失	快递包裹
12			违反调度指令和作业制度	

2. 邮政陆运网质量评价指标

邮政陆运网质量评价围绕陆运网运行水平和服务质量、各生产环节生产秩序、作业规范和作业效率等内容展开评价,最终找到影响网络运行的短板,采取措施加改进,从而不断提升网络运行质量水平。

评价指标的设置和含义如表 8-2 所示。

表 8-2　邮政陆运网质量评价指标

序号	指标类型	指标名称
1	时限指标	省际邮件 T＋3 日递率
2		快递包裹全程平均时长
3		地市出口邮件时限达标率
4		地市进口邮件时限达标率
5		二级干线邮车运行准点率
6		省际邮件时限达标率
7		地市间邮件时限达标率
8		省内互寄邮件时限达标率
9		一、二级和邮区内邮路平均时速
10		邮件平均揽收时长
11		卸车平均等待时长
12		交趟车及时率
13		市趟准点率
14		内部处理及时率
15	作业质量	邮件信息完整率
16		名址信息匹配率
17		投递进口邮路封车解车率
18		出口邮件分拣准确率
19		进口邮件分拣准确率
20		一级干线 GPS 使用率
21		上机分拣率
22		车日利用率
23		当日妥投率
24		疑似丢失率
25		中心局改址率
26		投递转投率
27		信息系统故障率
28	服务质量指标	客户满意度
29		邮政服务申诉率
30		菜鸟平台运营指标综合排名
31	效率指标	成本收入率
32		资产收入率
33		邮件处理时长
34		包件人均处理效率
35		单件处理成本
36		干线邮车日均行驶里程
37		人均办公经费
38		干线邮路人均驾驶里程
39		自办运输单位成本
40		运输成本收入率
41		干线邮车满载利用率

(1) 省际邮件 T+3 日递率

计算公式：

$$\text{省际邮件 T+3 日递率} = \frac{\text{T+3 日投递的省际邮件量（件）}}{\text{省际邮件总量（件）}} \times 100\%$$

(2) 快递包裹全程平均时长

计算公式：

$$\text{快递包裹全程平均时长} = \frac{\sum(\text{快递包裹邮件妥投时间} - \text{快递包裹邮件收寄时间})（小时）}{\text{快递包裹邮件妥投总量（件）}}$$

(3) 地市出口邮件时限达标率

计算公式：

$$\text{地市出口邮件时限达标率} = \frac{\text{地市出口达标的邮件量（件）}}{\text{地市出口邮件量（件）}} \times 100\%$$

地市出口达标的邮件量：指从收寄或一、二级干线邮车进入本地市，在规定发车频次内，发往指定一、二级干线邮路，且发运时间不晚于计划发车时间的本地市收寄和地市经转的邮件量。

(4) 地市进口邮件时限达标率

计算公式：

$$\text{地市进口邮件时限达标率} = \frac{\text{地市进口达标的邮件量（件）}}{\text{地市进口邮件量（件）}} \times 100\%$$

地市进口达标的邮件量：指从一、二级干线邮车进入本地市，在规定投递频次内完成妥投的省际或省内其他地市进口邮件量。

(5) 二级干线邮车运行准点率

计算公式：

$$\text{二级干线邮车运行准点率} = \frac{\text{二级干线运行准点邮车数量（辆）}}{\text{二级干线发班邮车数量（辆）}} \times 100\%$$

准点车辆判定标准：正班及加班邮路全程运行时间不大于计划全程运行时间加阈值时长的，为准点运行车辆；临时邮路比照正班邮路管理。

(6) 省际邮件时限达标率

计算公式：

$$\text{省际邮件时限达标率} = \frac{\text{在标准时限内完成妥投的省际邮件量（件）}}{\text{完成妥投的省际邮件总量（件）}} \times 100\%$$

(7) 地市间邮件时限达标率

计算公式：

$$\text{地市间邮件时限达标率} = \frac{\text{在标准时限内完成妥投的地市间邮件量（件）}}{\text{完成妥投的地市间互寄邮件总量（件）}} \times 100\%$$

(8) 省内互寄邮件时限达标率

计算公式：

$$\text{省内互寄邮件时限达标率} = \frac{\text{省内互寄时限达标的邮件量（件）}}{\text{省内互寄邮件总量（件）}} \times 100\%$$

省内互寄邮件：指收寄省与妥投省相同的邮件。

省内互寄时限达标的邮件量：指从邮件收寄开始，在规定投递频次内完成妥投的省内互寄邮件量。

(9) 一、二级和邮区内邮路平均运行时速

计算公式：

$$一、二级和邮区内邮路平均运行时速 = \frac{\sum 一、二级和邮区内邮路运行里程（千米）}{\sum 一、二级和邮区内邮路运行时长（小时）} \times 100\%$$

一、二级和邮区内邮路运行里程：指由集团公司、省公司核定的一、二级和邮区内邮路邮运总里程。

一、二级和邮区内邮路运行时长：指由集团公司、省公司核定的一、二级和邮区内邮路计划运行时长。

(10) 邮件平均揽收时长

计算公式：

$$邮件平均揽收时长 = \frac{\sum（邮件收寄时间 - 客户下单时间）（小时）}{收寄邮件量（件）} \times 100\%$$

(11) 卸车平均等待时长

计算公式：

$$卸车平均等待时长 = \frac{\sum（卸车时间 - 入局时间）（小时）}{入局邮车总数（辆）}$$

(12) 交趟车及时率

计算公式：

$$交趟车及时率 = \frac{及时交趟车邮件量（件）}{收寄邮件量（件）} \times 100\%$$

及时交趟车邮件量：指当频收寄且及时交发市趟邮路的邮件量。

(13) 市趟准点率

计算公式：

$$市趟准点率 = \frac{准点运行的市趟邮车数量（辆）}{市趟邮车数量（辆）} \times 100\%$$

准点运行的市趟邮车数量：指在处理中心处理频次卡口点前到达的市趟邮车数量。

(14) 内部处理及时率

计算公式：

$$内部处理及时率 = \frac{及时处理邮件量（件）}{处理邮件总量（件）} \times 100\%$$

及时处理邮件量：指在规定时间内，处理中心发出的邮件量。

(15) 邮件信息完整率

计算公式：

$$省际邮件信息完整率（全国） = \frac{信息完整的省际邮件量（件）}{省际邮件总量（件）}$$

$$省际邮件信息完整率（分省） = \frac{本省信息完整的省际邮件量（件）}{本省处理的省际邮件量（件）} \times 100\%$$

信息完整的省际邮件量：指邮件从收寄至完成妥投投递，全过程信息完整，未出现收寄、运输、投递信息中断的邮件量。

本省信息完整的省际邮件量：指本省处理的省际进、出、转邮件中，未出现收寄、运输、投递等环节信息中断的邮件量。

本省处理的省际邮件量：指本省进、出、转口的省际邮件总量。

(16) 名址信息匹配率

计算公式：

$$名址信息匹配率 = \frac{名址信息能够满足分拣机自动分拣的邮件量（件）}{进口邮件量（件）} \times 100\%$$

名址信息匹配率：指进口邮件中，能够满足分拣机自动分拣的邮件量占比，以进口省为单元，按月统计。

(17) 投递进口邮路封车解车率

计算公式：

$$投递进口邮路封车解车率 = \frac{通过解车操作妥投的邮件量（件）}{妥投邮件量（件）} \times 100\%$$

通过解车操作妥投的邮件量：指邮件到达投递部后，通过市趟 PDA 扫描投递部局代码、利用投递部 PDA 扫描市趟邮路派车单或发送接口邮路的妥投邮件量。

(18) 出口邮件分拣准确率

计算公式：

$$出口邮件分拣准确率 = \frac{正确分拣的地市出口邮件量（件）}{地市出口邮件量（件）} \times 100\%$$

正确分拣的地市出口邮件量：指邮件实物按计划分拣、运输至下一地市的邮件量。

(19) 进口邮件分拣准确率

计算公式：

$$进口邮件分拣准确率 = \frac{本地市妥投邮件量（件） - 错分的妥投邮件量（件）}{本地市妥投邮件量（件）} \times 100\%$$

错分的妥投邮件：指在本地市妥投的邮件中，被两个或两个以上下行市趟邮路，带运至两个或两个以上不同投递部的邮件。

(20) 一级干线 GPS 使用率

计算公式：

$$一级干线 GPS 使用率 = \frac{使用 GPS 的一级干线邮车数量（辆）}{一级干线邮车发班数（辆）} \times 100\%$$

使用 GPS 的一级干线邮车数量：指能够使用 GPS 设备，完整采集到邮车进、出电子围栏时间信息的一级干线邮车数量。

(21) 上机分拣率

计算公式：

$$上机分拣率（出口） = \frac{分拣机扫描量中按地市出口归集的数量（件）}{当日分拣机扫描邮件量（件）+ PDA 扫描邮件量（件）} \times 100\%$$

$$上机分拣率（进口） = \frac{分拣机扫描量中按地市进口归集的数量（件）}{当日分拣机扫描邮件量（件）+ PDA 扫描邮件量（件）} \times 100\%$$

(22) 车日利用率

计算公式：

$$车日利用率 = \frac{每日发班一、二级干线邮车数量（辆）}{一、二级干线邮车数量（辆）} \times 100\%$$

一、二级干线邮车数量：指由集团公司统一配置，车辆用途为一、二级干线运输的自备邮车数量。

(23) 当日妥投率

计算公式:

$$当日妥投率 = \frac{当日妥投的邮件量(件)}{当日进口的邮件量(件)} \times 100\%$$

注:"妥投"指在投递系统中批注为妥投、退回、转窗投、转自提、协议投箱等信息。

当日妥投的邮件量:县及县以上城市当日卡口时点前进口且完成妥投的邮件量,与当日进口卡口点后到达投递部且当日完成妥投的邮件量之和。完成妥投以当天 24 点前反馈妥投信息为准。

当日进口的邮件量:县及县以上城市当日卡口时点前进口的邮件量,与当日进口卡口点后到达投递部且当日完成妥投的邮件量之和。

(24) 疑似丢失率

计算公式:

$$疑似丢失率(全国) = \frac{疑似丢失邮件量(件)}{收寄邮件量(件)} \times 100\%$$

$$疑似丢失率(分省) = \frac{按责任省归集的疑似丢失邮件量(件)}{本省邮件处理量(件)} \times 100\%$$

疑似丢失邮件量:指超过 20 天无下一环节处理信息的未妥投邮件量。

本省邮件处理量:指本省收寄邮件量与本省省际进、转口邮件量之和。

(25) 中心局改址率

计算公式:

$$中心局改址率 = \frac{中心局改址邮件量(件)}{中心局处理量(件)} \times 100\%$$

中心局处理量:指中心局出口发运量。

(26) 投递转局率

计算公式:

$$投递转局率 = \frac{投递局当日转他局邮件量(件)}{投递局当日进口邮件量(件)} \times 100\%$$

(27) 信息系统故障率

计算公式:

$$信息系统故障率 = \frac{当月信息系统故障影响指标数据天数(天)}{当月指标统计天数(天)} \times 100\%$$

当月信息系统故障影响指标数据天数:指当月由于信息系统数据异常、计算错误等故障,造成质量评价考核指标无法正常应用,所影响的指标数据天数。

(28) 客户满意度

客户满意度:指委托第三方公司或系统内调查社会客户和大客户满意度结果。

(29) 邮政服务申诉率

邮政服务申诉率:指国家邮政局公布的各省邮政分公司邮政服务申诉率。

(30) 菜鸟平台运营指标综合排名

菜鸟平台运营指标综合排名:指菜鸟平台定期公布各快递企业运营水平排名。

(31) 成本收入率

计算公式:

$$成本收入率 = \frac{中心局损益核算收入(元)}{中心局总运行成本(元)} \times 100\%$$

损益核算收入：指中心局损益核算收入合计，数据从损益模型中采集。
总运行成本：指中心局的成本费用合计，数据从ERP系统采集。

（32）资产收入率
计算公式：

$$资产收入率 = \frac{中心局损益核算收入(元)}{中心局固定资产净值(元)} \times 100\%$$

损益核算收入：指中心局损益核算收入合计，数据从损益模型中采集。
固定资产净值：指中心局非流动资产净值，数据从ERP系统采集。

（33）邮件处理时长
计算公式：

$$邮件处理时长(省内) = \frac{\sum 邮件省内处理时长(小时)}{本省处理邮件总量(件)}$$

$$邮件处理时长(地市) = \frac{\sum 邮件地市处理时长(小时)}{邮件处理量(件)}$$

邮件省内处理时长：指省际邮件从收寄或省际干线邮车到达本省，至邮件发往省际干线或完成妥投所用时长；省内互寄及同城邮件从收寄至完成妥投所用时长。
邮件地市处理时长：指邮件从收寄或干线邮车到达本地市，至邮件发往其他地市或完成妥投所用时长；同城邮件从收寄至完成妥投所用时长。

（34）包件人均处理效率
计算公式：

$$包件人均处理效率 = \frac{包件车间邮件处理量(件)}{包件车间用工数(人)}$$

包件车间邮件处理量：指包件车间处理包状邮件（普快包、特快、挂刷）的散件量和信刷报等普通邮件的总包数量之和。
包件车间用工数：指包件车间的用工人员总数，用工人员包括合同工、劳务用工和外包人员。合同工、劳务用工人数据实采集；外包人员数根据本车间劳务性支出、装卸搬运费、业务代办费及外包人员平均成本折算。

（35）单件处理成本
计算公式：

$$单件处理成本 = \frac{包件车间运行总成本(元)}{包件车间邮件处理量(件)}$$

包件车间运行总成本：指包件车间中普快包、挂刷邮件的成本费用合计，数据从ERP系统采集。
包件车间邮件处理量：指包件车间处理普快包、挂刷邮件总量。

（36）干线邮车日均行驶里程
计算公式：

$$干线邮车日均行驶里程 = \frac{干线自备邮车行驶总里程(千米)}{干线自备邮车数(辆)}$$

干线自备邮车行驶总里程：指由集团公司统一配置，车辆用途为一、二级干线运输的自备邮车行驶总里程。

干线自备邮车数:指由集团公司统一配置,车辆用途为一、二级干线运输的自备邮车数量。

(37) 人均办公经费

计算公式:

$$人均办公经费 = \frac{本单位办公经费(万元)}{本单位管理人员数(人)}$$

本单位办公经费:指本单位管理费用中的业务招待费、会议费、办公费。

本单位管理人员数:指人力资源管理系统中本单位管理人员数。

(38) 干线邮路人均驾驶里程

计算公式:

$$干线邮路人均驾驶里程 = \frac{干线自备邮车行驶总里程(千米)}{驾驶员人数(人)}$$

干线自备邮车行驶总里程:指由集团公司统一配置,车辆用途为一、二级干线运输的自备邮车行驶总里程。

驾驶员人数:指中心局一、二级干线及邮区内邮路驾驶人员总数,驾驶人员包括合同工和劳务工驾驶员,数据从ERP系统采集。

(39) 自办运输单位成本

计算公式:

$$自办运输单位成本 = \frac{\sum 自备邮车运行成本(元)}{\sum 自备邮车产品量(吨千米)}$$

自备车运行成本:指统计期内自备邮车直接运行成本,直接运行成本包括职工薪酬、折旧费、自办运费以及车辆修理费,数据从ERP系统采集。

自备邮车产品量:指自备车辆行驶里程乘以吨位。

(40) 运输成本收入率

计算公式:

$$运输成本收入率 = \frac{\sum 邮路损益收入(元)}{\sum 邮路运行成本(元)}$$

邮路损益收入:指中心局通过损益模型核算的邮路损益收入。

邮路运行成本:指汽车运输车间主营业务成本中的工资、劳务性支出以及自办运费、委办运费。

(41) 干线邮车满载装载率

计算公式:

$$干线邮车满载利用率 = \frac{\sum 满载邮车装载重量(吨)}{\sum 车辆实际吨位(吨)} \times 100\%$$

满载邮车:指承担邮路加班班期任务的邮车。

满载邮车装载重量:指一级干线满载邮车实际装载邮件重量(信刷报、普包重量按照20千克/袋折算)。

(二)陆运网质量考核评价实施过程

实施中坚持从收寄到投递全流程各环节多维度评价考核,考核对象包括邮政公司和速递物流公司，考核内容包含从收寄到投递全流程各个环节，在考核对象上既有全网整体指标也有局部指标，既有评价指标又有考核指标。

设定参与评价的指标权重，考核指标达标值和考核标准，都依据工作内容和年度工作重点设定相关指标。

针对考核评价结果开展内、外部对标管理，指标数据发布、定期综合评价、省间排名、全网通报，而且实行结算收入与运行质量挂钩的经济奖惩，奖优罚劣。

质量考核评价过程中突出指标重要性和问题普遍性，并且以客户体验为中心，特对是将对邮件时限结果有直接或间接影响的要素纳入指标中。考核评价的最终目的是以管理规范为中心，特别是突出省内网的规范化管理。

相关考核评价数据上传全网统一信息系统，实现信息的共享，使得考核评价结果成为各级管理者可以共同使用的管理工具。

【阅读资料二】

陕西邮政提升陆运网运行质量

经过全省邮政上下的共同努力，陕西邮政陆运网运行质量得到明显的提升。从2016年4月20日关中大同城网开始运行到5月11日，省内互寄快递包裹次日递率达到80.3%，高于邮政集团公司70%的考核指标，高于省内确定的75%的考核指标；省际进口时限达标率为97.9%，省际出口时限达标率为99.6%，均高于邮政集团公司95%的考核指标。关中6市、20县达到次晨达，44县达到次日递。

为及时解决陆运网建设工作中存在的问题，陕西邮政定期组织召开网业联席会议，将网运、市场、专业局和各地市分公司协调起来，相互提出工作和业务需求，各单位、部门按职责对接、领取需求，按时拿出解决办法，并组织实施。通过三次网业联席会，逐步解决了礼泉大客户出口邮件不及时、退转邮件不规范、订销系统录入信息不准确、分拣资料库建设滞后等问题，推进了陆运网运行质量的稳步提升。

陕西邮政召开陆运网运行质量通报会，会议肯定了省内陆运网取得的成绩，同时指出全省陆运网运行时限质量与用户体验还有差距。主要表现在时限质量指标不稳定，个别地市分公司在时限质量管控工作中存在着重视不够、组织退转邮件不力、考核订销系统录入信息不准确、管控指挥不统一、员工培训力度不够和分拣资料库建设滞后等问题。对此，全省网运部门要进一步加强领导、加强管控，不断提升陆运网的运行质量，为快递包裹的发展提供更强的支撑。

下一步，陕西网运部门将重视实物网、投递网和收寄环节的质量管控，健全时限质量考核机制，加强组织领导，加大管控力度，建立管控有力、协调统一、具有权威性的管理体系；突出重点、狠抓落实，重点抓好关中大同城网持续建设工作，努力提升全省邮政四大环节运行质量。目前，全省邮政各单位已经积极行动起来，加大运行质量动态监控力度，各单位负责人，网运、财务、市场、包裹业务中心等部门协调运作；西安邮区中心局全力支撑，使省内快递包裹互寄次日递率、省际出口时限达标率等指标进一步提升。

第四节 邮区中心局质量管理

一、邮区中心局质量管理体系

按照三级质量管理体系和网运检查三级负责制的要求,本着一级管一级、一级向一级负责的原则,各级质量检查人员严格按照上级要求的检查内容、检查频次履行检查职责,以日常检查和专项检查相结合,普遍检查和重点抽查相结合等方式,对全局生产作业、邮路运行及传递时限进行全方位的监督、检查,按照上级下达的各项质量指标对生产单位进行考核,并对检查和考核结果进行统计、分析、反馈,保障中心局生产运行质量。

中心局质量控制管理体系包括质量检查、业务档案管理等职能。

二、邮区中心局邮政质量管理指标设置及含义

邮政通信生产质量指标是反映中心局生产管理总体水平的重要尺度。为了适应生产作业组织和生产流程的要求,掌握邮政生产过程中各单位、各工种、各环节生产质量情况,同时确保各类邮件在传递过程中实物与信息同步运行,按照"迅速、准确、安全、方便"的原则,设置邮区中心局生产质量指标,并加以检查考核,促使中心局各生产单位加强生产质量管理,不断提高通信质量,为用户提供优质的服务,增强邮政企业的市场竞争能力。

(一) 中心局生产质量管理指标设置的原则

1. 准确性原则

指标能够准确、真实地反映生产管理过程中各环节、各层面上的基本情况和发展水平,为生产决策提供准确、真实的依据。

2. 及时性原则

各项指标的统计、反馈要及时,为各级领导和管理部门了解情况、制定政策和措施争取时间。

3. 全面性原则

指标的设置要齐全,要能全面反映通信生产的总体情况。

4. 方便性原则

能够为各级领导和管理部门提供数据清晰、清楚明了、使用方便的原始资料。

(二) 中心局生产质量指标体系

1. 生产质量指标的构成

(1) 通信质量指标

① 总包邮件延误差错率

② 总包邮件丢失损毁率

③ 总包邮件封发不合格率

④ 给据邮件延误差错率

⑤ 给据邮件丢失损毁率

⑥ 平常邮件延误差错率

⑦ 报刊分发延误差错率

⑧ 报刊分发丢失损毁率

⑨ 机要邮件总包失密丢损率

⑩ 机要邮件总包延误差错率

⑪ 邮车运行准班率

⑫ 邮车运行准点率

⑬ 总包邮件信息发送准时率

⑭ 总包邮件信息发送正确率

⑮ 总包邮件扫描勾核率

⑯ 邮件查询逾限率

⑰ 重大通信事故次数

上述指标由中心局及上级主管部门分级考核。

(2) 外部考核指标

① 给据邮件条码化率

② 给据邮件条码正确识读率

③ 给据邮件信息上网率

④ 给据邮件网上信息准确率

上述指标主要发生在营投环节,由相关部门考核,邮区中心局按要求提供相关数据。

(3) 运行效率和效益控制指标

① 运邮车辆利用率

② 运邮车辆完好率

③ 通信设备利用率

④ 通信设备完好率

⑤ 邮件分拣上机率

⑥ 邮车运能利用率

⑦ 人均劳动生产率

⑧ 给据邮件网络化分拣率

⑨ 给据邮件信息预处理率

⑩ 改退邮件比率

⑪ 中心局全网贡献率

2. 生产质量指标解释与计算方法

(1) 通信质量指标解释与计算方法

1) 总包邮件延误差错率(万分比)

总包邮件延误差错是指生产人员因违反邮件发运计划、发运次序、总包邮件漏发运、错装、错卸等主观原因导致总包邮件超过规定传递时限,或因错发等主观因素导致总包邮件的差错责任。

总包邮件延误差错率是指某企业某时期发生总包邮件延误差错的袋数占本企业总包邮件交换量的比例。该指标数据按月、年或者根据实际需要的统计期统计,总包邮件延误差错的袋数根据验单或者"两子系统"内控制系统全额统计,但与总包邮件交换量的取数必须保持同期、同范围。计算公式为:

$$总包邮件延误差错率 = 总包邮件延误差错袋数 / 总包邮件交换量$$

2) 总包邮件丢失损毁率(万分比)

总包邮件丢失损毁是指生产人员未执行规章制度和操作规程造成总包邮件有进无出、查无下落;因安全防范措施不力导致总包邮件被盗;因操作失当导致总包邮件损毁而引起的赔偿责任。

总包邮件丢失损毁率是指某企业某时期发生总包邮件丢失损毁的袋数占本企业总包邮件交换量的比例。该指标数据按月、年或者根据实际需要的统计期统计,总包邮件丢失损毁的袋数根据赔偿情况实际统计,但与总包邮件交换量的取数必须保持同期、同范围。计算公式为:

$$总包邮件丢失损毁率 = 总包邮件丢失损毁袋数 / 总包邮件交换量$$

3) 总包邮件封发不合格率(百分比)

总包邮件封发不合格是指:

① 无条码袋牌或条码不可识读。

② 袋牌字迹模糊,不能辨别接收局名和号码。

③ 总包超过限重,特快专递邮件未标注重量。

④ 铅封印志模糊,不能辨别封发局名;铅志不固、铅志顺夹袋绳可以抽出,印志有撬动、锤砸等痕迹。

⑤ 扎绳有结头,捆扎不紧能将袋绳捋下。

⑥ 使用手携扎袋器封袋的,夹印在塑料带上无封发局名。

⑦ 袋身有二厘米以上破洞、裂口,破洞非机器缝补或破洞用袋绳捆扎,内件有取出可能,内件破损造成袋皮水湿、油污。

总包邮件封发不合格率是指某企业某时期封发的总包邮件不合格的袋数占本企业封发的总包邮件总袋数的比例。该指标数据采取定期或不定期的抽样检查方式取得,但总包邮件不合格的袋数与总包邮件总袋数必须保持同批次、同范围。计算公式为:

$$总包邮件封发不合格率 = 总包邮件封发不合格袋数 / 封发总包邮件总袋数$$

4) 给据邮件延误差错率(万分比)

给据邮件延误差错是指生产人员因违反邮件封发计划、未执行规章制度和规程造成给据邮件漏封发、错封等主观因素导致给据邮件超过规定传递时限,或因错发等主观因素导致给据邮件的差错责任。

给据邮件延误差错率是指某企业某时期发生给据邮件延误差错的件数占本企业给据邮件交换量的比例。该指标数据按月、年或者根据实际需要的统计期统计,给据邮件延误差错的件数根据验单或者"两子系统"内控制系统全额统计,但与给据邮件交换量的取数必须保持同期、同范围。计算公式为:

$$给据邮件延误差错率 = 给据邮件延误差错件数 / 给据邮件交换量$$

5) 给据邮件丢失损毁率(万分比)

给据邮件丢失损毁是指生产人员未执行规章制度和操作规程造成给据邮件有进无出、查无下落;因安全防范措施不力导致给据邮件丢失、被盗;因操作失当导致给据邮件损毁而引起的赔偿责任。

给据邮件丢失损毁率是指某企业某时期发生给据邮件丢失损毁的件数占本企业给据邮件交换量的比例。该指标数据按月、年或者根据实际需要的统计期统计,给据邮件丢失损毁的个数根据赔偿情况实际统计,但与给据邮件交换量的取数必须保持同期、同范围。计算公式为:

给据邮件丢失损毁率＝给据邮件丢失损毁件数/给据邮件交换量

6) 平常邮件延误差错率(万分比)

平常邮件延误差错是指生产人员因违反邮件封发计划、未执行规章制度和规程造成邮件漏封等主观因素导致平常邮件在某一生产环节超过规定处理时限,或者因错封等主观因素导致平常邮件发运路向错误而造成该邮件传递时限超过规定时限。

平常邮件延误差错率是指某企业某抽样检查期发生平常邮件延误差错的件数占本企业抽样检查平常邮件总件数的比例。该指标数据采取定期或者不定期的抽样检查方式取得,但平常邮件延误差错件数与抽查平常邮件的邮件总数必须保持同批次、同范围。计算公式为:

平常邮件延误差错率＝平常邮件延误差错件数/抽查平常邮件总件数

7) 报刊分发延误差错率(万分比)

报刊分发延误差错是指生产人员因主观因素导致报刊在分发环节分发处理时间超过规定时限。

报刊分发延误差错率是指某企业某时期发生报刊延误差错的份数占本企业报刊总分发量的比例。该指标数据按月、年或者根据实际需要的统计期统计,报刊延误差错的份数根据验单或者质量抽查统计,但与报刊分发量的取数必须保持同期、同范围。计算公式为:

报刊分发延误差错率＝报刊分发延误差错份数/本企业分发报刊总份数

8) 报刊分发丢失损毁率(万分比)

报刊分发丢失损毁是指报刊分发人员未执行规章制度和操作规程造成报刊短少；因安全防范措施不力导致报刊被盗；因操作失当导致报刊损毁而引起的人为责任。

报刊分发丢失损毁率是指某企业某时期发生报刊丢失损毁的份数占本企业报刊分发总量的比例。该指标数据按月、年或者根据实际需要的统计期统计,报刊丢失损毁的份数根据验单责任和实际赔偿情况统计,但与报刊分发总量的取数必须保持同期、同范围。计算公式为:

报刊分发丢失损毁率＝报刊分发丢失损毁份数/本企业报刊分发总量

9) 机要邮件总包失密丢损率(万分比)

丢失是指生产人员未执行规章制度和操作规程造成机要邮件总包有进无出、查无下落,或者因安全防范措施不力导致机要邮件总包被盗。

失密是指机要邮件在传递过程中被拆阅造成内容泄露,或者机要邮件的总包不合规格,经机要处理人员确认内件封条有拆动痕迹等现象。

损毁是指机要邮件在传递过程中受到损坏,无法辨认文件内容。

机要邮件总包失密丢损率是指某企业某时期发生机要邮件总包失密丢损袋数占本企业机要邮件总包交换量的比例。该指标数据按月、年或者根据实际需要的统计期统计,机要邮件总包失密丢损袋数根据验单或者用户查询、投诉、追查责任等全额统计,但与机要邮件总包交换量的取数必须保持同期、同范围。计算公式为:

机要邮件失密丢损率＝机要邮件失密丢损袋数/机要邮件交换量

10) 机要邮件总包延误差错率(万分比)

机要邮件总包延误差错是指生产人员因违反邮件发运计划、发运次序、总包邮件漏发运、错装、错卸等主观因素导致机要邮件总包超过规定传递时限,或因错发等主观因素导致机要邮件总包安全受到威胁而未造成实际损失后果的差错责任。

机要邮件总包延误差错率是指某企业某时期发生机要邮件总包延误差错的个数占本企业机要邮件总包交换量的比例。该指标数据按月、年或者根据实际需要的统计期统计,机要邮件

总包延误差错的个数根据验单或者用户查询、投诉等全额统计,但与机要邮件总包交换量的取数必须保持同期、同范围。计算公式为:

$$机要邮件延误差错率 = 机要邮件延误差错个数 / 机要邮件交换量$$

11) 邮车运行准班率(百分比)

邮车运行准班是指汽车邮路承运企业能够按规定的发班频次派出车辆执行运邮任务。

邮车运行准班率是指某时期某企业邮车实际发班次数占本企业计划发班次数的比例。该指标数据按月、年或者根据实际需要的统计期统计,邮车正常发班次数根据行车排班表或者调度记录全额统计,但与计划发班次数必须保持同期、同范围。计算公式为:

$$邮车准班率 = (实际发班次数 / 计划发班次数) \times 100\%$$

12) 邮车运行准点率(百分比)

邮车运行准点是指在某时期某企业的汽车邮路能够按照运行时刻表规定的时间准点运行。

邮车运行准点率是指某时期某企业邮车实际准点到达各条邮路所有交接点的车次数占该企业应正点到达各条邮路所有交接点的车次数的比例。该指标数据按日、月、年或者根据实际需要的统计期统计,邮车准点到达交接点车次数可根据行车排单表统计,邮车实际到达时间与计划到达时间前后误差在规定的范围内可视为正点到达,但与应准点到达次数必须保持同期、同范围。计算公式为:

$$邮车运行准点率 = (准点到达交接点的车次数 / 应准点到达交接点的车次数) \times 100\%$$

13) 总包邮件信息发送准时率(百分比)

总包邮件信息发送准时是指在邮车发出后 30 分钟内,能够将总包邮件信息在网上发送。

总包邮件信息发送准时率是指某时期某企业总包信息准时发送的批次占本企业信息发送的总批次的比例。该指标数据按月、年或者根据实际需要的统计期统计,总包信息准时发送的批次根据"两子系统"记录的数据和相关局缮发的验单作为依据统计,但与总包邮件信息发送的总批次必须保持同期、同范围。计算公式为:

$$总包邮件信息发送准时率 = (准时发送信息批次数 / 本企业发送信息批次总数) \times 100\%$$

14) 总包邮件信息发送正确率(百分比)

总包邮件信息发送正确是指发送的总包邮件电子信息与发出的总包邮件实物信息对应相符。

总包邮件信息发送正确率是指某时期某企业向网上发送的总包邮件信息发送正确的批次数占本企业总包邮件信息发送批次总数的比例。该指标数据按月、年或者根据实际需要的统计期统计,总包信息发送正确的批次根据验单统计,但与总包邮件信息发送总批次必须保持同期、同范围。计算公式为:

$$总包邮件信息发送正确率 = (信息发送正确的批次数 / 信息发送批次总数) \times 100\%$$

15) 总包邮件扫描勾核率(百分比)

总包邮件扫描勾核是指以邮区中心局或生产环节为节点,对总包邮件实物袋牌的条码信息使用条码扫描器扫描后,同网上下载的电子信息或子系统内操作终端上生成的电子信息在计算机内(操作终端)进行自动核对。

总包邮件扫描勾核率是指某时期某企业扫描勾核总包邮件的袋数占本企业处理总包邮件总数的比例。该指标数据按日、月、年或者根据实际需要的统计期统计,扫描勾核总包邮件袋数根据"两子系统"内统计系统全额统计,但与处理总包总数必须保持同期、同范围。计算公式为：

$$总包邮件扫描勾核率＝（扫描勾核总包邮件袋数/处理总包邮件总数）×100\%$$

16）邮件查询逾限率（百分比）

邮件查询逾限是指业务档案室自收到普通邮件查单之日起 2 个工作日内、收到特快专递查单之日起 1 个工作日内没有将递查回复单发出，或者在网络查询的方式下没有在规定时限答复对方。

邮件查询逾限率是指某时期某企业邮件查询逾限的次数占该企业邮件查询总次数的比例。该指标数据按月、年或者根据实际需要的统计期统计，邮件查询逾限的次数根据查单回复的实际情况全额统计，但与邮件查询总次数必须保持同期、同范围。计算公式为：

$$邮件查询逾限率＝（某企业邮件查询逾限次数/该企业查询总次数）×100\%$$

17）重大通信质量事故次数

重大通信质量事故次数是某企业或某生产环节由于没有执行规章制度和操作规程，或者不执行邮件发运计划、封发计划和生产作业计划等，造成严重后果和重大影响的次数。包括非客观因素而造成整车普通邮件错发、漏发、错漏交换；大批邮件（50 袋或者 100 件以上）水湿、污染、损坏、毁弃；一次性丢失、被盗总包 30 袋（散件 50 件）以上，给企业带来重大的经济损失；机要邮件失密、丢失、损毁引起严重后果，给企业声誉造成不良影响的事件次数。

（2）外部考核指标解释与计算方法

为了实现邮件信息的一次录入全程共享，提高信息的利用率和生产作业效率，对营投环节提出如下建议：

- 窗口邮件收寄三状化；
- 窗口邮件收寄标准化；
- 给据邮件采用 ID 码；
- 给据邮件信息完整准确；
- 营业、投递与邮区中心局信息互连互通。

下列指标为考核营业和投递部门对邮政内部生产和邮件全程处理、查询的支撑力度而设置。

1）给据邮件条码化率（百分比）

给据邮件条码是指在收寄的散件给据邮件上粘贴系统能够识别的唯一条码，实现一次生成，多次使用，全程共享。

给据邮件条码化率是指某时期某企业抽查有条码的给据邮件数占该企业抽查给据邮件总数的比例。该指标实行定期和不定期的统计周期抽样统计，抽查的有条码的给据邮件数根据实际抽查情况全额统计，但与抽查给据邮件总件数必须保持同期、同范围。计算公式为：

$$给据邮件条码化率＝（抽查的有条码的给据邮件数/抽查给据邮件总件数）×100\%$$

2）给据邮件条码正确识读率（百分比）

给据邮件条码正确识读是指给据邮件的 ID 条形码用条码扫描设备能够正确识读。

给据邮件条码正确识读率是指某时期某企业抽查给据邮件条码可正确识读的件数占该企业抽查给据邮件总件数的比例。该指标数据按月、年或者根据实际需要的统计期抽样统计，抽查给据邮件条码正确识读的个数根据实际抽查情况全额统计，但与抽查给据邮件总数必须保持同期、同范围。计算公式为：

$$给据邮件条码正确识读率＝（抽查给据邮件条码可正确识读的件数/抽查给据邮件总件数）×100\%$$

3) 给据邮件信息上网率(百分比)

给据邮件信息上网是指给据邮件的收寄信息、封发清单信息通过邮政综合网发送到邮件处理中心,并在邮件实物到达处理中心之前完成信息发送操作。

给据邮件信息上网率是指某时期某企业收寄、封发的给据邮件信息上网的件数占本企业收寄、封发给据邮件总件数的比例。该指标数据按月、年或者根据实际需要的统计期统计,给据邮件信息上网的件数根据"两子系统"内统计系统全额统计,但与给据邮件总件数必须保持同期、同范围。计算公式为:

给据邮件信息上网率 = (给据邮件信息上网的件数/该企业给据邮件总件数) × 100%

4) 给据邮件网上信息正确率(百分比)

给据邮件网上信息正确是指给据邮件的电子清单信息与给据邮件的实物信息相符。

给据邮件网上信息正确率是指某时期某企业给据邮件网上信息正确的件数占本企业信息上网的给据邮件总数的比例。该指标数据按月、年或者根据实际需要的统计期统计,给据邮件网上信息正确的件数根据验单统计,但与信息上网的给据邮件总数必须保持同期、同范围。计算公式为:

给据邮件网上信息正确率 = (给据邮件网上信息正确的件数/该企业信息上网的给据邮件总数) × 100%

(3) 运行效率和效益控制指标解释与计算方法

1) 运邮车辆利用率(百分比)

运邮车辆利用是指邮政车辆被安排在邮路上正常运行。

运邮车辆利用率是指某时期某企业邮政车辆在线运行总里程(或总时间)占本企业邮政车辆总量及其配置标准的比例。该指标数据按月、年或者根据实际需要的统计期统计,运邮车辆运行里程从运输部门派发车辆记录统计,但必须与企业拥有邮政车辆总数保持同期、同范围。其计算公式为:

运邮车辆利用率 = {邮政车辆行驶总里程(或运行总时间)/[车辆总数(含备车) × 按配置标准应行驶里程(或运行时间)]} × 100%

2) 运邮车辆完好率(百分比)

运邮车辆完好是指邮政车辆具有良好的、能够正常安全行驶的技术性能。

运邮车辆完好率是指某时期某企业邮政车辆完好车日占本企业邮政车辆总车日的比例。该指标数据按月、年或者根据实际需要的统计期统计,运邮车辆完好车日从车辆维修部门和运输部门维修车辆记录统计,但必须与企业拥有邮政车辆总数保持同期、同范围。其计算公式为:

运邮车辆完好率 = (邮政车辆完好车日/总车日) × 100%

3) 通信设备利用率(百分比)

通信设备利用是指邮政车辆被配置在生产部门正常运行。

通信设备利用率是指某时期某企业使用中通信设备实际开机台时占本企业通信设备制度台时的比例。该指标数据按月、年或者根据实际需要的统计期统计,通信设备开机台时从生产部门使用记录统计,但必须与企业拥有通信设备总数保持同期、同范围。其计算公式为:

通信设备利用率 = (设备实际开动台时/设备制度台时) × 100%

设备制度台时指根据生产作业需要,设备应开机工作时间。

4) 通信设备完好率(百分比)

通信设备完好是指通信设备具有良好的、能够正常安全使用的技术性能。

通信设备完好率是指某时期某企业通信设备完好台时占本企业通信设备制度台时的比例。该指标数据按月、年或者根据实际需要的统计期统计,通信设备完好台时从生产单位和设备维护部门维修记录统计,但必须与企业拥有通信设备总数保持同期、同范围。其计算公式为:

$$通信设备完好率 = (设备完好台时/设备制度台时) \times 100\%$$

设备完好台时指设备制度台时减去设备故障停机台时。

5) 邮件分拣上机率(百分比)

邮件上机分拣是指邮件按"三状化"标准利用各类分拣设备自动分拣入格。

邮件分拣上机率是指某时期某企业某种邮件利用分拣机分拣数量占该邮件全部分拣总量的比例。该指标数据按月、年或者根据实际需要的统计期统计,上机分拣邮件数量直接从分拣机分拣记录中统计,但必须与分拣总量保持同期、同范围、同种类。其计算公式为:

$$邮件分拣上机率 = (某种邮件上机分拣数量/该邮件全部分拣数量) \times 100\%$$

6) 邮车运能利用率(百分比)

邮车运能利用率是指某时期某企业某种运输工具运输量占该运输工具容间(容积或吨位)的比例。该指标数据按月、年或者根据实际需要的统计期统计,邮车装载数量从邮件发运部门发运记录统计,但必须与转运部门发运总量保持同期、同范围。其计算公式为:

$$邮车运能利用率 = (某种运输工具装载邮件的体积/该运输工具自身容积) \times 100\%$$

或:

$$邮车运能利用率 = (某种运输工具装载邮件的重量/该运输工具载重重量) \times 100\%$$

由于目前邮件体积无法采集,除特快邮件外,普通邮件尚不能采集重量信息,为便于考核,集团公司经过测算,制订了以标准袋为基础、袋千米为核定量的邮车满载标准。

火车邮厢按 18 吨计算,邮运汽车按实际载重吨位计算,平均每吨装载量为 50 标准袋。

$$邮车满载标准袋千米 = 邮车运行里程 \times 实际吨位 \times 计划班次 \times 50 袋/吨$$

所以,邮车运能利用率计算公式可演变为:

$$邮车运能利用率 = (某种运输工具装载邮件袋千米/该运输工具满载标准) \times 100\%$$

另外,通过某运输工具实际完成袋千米减去该运输工具满载标准也可以直观了解邮车满载情况,当结果为正时,表示达到满载标准,反之,则没有达到满载标准。

7) 人均劳动生产率(百分比)

人均劳动生产率是指单位时间内平均每人处理邮件的数量。这项指标数据按月、年或者根据实际需要的统计期统计,劳动生产量从邮件处理部门处理邮件记录统计,但必须与处理总量保持同期、同范围。其计算公式为:

$$人均劳动生产率 = (单位时间内处理邮件的数量/实际生产人数) \times 100\%$$

8) 给据邮件网络化分拣率(百分比)

给据邮件网络化分拣率是指利用电子化支局上传的收寄信息中的寄达局邮编进行分拣的邮件占中心局封发同类邮件总件数的比例。该指标按月、年或者实际需要的时间段统计,网络化分拣的邮件数根据实际情况全额统计,但与中心局封发同类邮件总件数必须保持同期、同范围。该指标在中心局进出口处理环节分别统计。计算公式为:

$$给据邮件网络化分拣率 = (网络化分拣的邮件数/中心局封发同类邮件总件数) \times 100\%$$

9) 给据邮件信息预处理率

给据邮件信息预处理率是指某时期给据邮件分拣部门在信息预处理环节和总包开拆环

节,进行人工补录全邮编或直接指定分拣个口的无邮编或邮编不完整的邮件数量占该时间内分拣的同类给据邮件总量的比例。这项指标反映中心局网络化分拣效率受给据散件信息准确性影响的程度。该指标可对进口、出口邮件分别统计,也可在信息预处理环节、总包开拆环节分别统计,但必须与开拆邮件总量保持同期、同种类。其计算公式为:

给据散件信息预处理率＝(给据邮件信息维护处理量/同种邮件分拣处理总量)×100%

10) 改退邮件比率(百分比)

改退邮件比率是指某时期邮件分拣部门分拣处理的粘贴有改退批条的邮件量占同类邮件总处理量的比例。这项指标综合反映中心局分拣环节的重复工作量和全网邮件分拣水平,侧面反映中心局分拣资料、分拣操作以及用户邮政邮编地址使用的准确性。该指标可对各业务种类和进、出口作业环节分别统计。其计算公式为:

改退邮件比率＝(粘贴有改退批条的邮件量/同种邮件分拣处理总量)×100%

11) 中心局全网贡献率(百分比)

中心局全网贡献率是分析邮区中心局经济效益的一个指标。是指有效或有用成果数量与资源消耗及占用量之比,即产出量与投入量之比,或所得量与所费量之比。计算公式为:

中心局全网贡献率＝[贡献量(散件处理＋总包经转量)/投入量(中心局当年占用总资产)]×100%

三、中心局质量管理制度与考核方法

为加强通信质量管理,邮区中心局应建立生产指挥调度中心质量检查岗,生产单位专职质量检查岗,生产班组专、兼职质量检查岗三级质量检查体系。

1. 生产指挥调度中心质量检查岗

◆ 岗位职责:

1) 在生产指挥调度中心主任领导下,负责制订中心局质量管理制度和考核办法,对全局通信质量实施定量考核。

2) 依据上级主管部门质量检查制度和工作计划,结合本局实际工作情况,制订本局检查计划并组织实施,按照检查频次和要求定期进行检查活动,按规范填写检查记录。

3) 对邮政通信质量、服务质量、邮件安全、通信纪律等规章制度的落实情况实施监督、检查;负责通信质量、服务质量、邮件传递时限等各项指标的考核;协调、督促各生产单位贯彻落实检查制度,对各生产单位质量管理岗和专职质量检查岗履职情况进行检查和考核。

4) 及时掌握本局发生的重大质量问题并积极调查处理。对违章违纪和妨碍邮政通信的违法犯罪行为配合有关部门进行查处并督促整改。

5) 定期召集质量分析会,针对各基层生产单位通信质量存在的问题,认真分析原因,查找问题症结,督促各基层单位制订整改措施并跟踪检查落实情况。

6) 查阅、调阅有关业务档案资料、原始记录,利用信息系统调阅生产情况数据资料。根据相关资料以及各级检查员的检查报告进行综合分析,对生产单位生产管理、质量情况或重要个案进行剖析、通报。

7) 处理来自各种渠道的质量投诉,对投诉内容分析,落实责任。

8) 定期汇总检查记录,编写中心局质量分析报告,填报质量报表,按规定时间上报上级主管部门和中心局主管领导。

9) 对下级质检人员进行工作指导和业务培训,定期组织经验交流。

10) 按时完成上级交办的临时工作任务。

◆ 权限：

1）根据上级质量管理方针和有关规定，有权制订本中心局质量管理、考核制度；有权根据上级下达各项考核指标，分解、下达本中心局质量管理考核指标并落实考核。

2）有权进入本局各生产现场进行检查；有权对生产单位的日戳、夹钳等专项用品用具使用管理情况进行检查；有权调阅各种业务档案。

3）持邮运检查证和火车邮运视导员免费乘车证有权跟随干线汽车、火车检查工作。

4）持机要通信检查证有权检查机要接发员、机要押运员的有关证件，检查机要邮件交接、处理情况。

5）有权查验干线汽车、趟班车驾押人员准驾证、上岗证，检查驾驶员是否按规定携带驾驶证、行驶证；有权打开车厢封志并要求汽车驾押人员打开车厢检查邮件装运情况。

6）有权打开邮件封志检查内件封发质量。

7）有权制止违章违纪、违反操作规程等现象，有权对上述问题及各种隐患下达整改通知书并督促整改；有权依据有关管理制度实施处罚；有权协助有关部门各种通信案件的调查和处理。

8）有权对全局通信质量、服务质量情况进行总结、剖析；有权对局内通信质量责任进行裁决；有权向生产单位主管领导提出提高通信质量的建议。

9）有权对生产单位专兼职检查员进行考核，对不认真履行职责的生产单位专兼职质量检查员，有权提出撤换意见。

2. 生产单位专职质量检查员

◆ 岗位职责：

1）在本单位主管负责人领导下，根据管理规范，结合本单位实际情况，按检查频次、检查内容和数量要求履行检查职责，同时接受生产指挥调度中心业务管理和指导。

2）对本单位的通信质量、服务质量、邮政规章制度的落实情况以及兼职检查员履职情况进行综合检查。

3）根据上级规定，对邮件封发、处理规格、邮件处理、传递时限进行检查。

4）按时收集、整理、汇总生产班组质量检查资料，依据资料进行质量分析，定期向生产指挥调度中心上报质量分析报告和质量报表。

5）定期组织本单位质量分析会，针对本单位通信质量存在的问题，认真分析原因，查找问题症结，制订切实可行的整改措施，并认真组织落实、实施。

6）按时完成上级交办的临时工作任务。

◆ 权限：

1）有权根据中心局相关管理制度，制订本单位质量管理考核制度，有权依据中心局下达的质量考核指标对生产班组进行质量考核。

2）有权进入本单位所辖各生产现场，有权对本单位各班组用品用具使用管理情况进行检查。

3）汽车运输单位和火车押运单位检查员持有中心局邮运检查证和火车邮运视导员免费乘车证有权跟随干线汽车、火车检查工作。

4）有权制止违章违纪、违反操作规程等现象，有权对上述问题依据有关管理制度进行处罚；有权界定本单位内部质量差错责任。

5）有权召集本单位质量分析会，对本单位通信质量、服务质量情况进行总结、剖析；有权对本单位在生产运行和质量方面存在的问题,向本单位主管领导和生产指挥调度中心提出意见和建议。

6)有权对生产班组专兼职检查员进行考核,对不认真履行职责的班组专兼职质量检查员,有权向单位领导提出撤换意见。

3. 生产班组专职或兼职质量检查岗

◆ 岗位职责:

1)生产班组专兼职质量检查岗在班组长领导下,从事本班组质量检查和质量管理工作,同时接受本单位专职质量检查岗的业务管理和指导。

2)对本班组通信质量、传递时限、邮件处理规格进行检查。

3)对本班组各生产岗位执行各项规章制度、生产操作规范情况进行检查。

4)对本班组执行邮件发运计划和作业计划情况进行检查。

5)定期组织召开本班组质量分析会,剖析质量问题,提出改进措施并监督落实实施。

6)定期汇总本班组质量情况和检查记录,及时上报本单位专职检查员。

7)按时完成上级交办的临时工作。

◆ 权限:

1)有权根据中心局和生产单位质量管理考核制度制订本班组具体考核办法并落实实施。

2)有权对本班组各岗位和生产工序进行检查;有权对本班组生产人员作业情况、操作规范及用品用具使用情况进行检查。

3)有权制止本班组员工违章作业及违计划封发、发运;有权依据规章对违章违纪、违反操作规程和发运计划现象进行处罚。

4)有权召开本班组质量分析会,分析质量问题,提出整改措施并监督落实。

5)有权本生产单位及生产指挥调度中心提出改进管理、提高质量的意见和建议。

【复习思考题】

1. 简述质量管理的含义以及发展过程。
2. 简述邮政通信质量管理的主要内容。
3. 简述邮政陆运网质量管理指标。
4. 简述邮区中心局质量管理指标和考核方法。

【课后实践】

以班级为单位到邮区中心局生产作业现场了解该局质量管理考核指标和方法,了解本地区邮政陆运网运行质量管理评价方法和管理措施。

第九章 邮政报刊发行过程的组织与管理

【学习目标】

通过本章内容的学习,学生能系统了解中国报刊发行的体制沿革,理解邮政报刊发行业务的组织机构设置与管理职责,掌握邮政报刊发行业务的处理流程及重点管理内容。

【引导问题】

报刊发行业务是邮政的传统业务之一,你想了解报刊发行业务处理流程及组织管理的基本内容吗?报刊发行业务组织机构及职责是什么?报刊款是如何结算的?带着这些问题,我们走进本章的学习。

改革开放以来,我国的报刊业获得了飞速发展,报刊的产品、商品观念已经深入人心。如果把报刊看成是一种产品,报刊发行就是"出售新闻信息",具有传播和销售的双重职能。报刊发行业务是邮政企业经营的主要业务之一,也是邮政企业大力发展的重点业务,具有重要的社会效益和经济效益。

第一节 邮政报刊发行业务概述

一、报刊发行业务的概念及性质

报刊发行业务是邮政部门利用遍布全国的邮政通信网,联系用户广泛、传递迅速等特点,将编辑出版后的报纸、期刊与出版物,以订阅或零售的方式按期投递或销售给读者的业务。报刊是报纸和期刊(杂志)的简称,是传播知识和信息的载体,起着传媒作用。在我国,报刊是宣传党的纲领、路线、方针、政策的重要工具。为满足广大人民群众精神文化生活的需要,报刊起到了十分重要的作用。

报刊发行是报刊出版工作重要组成部分,离开了报刊发行工作,报刊的一切作用将无法实现。在我国报刊发行工作具有以下性质:

1. 政治性

报刊是为传播宣传党的纲领、路线、方针、政策,促进"两个文明"建设,满足广大人民需求服务的。

2. 计划性

报刊的收订、要数、分发、运输、投递等,都要根据报刊社的要求和企业生产全程全网的要求统筹规划,合理安排,联合作业,共同完成。

3. 时限性

要做好报刊发行工作,必须树立时间观念,特别是报纸、畅销报刊,时限性强,必须要求各个部门、环节,协调一致,环环相扣,确保时限和质量。

4. 商业性

报刊是邮政企业中具有商品流通性质的一项业务,特别是报刊零售业务,更体现商业经营的性质。

总之,报刊发行是党和政府的宣传工作的组成部分,也是一项经济工作,是邮政企业的一项主要业务,具有邮政通信的一般性质。所以,既要按照邮政通信的规律操作,又要遵循商品流通的特性搞好生产经营。

二、中国报刊发行体制沿革

中国最早的报纸只在封建统治机构内部发行,由政府设置的邮驿传送,读者对象是分封在各地的皇族、官吏和封建王朝的上层人士。后来在北京出现了一些报馆联合开办的报纸发行市场,通过报贩层层批发零售,有的直接投送预订户,有的设摊零售或沿街叫卖。杂志一般由书店经销。这种发行方式一直延续到解放初期。在中国革命根据地,报纸发行主要通过赤色邮政(交通局)传递。抗日战争和解放战争时期,各解放区先后成立邮、交、发三位一体的战时邮政,承担报刊的发行传送工作。

新中国的报刊发行体制,大体经历了三个阶段:第一个阶段从新中国成立初期到80年代前期,"邮发合一"体制一统天下;第二个阶段从1985年洛阳日报退出"邮发",自办发行开始,"邮发"和"自发"两种体制平分秋色,并存竞争;第三个阶段大约从90年代中期开始,出现了专业化的民营和外资发行公司。自此,报刊发行呈现了多渠道的态势。如今,随着文化体制改革的不断深入,市场经济的成熟和完善,我国的报刊体制越来越呈现多元化态势。

(一)邮发合一

"邮发合一"是解放初期从苏联学来的一种发行模式,这种模式即是把报纸发行工作交给邮局来做,把报纸的生产(编辑、印刷)和流通(发行)截然分开,把送信与送报捆在一起,把多家报刊捆在一起,把报刊的征订、发运和投递捆在一起,把批发和零售捆在一起。

中华人民共和国成立以后,根据"全国报纸经营会议"和"第一次全国人民邮政会议"决议,经中央批准,1950年2月,邮电部和国家新闻总署制定了《关于邮电局发行报纸暂行办法》,确定了我国的报纸交邮局发行的"邮发合一"方针。1950年2月13日,《人民日报》社率先与邮政总局签订协议,自3月1日起《人民日报》交邮局发行。1953年1月,在报纸实行"邮发合一"取得成效的基础上,中央又决定将新华书店和中国图书发行公司发行的定期出版的杂志全部交邮局发行。从此我国就正式开始了"邮发合一"的报刊发行体制,由此确定了邮政报刊发行的主渠道地位。自新中国成立到70年代,邮局的发行系统一直是我国报刊发行的唯一力量。

(二)自办发行

随着社会经济形势的不断变化,"邮发合一"渐渐不能适应新的环境,尤其是十一届三中全会以后,全国的工作重点转移,计划经济体制向社会主义市场经济体制转变,给报刊的发行模式带来了一定的冲击。

首先,改革开放政策为新闻出版事业带来空前的繁荣,报纸的数量增多,品种由单一的机关报变为多品种、多层次,开张由四版变为八版、十六版直至几十版,内容特色更是日新月异。报刊之间的激烈竞争,对发行环节也提出了更高的要求。

其次,市场经济条件下,报刊社讲求经济核算,考虑成本、利润等一系列经济指标。而当时的"邮发合一"模式存在着资金回笼较慢的缺点,不利于报刊社积累资金,扩大再生产。为了满足新时期报刊发行的需求,报刊社开始自办发行,自设发行机构,直接办理本市、外埠读者订阅或零售批发。市内订户由报社雇用的送报员投送,外埠通过邮局按新闻纸邮寄。

尽管自办发行使报刊社自身利益得到保证,但它也有自身体制上的弱点和不足。自办发行之初,我国大部分报社的发行部门都很小,体系也不完整。例如,当时光明日报发行部16个人,与采编人员的比例是1:25,发行队伍力量薄弱,每到发行季节,记者、编辑都要带着发行任务,组织发行。这种亲力亲为的手工操作,并不能完全适应市场经济条件下的报业发展。并且,自办发行对报刊社的依附关系并没有改变,发行依然面临管理体制行政色彩浓厚、发展动力不足、运作机制不畅、创新意识不强、成本控制机制及效益评价机制不适应市场规律等困境,还有内部发行经营观念不强、激励方式单一、发行员工收入过低、队伍不够稳定、部分发行管理人员管理水平低下、职业发行经理缺乏等现实情况。因此,自办发行不能完全满足当时的市场需求。

(三) 多渠道发行

随着市场经济的不断完善和新闻体制改革的逐渐深入,报业发行体制变革也随之进入了新时期,多种灵活的发行模式不断出现。

1. "邮发"和"自发"相互结合,扬长补短

"邮发"和"自发"相互结合主要是指邮政企业和报社共同商讨,在双方互惠互利的基础上,签订合约,根据市场经济下价值的原则,协调好双方的经济利益。报刊社和邮政企业因地制宜、因报制宜地制订出双方都能接受的发行费率,这是"报邮联合发行"的关键,如果在这一点上双方能达成共识,"联合发行"就有了成功的基础和前提。1998年,《深圳商报》与当地邮局签订了"联合发行合作协议",并且共同成立了"联合发行指挥部",以邮政企业为主,报社协助,开办了预约征订、跨区订阅、上门收订、现场收订、分期订阅等多种新的服务项目,报纸的发行量也因此获得全面增长,市内订户比上年增长了71.2%,外埠订户比上年增长了5.8倍。在和邮政企业重新合作的同时,报社也可以拓宽自办发行的路子,灵活地采取多种手段,因地制宜地发展发行模式。尤其是一些有经济实力的报业集团,可以由报业集团建立一个直接下属的发行总公司,再在各地建立起发行分公司,统一部署和管理此报业集团下的各家报纸发行;另外,报社还可以和银行合作,选中一家或几家全国联网的银行,委托它们在各地的营业网点设点收订报刊。随着互联网的发展,报社还利用网络,在网上征订报纸,然后委托商务站点进行投送。

2. 成立专业化的报刊发行公司

专业化的发行公司可以是同一地区的多家报社联合起来组建的,每家报社根据投入的多少,占有一定的股份。发行公司是一个独立的经济实体,它承担多家报社的发行任务,各个城市兴起和发展了自己的地方发行公司,再逐步将全国各城市的发行网连成一片,成立全国性的报刊发行中心。专业化的发行公司也可以由社会力量,甚至私人创建,它不属于任何报社,独立组建自己的发行网络,与各家报社签订合同,既可承担征订、投送业务,又可承担零售发行业务,使发行商业化、专业化和社会化,成为市场经济下的又一个新兴的服务行业。

3. 零售代理商的出现和发展

市场经济加剧了人口的流动性,尤其在人口密集的大城市,流动人口便成为了报纸零售的潜在对象。报社可以自行创建自身的零售队伍,在城市各点建立发行站,聘用人员上街零售报纸,也可以在社会上招聘零售代理商,与其签订合同,由他专门负责某一地区的报纸零售,零售商能和不同的报社签约,并自己组建零售点。

随着社会经济的不断发展,会出现出更多、更灵活、更合理的发行方式,报纸的发行体制也将不断地变化、更新,并会进一步促进报刊业的繁荣和发展。

三、邮政报刊发行的方式

邮政部门发行报刊采取:订阅、零售、赠阅、贴报等方式。主要采取的是订阅和零售这两种基本方式。

1. 订阅

报刊在出版前,读者到当地邮局(所)或单位报刊推广发行站或利用电话、网络等方式,选订自己所需要的报刊,并按照订期长短和订阅的种类、份数,一次性缴纳全部报刊款。邮政部门在收订后,向报刊社要数,取得报刊,然后逐期按址投递给订户。这种方式称为"订阅"。

随着社会的发展,技术的进步,特别是移动互联网的迅速发展,改变了消费者的阅读习惯,为顺应时代的发展潮流。邮政报刊发行除了要继续抓好窗口收订、上门收订、大客户营销等传统收订方式外,还应为客户提供 7×24 小时线上订阅服务,实现"随时、随地"订阅报刊。

(1) 网站订阅

报刊网上订阅作为新兴渠道,正逐渐成为一种新的订阅手段,已经受到了越来越多读者的欢迎,得到了报刊社的重视。它方便客户在网上快速地查找自己感兴趣的报刊,并能够实现快速订阅,极大地减少了投递员上门营销的工作量,提高了报刊的经营效益。

中国邮政订阅网(http://bk.11185.cn/)是以报刊在线订阅为核心,服务于邮政、报刊社、订阅客户三方的信息平台。网站提供了网上的报刊目录查询、订单受理、支付、退订、改址、续订等业务,其中,一报多址、一址多报和集订分送功能是邮政报刊订阅网的特色功能,是提高报刊发行服务质量、深化邮政报刊发行服务手段的重要举措。

(2) 手机邮局

手机订阅营销的互动性强,能够与广大群众进行有效的沟通,而且费用低,只要根据客户的需求,开发一个适合于本品牌的手机软件应用即可。通过手机客户端的开发,开拓市场渠道所产生的营销效果,是电视、报纸和网络所不能代替的。

(3) 微信订阅

微信营销是网络经济时代企业营销模式的创新,是伴随着微信的火热产生的一种网络营销方式,微信不存在距离的限制,用户注册微信后,可与周围同样注册的"朋友"形成一种联系,用户订阅自己所需的信息,商家通过提供用户需要的信息,用点对点的营销方式推广自己的产品。

"微邮局"订报平台是邮政企业组织开发的报刊线上订阅平台。通过运用移动互联网思维,以多种形式吸引订阅粉丝,在一定的客户基础上,对报刊产品进行归类和介绍,不断完善和优化产品展现页面和订阅流程,打造"客户至上"的体验环境,通过多方位调集资源,开展线上订阅优惠、推荐有礼、积分换礼等活动,鼓励客户在互联网社交平台上进行分享、跟帖评论,开展互联网的口碑营销活动。同时,借助网络数据存储和捕捉技术,及时收集和整理读者线上活动的数据,包括读者上线浏览信息的时间、点击的产品、每次停留的时间等信息,开展数据营销活动,提高营销成功率。

2. 零售

邮政部门向报刊社购进报刊,通过自办、委代办零售网点向读者销售报刊或由其自由选购。这种方式称为"零售"。

3. 赠阅

邮局是受报刊社的委托,将报刊社提供的报刊,按址投送到指定的读者或单位,并向报刊社收取一定的发行费用。

4. 贴报

贴报是报社免费提供一定数量的报纸,由邮局指定专人在指定的地区进行张贴,供广大人民群众阅读,扩大宣传,满足人民群众看报需求的一种重要方式。

四、邮政报刊专项市场分类

邮政专项报刊市场主要分为党报党刊、行业报刊、畅销报刊、校园报刊、商务期刊等市场报刊。

1. 党报党刊

党报党刊是传达和宣传党的方针政策的重要渠道,群众也是通过党报党刊了解国家大事,党和政府历年来均重视党报党刊的发行工作;在互联网技术的冲击下,党报党刊的发行量仍呈现出稳步增长的趋势。做好党报党刊发行工作是邮政的政治责任和使命,也是企业"固本强基"的重要组成部分。

2. 行业报刊

相对于一般报刊,行业报刊具有发行量稳定、年价介于150~300元、读者比较集中、投递难度较小等特征。稳定并扩大行业报刊的发行规模对完成全省收订目标、提升收订效益均有重大意义。

3. 畅销报刊

畅销具有品牌效应明显、产品定位准确、读者群体忠诚度高等特点,历年来是邮政报刊收订流转额贡献大户。做好畅销报刊的收订工作,对开展年度收订有着决定性的作用。

4. 老人报刊

受年龄、阅读习惯等因素的影响,老年人对纸质类报刊存在刚性需求。随着人口老龄化加剧,老年群体成为主要的订阅群体,将带动老年类报刊发行量的逆市增长。

5. 校园报刊

受家长重视家庭教育类报刊的影响,课程辅导、课外阅读、作文类、工具类等报刊需求量较大,校园报刊是受互联网、手机报等新兴媒体影响较小的市场,规模仍在增长中。

6. 商务期刊

商务期刊又称为第三方订阅,为满足现代报刊订阅市场日益凸现的个性化和多元化需求,打破传统订阅报刊理念,将期刊这一传统文化产品与现代商务礼仪及企业广告宣传进行了有机结合,通过第三方支付报刊费用,由邮政投递给目标客户阅读,实现企业宣传、维护客户或者企业文化建设等目的的一种形式。

五、新形势下邮政报刊发行的思路

近年来,受宏观政策、市场环境、新媒体冲击等因素的影响,报刊发行市场面临着严峻的内外部形势。从内部来看,适逢集团公司深入推进改革创新,邮务板块经营组织架构改革基本完成,报刊发行作为"一体"主业的基础性业务,经过一年来的发展实践,邮政报刊发行业务在面临严峻挑战的同时,也存在前所未有的发展机遇。

1. 党报党刊收订有了政策保证和资金支持

中组部下发文件,明确了"党费主要用于订阅党报党刊、开展支部主题党日、创先争优等活动",为党报党刊收订、党建类学习资料的征订提供了有力的政策保证和资金支持。

2. 中央重视文化产业发展

国家将全民阅读提升到国家战略高度,11部委出台了《关于支持实体书店发展的指导意见》,对于图书发展给予了大力支持。

3. 发行市场进一步净化

传统纸媒进行重新洗牌,图书、党报党刊和行业报刊不断增长,以自办发行为主的都市报大幅下滑,这对邮政无疑是一种利好。

4. 知识付费成为新"风口",将促进邮政报刊发行业务的转型升级

2017年,知识付费成为互联网的新风口,为邮政由传统书报刊发行向新型知识服务平台转型提供了发展机遇。

5. 经营组织机构改革带来红利

邮政集团新的经营组织架构有利于改变传统以产品为中心的经营模式,打破专业间的壁垒,能够有效整合企业内外部资源,激发内生动力,全面推动邮政业务的转型发展。

新形势下,邮政报刊发展思路为:认真贯彻"一体两翼"经营发展战略,借力机构调整,强化专业联动;关注重点区域,开发分众市场;扩大产品内涵外延,丰富发行产品线;提升渠道能力,稳定存量客户;强化对外合作,拓展增量空间;加强技术引领,加快转型升级,实现传统报刊发行向新型知识服务平台转型,推动报刊专业汇聚新动能实现新发展。

第二节 邮政报刊发行作业流程

邮政报刊发行业务虽说是邮政的传统业务,但随着邮政报刊发行信息系统的不断完善和发展,业务流程也处在不断的优化和改造中,目前,邮政报刊发行业务的处理环节主要包括:报刊接办、宣传、收订、缴款、要数汇总、结算、通知印数、分发、运输、投递和零售。

报刊接办是一项职能性的工作,作为报刊邮发的起始环节,是代表邮政部门与报刊社、出版社联系协作的窗口。

报刊社委托邮政企业发行报刊,应提供国家新闻出版总署批准报刊出版的批文和省、自治区、直辖市新闻出版局核发的出版许可证和报纸、期刊登记表。报刊社一般应在出版地邮政企业办理发行,如有特殊需要在出版地以外地区邮政企业办理发行,须报中国邮政集团公司审批。接办局报纸按月、杂志按季向报刊社提供该报刊在发行范围内的发行数量分布情况。邮政企业发行的报刊,除使用国家规定的国内统一刊号外,还需编列报刊邮发代号。

报刊接办后,就正式进入邮发渠道,邮政报刊发行业务处理流程如图7-1所示。

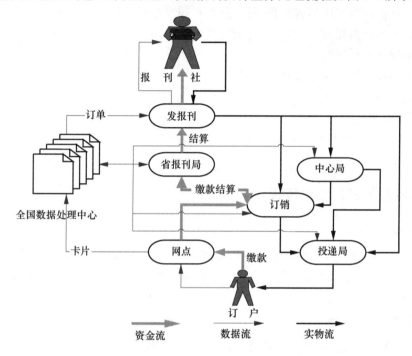

图 7-1　邮政报刊发行业务处理流程

一、邮政报刊发行组织机构及职能

邮发报刊的全部工作,根据业务角色不同,由网点、订销局、省报刊发行局、发报刊局和邮区中心局协作分工,共同完成。

1. 网点

网点是指办理报刊收订、退订、改寄、补退款、零售要数、缴款、验单、分发和投递的邮政网点。它包括收订网点、投递网点和零售网点,其业务管理部门是订销局。

2. 订销局

各级市县邮政局,均承担办理发行报刊业务的收订、投递及零售任务,所以在发行业务处理过程中称作订销局。订销局的主要职责包括宣传、订阅审核、网点收订日结处理、账款管理、对账、结算、查验、分发和订销管理,它负责网点的缴款集中,向省分公司缴款结算和对网点的业务管理等工作。

3. 省报刊发行局

省报刊发行局主要完成业务审核、经营管理、会计结算管理等功能。其主要职责有:

(1) 要数审核,对全国中心计算的要数结果进行审核确认;

(2) 完成省分公司与订销局、省分公司与发报刊局及省际间的报刊款结算;

(3) 对省分公司负责的报刊目录的变动进行审核处理；
(4) 集中管理长期报刊款。

4. 发报刊局

发报刊局是各省分公司根据各省报刊出版实际情况和发行需要，在报刊出版地设置的办理报刊发行的专门机构，发报刊局的主要职责包括：

(1) 具体负责与报刊社签订发行合同，接办报刊发行任务；
(2) 负责各省订单要数的审核，并进行变数处理和制签；
(3) 向报刊社通知印数；
(4) 向中心局或订销局分发报刊；
(5) 与省分公司及报刊社办理报刊款结算。

5. 邮区中心局

在邮政报刊发行系统中，中心局报刊分发部门主要完成报刊、图书接收、核对、分拣、封发、查验和发运的工作。

二、邮政报刊发行作业流程

(一) 宣传

为了扩大报刊发行量，在报刊集中收订期间，全国邮政报刊发行部门都会有针对性地组织报刊订阅的宣传活动。通过宣传使广大读者了解报刊的种类、报刊的内容、订阅办法、收订的时间等内容。

(二) 收订

除采取窗口收订、上门收订、报刊发行站（员）收订、网上收订、电话收订五种方式外，邮政企业还可根据需要委托社会其他单位或个人代办收订报刊。所有邮政收订窗口均可办理全省范围内通订，订户地址在地址库中明确确认的情况下，可办理全国省际间异地订阅。网上可受理全国范围内订阅业务。

订户订阅报刊时应提交准确的投递地址和付款人名址。网上订阅网下取费的业务，付款人和收报人必须在同一省份，订单的起报日期以实际上门取费时双方确定的日期为准。网上订阅网下取费时，投递局收到非本局投递范围内的上门取费信息时，投递局业务处理人员应根据订户所在的实际投递局将"上门取费通知单"调整到正确的投递局。

网站订阅的报刊，到期均可在网站查询续订通知信息。客户可根据网站提供的续订通知在网站办理续订，也可凭订单查询号或续订通知单在邮政营业窗口办理。

(三) 要数汇总

报刊订销局在规定的时间内将收订的各类报刊，分类计算收订总份数，另加报刊零售数，填写报刊订单，向全国中心要数。

全国统版邮政报刊发行系统实施后，报刊要数关系也进行了相应的调整。目前，报刊收订（含邮发零售订货）数据实行全国数据中心集中存储和统一处理。发生变动时，全国数据中心对集中存储的数据进行统一处理，生成变动处理信息备查。遇变价、停刊、休刊时，还需对集中存储未要数的数据，分别生成报刊差价单、报刊补退款清单，通知有关单位办理结算，向订户办理补退款。

汇总由全国中心负责分类汇总。发报刊局负责按本地出版报刊（含分地发行、省内、地市县分公司)的要数时间,接收全国数据中心要数汇总。

(四) 通知印数

发报刊局负责按本地出版报刊(含分地发行、省内、地市县分公司)的要数时间,接收全国数据中心要数汇总,对每种报刊的省别、期别是否属于本局发行和分印供货范围进行审核。汇总印数处理时限为一天。

汇总生成本次总应发份数:包括订阅、零售、赠阅、贴报、零售加印等份数和报刊印数通知单,通知报刊社印数。

通知报刊社印数的时间为:报纸一般为出版前1天,日报、周六报、周五报为开印前;期刊的印数时间按邮发报刊出版详情登记表中签订的印数通知时间制订。

(五) 分发交运

报刊出版后,由出版单位或印刷厂将报刊送到发报刊局指定地点(或印刷地),经核对验收后,按订销局(中心局)所要份数进行点数分发,封装后邮运部门。

(1) 发报刊局省际出口分发关系。
- 一类报刊对省际报刊直封局直封;
- 二类报刊对承担二类报刊分发功能的省际直封局直封。

(2) 省际报刊直封局进口分发关系。

承担二类报刊分发功能的省际直封局承担其所辖的其他省际报刊直封局的进口报刊经转任务,在进口分发二类报刊时,对其经转的省际报刊直封局直封。

(3) 零售公司组织的零售扩大加发报刊,对地市分公司直封。

(4) 邮发报刊品种较少的邮区中心局或发报刊局对于期报、杂志可两天合封一次,报纸杂志合封的挂报纸袋牌。

(5) 邮运部门按照报刊发运时限要求、发运车序,将报刊发运到各订销局。

(六) 进口报刊分发投递

订销局收到报刊后,经过进口分拣,投递员按报刊投递卡上的户名、地址,将报刊准确地投送给用户。

1. 投递部门负责维护段道信息、投递顺序及名址信息工作。

2. 订销局或网点制作"报刊投递清单(邮发单074)""总投递卡(邮发075)""分段投递卡(邮发076)""投递卡(邮发077)"和"投递卡交接簿(邮发078)",进行分发和投递工作。投递部门以段区为单位,分别按报刊种类、代号妥善保管投递卡。使用投递卡进行投递的,应注意及时打印增减卡片。

3. 投递员接收报刊,必须当时核对报刊代号、名称、版面、份数。杂志应与分发人员办理签收。投递杂志需订户在投递卡(或投递清单)上签收,签收有困难的,由投递员批注备查。

4. 报刊投递可根据来报刊情况打印报刊投递清单进行投递,对于需同时投递较多种类报刊的用户应使用"报刊大宗投递清单(邮发单079)"。

5. 报纸、期刊投递频次和时限如下:

(1) 畅销报刊

省会城市当日5:00以前到站的报刊,赶发当日上午投递频次;当日上午10:00以前进口的,当日下午投递。一般城市当日7:00以前进口的报刊,当日上午投递;当日中午12:00以前进口的,当日下午投递。

（2）普通报刊

直辖市、省会城市10点以前到站的报纸，当日投递；24点以前到站的，次日上午投递。其他城市的进口报纸，6点以前到站的，当日上午投递；12点以前到站的，当日投递。期刊上午进口到投递生产机构，当日投递完毕；下午进口到投递生产机构，次日投递完毕。本市出版（分印）的日报当日5:30点以前交齐的早报早投，对市区所有订户全部实行日报早投，当日上午8:30以前投递完毕。其他报纸当日7点以前交齐发报刊局指定地点的，当日上午投递。11点前交齐发报刊局指定地点的，当日下午投递。当地出版的午报、晚报当日投递。

（七）零售

报刊零售就是邮政企业利用流动资金，向报刊社预购多种报刊，采取自办、委办零售网点等多种形式向读者出售，读者根据需要自由选购的一种报刊发行业务。报刊零售业务具有明显的商业性特点，因此其经营管理要符合商业经营管理工作的规律。报刊零售是报刊发行的基本方式之一，它和订阅相辅相成，互相补充。

报刊零售应当坚持以邮发为主、本地区为主；本着"扩大零售，发展委办，加强管理，方便群众"的原则，拓宽市场，提高社会效益和企业经济效益。合法开展零售报刊业务的经营，杜绝非法出版物及内容淫秽、格调低下、封建迷信等有关部门明令禁止的出版物的销售。

报刊零售主要为包销和代销两种经营方式。包销需按订货款额结算，未销售报刊不退货。代销是指按实销结算，逾期未售出部分可以退货。

1．报刊零售的销售方式

（1）自销。通过邮政自办网点面向读者销售的方式。

（2）批销。向持有合法经营证照的非邮政零售经营单位批量销售报刊，并签订报刊批销合同的方式。各级邮政报刊零售经营单位不得向本地区以外的非邮政单位批销报刊。

（3）预约零售。读者在邮政自办网点或邮政网店预约订购报刊，全额交款、货到后自取的销售方式。报刊零售经营人员应全额预收报刊款，全额上缴。

（4）函购。读者来函索购报刊，邮政报刊零售经营单位收到报刊款按址寄发的销售方式。邮寄费应由读者承担。

2．报刊零售的上市时限

（1）零售报刊配送，地级及以上城市每日不少于两个频次，县级城市每日不少于一个频次。集团公司确定的重点产品到站后应在第一时间内配送，量大时须临时增加配送频次。

（2）市区范围内，零售报刊配送上市时限应做到5:00前到站的报刊，在零售网点营业前配送上市，12:00前到站的报刊，当日下午配送上市。

（3）配送时应与零售网点办理交接手续，签收单据集中存档管理。

3．零售业务的处理环节

报刊零售的业务处理分为：进货、销货、存货三大部分，由订货、到货、发货、销售、退货、调拨、盘存、报损、结算等环节组成。

（八）报刊款结算

报刊款是邮政企业经营报刊发行业务形成的业务资金。报刊款结算是邮政企业经营报刊业务中报刊款收缴、支付、分配的过程，是报刊业务的重要环节。

1．一般报刊款结算

（1）订销局与发报刊局之间收入按照发行费率各自列收。

1) 省际间订销局与发报刊局发行费率分成标准由集团公司制订;省内发行的报刊,订销局与发报刊局发行费率分成标准由省分公司确定。

2) 省际间订销局与发报刊局费率分成需要调整时,由省分公司上报集团公司审批。

3) 省内通订业务收投比例需要调整的,需报集团公司审批。

4) 零售报刊在邮政内部零售单位之间相互发货,按发行费率分成比例差额计列零售报刊收入。

(2) 省分公司与订销局报刊款结算

1) 省分公司按月制作"报刊缴款通知单"发送各订销局,同时制作"报刊缴款汇总通知单"交财务部门。

2) 订销局打印"报刊缴款通知单",并通知财务部门审核处理。

3) 省分公司根据订销局应缴报刊款及财务部门提供的订销局实缴报刊款按月生成"订销报刊款结算单(邮发048)",由订销局查询核对,发现不符,应及时查找原因,进行调整。

4) "发行收入结算单(邮发049)""订销局报刊发行收入详情表(邮发050)"交财务部门,由财务部门审核后通知订销局列收。

5) 每月初,省分公司业务人员根据当月订销报刊应缴款、要数款、应付发报刊局报刊款,制成"省局报刊款结算单(邮发051)"交财务部门。

6) 对报刊变动补退款,省分公司业务部门将"报刊补退款清单"交财务部门。逾期未退报刊款应交财务部门处理。

(3) 省分公司与发报刊局报刊款结算

1) 发报刊局每月3日(遇节假日顺延)打印"发行报刊款汇总结算单",审核后交财务部门。

2) 省分公司每月5日前(遇节假日顺延)将各发报刊局的"应付发报刊局报刊款汇总清单(邮发054)"交财务部门,财务部门应于5个工作日内向发报刊局拨付款。

3) 发报刊局将各省分公司的"发行报刊汇总结算单"与银行进账单进行核对,财务部门应于当月20日前通知业务部门,业务部门必须于当月25日前对拨款进行确认,发现不符,应于30天内与相关省分公司联系解决。核对无误的"发行报刊汇总结算单"应随同银行进账单一并作为财务部门的原始凭证进行账务处理。

4) 发报刊局查询"发行报刊款汇总结算单",与省分公司发生特殊处理费用抵扣款时,应查询"发行报刊款汇总结算单"应付款明细交财务部门列账。

(4) 发报刊局与报刊社间结算

1) 发报刊局业务部门于每月5日前提供"应付报刊社报刊款汇总结算单"交财务部门进行账务处理。

2) 发报刊局业务部门于每月5日前提供"拨付报刊社报刊款清单(报纸)",财务部门于12日前或按合同约定日期向报刊社拨付上月的报纸款,遇节假日顺延;需预付款的日报,按合同约定比例拨付当月整订报纸款,并结清上月余额。

3) 业务部门于杂志出版月当月最后一期送齐后的次日向财务部门提供"拨付报刊社报刊款清单(杂志)(邮发056乙)",财务部门按合同约定应于3日内向报刊社拨款。提前交付杂志的,如无协议约定,于出版月向报刊社拨款。

4) 零售扩大加发报刊,业务部门应于次月12日前结算上月报刊款,并向财务部门提供"拨付款清单"。财务部门应于3日内向报刊社拨款。遇节假日顺延。

5) 发报刊局在与报刊社结算时,根据报刊印数通知单,生成"发行报刊款结算清单",通知报刊社开具发票,发票交财务部门入账。

6) 发报刊局业务部门按月提供发报刊局"报刊收入计提清单"交财务部门列账。

(5) 省际间异地订阅结算

1) 省际间异地订阅报刊,订销局按规定将收订款全额上缴省分公司,收订省分公司按月全额上缴集团公司(在全国统一结算系统"发行报刊款汇总结算单"中作调入、调出处理),由集团公司负责按月对各省分公司异地订阅报刊款进行清分。

2) 投递省分公司按月查询"发行报刊款汇总结算单"(JTJS006A)并打印盖章交省分公司财务部门审核列账。

2. 全国统一结算

(1) 各省分公司向集团公司上缴报刊款

1) 各省报刊业务部门于每月3日前,查询打印"发行报刊款汇总结算单",审核签字盖章后交本省分公司财务部门,同时对省分公司拨付集团公司发行报刊款清单进行业务付款确认。

2) 省分公司财务部门每月5日前,按照"发行报刊款汇总结算单"款项向集团公司上缴已要数报刊结算款(扣除订销分成),同时对省分公司拨付集团公司发行报刊款清单进行财务付款确认。

3) 集团公司财务部门收到各省分公司来款后进行财务收款确认。

(2) 集团公司向报刊社结付报刊款

1) 集团公司业务部门每月3日前,将根据各发报刊局确认的报刊到货情况,打印"应付报刊社报刊款汇总结算单—集团结算"和"拨付报刊社报刊款汇总结算单—集团结算",并进行业务付款确认,同时转交集团公司财务部门。

2) 集团公司财务部门5日前根据"拨付报刊社报刊款汇总结算单—集团结算"款项及时向报刊社付款,同时作财务付款确认。

(3) 集团公司向各省分公司拨付发报刊收入

1) 集团公司业务部门每月3日前,生成"拨付发报刊局收入清单—集团结算",审核后进行业务付款确认,签字并盖章以后转交集团公司财务部门。

2) 集团公司财务部门每月8日前根据"拨付发报刊局收入清单"将发报刊收入拨付发报刊局所在省分公司,同时进行财务付款确认。

3) 省分公司业务部门5日前将"拨付发报刊局收入清单"交省分公司财务部门。省分公司财务部门据此核对集团公司来款,并进行财务收款确认,同时将发报刊收入拨付省内相关发报刊局,并进行财务付款确认。

3. 网上订阅报刊款结算

(1) 网站每月月末生成"网上订阅拨款清单(邮发060甲)"后,将"网上订阅拨款清单"交网站财务部门,财务部门据此每月10日前向各省指定专用账户拨款。所拨款额为当月各省实际发生的网上订阅在线支付款。

(2) 省分公司业务部门定期向本省183订销局提供报刊缴款通知单,183订销局将网站的"网上订阅拨款清单(邮发060乙)"与省分公司业务部门的报刊缴款通知单进行核对。

(3) 183订销局每月初查询本省"网站资金划拨清单",与本订销局当月日报单、省分公司业务部门下发的报刊缴款通知单核对无误后交财务人员。财务人员应于每月15日前将收款信息提供给业务人员。

(4) 网上订阅形成的订销收入由收报人所在订销局列收。

(5) 183订销局"网上订阅报刊款登记簿(邮发061)"是全国报刊订阅网站的业务账簿,按年度设置,年度间不结转余额。

(6) 报刊款清分

1) 每月1日,全国报刊订阅网站生成各省183订销局"网上订阅拨款清单"并交财务部门,由集团公司主管部门据此每月10日前向各省分公司统一划拨;

2) 各省183订销局每月2日查询并打印"网上订阅拨款清单",与省分公司报刊缴款通知单进行核对。核对无误后交财务人员。

第三节 邮政报刊发行组织管理

一、邮政报刊发行业务的管理体制

邮政部门的报刊发行业务实行集中领导、分级管理,即中国邮政集团公司、省邮政分公司、市(县)分公司三级管理。中国邮政集团公司的专业管理部门是全国报刊发行业务的管理机构,负责制订有关报刊发行业务的方针、政策、规章制度;编制报刊发行工作发展规划、年度计划,并组织实施,确保计划的圆满完成;使用新技术,配备新设备,不断提高工作效率,确保工作质量;督促检查工作,总结交流经验。

省、市、自治区的专业管理机构是全省发行专业管理部门,负责全省发行业务的组织与管理。具体任务有:贯彻执行中国邮政集团公司制订的报刊发行业务方针政策和业务规章制度,进行市场调查,研究读者结构,制订全省报刊发行业务发展规划和年度计划,改进网点布局和服务方式;确定本省发报刊局,审批邮发报刊的接办,研究制订报刊发行工作组织管理的各项措施;组织开展全省报刊宣传收订和零售工作,总结推广报刊发行工作的先进经验,组织业务监督检查;配合教育部门组织报刊发行专业人员在职培训,不断提高发行队伍的素质;办理全省汇总要数、账务结算工作,负责长期报刊款的管理。

市(县)分公司包括省会市分公司和省辖市分公司,除了必须要办理订阅、零售等具体业务外,省会市分公司或较大的省辖市分公司,还承担接办当地出版或分印报刊的发行任务,具体做好接办、签订发行合同等工作。

二、邮政报刊发行业务的管理内容

(一) 报刊发运计划

发运计划要以市场需求为导向,加强发行、邮运、调度部门之间的协作配合,科学合理组织报刊传递网路,压缩内部处理,加快报刊运递速度,进一步缩短零售与订阅报刊的运递时差,加快重点地区畅销报刊的全程传递时限,以点带面,提升邮发报刊的市场竞争力。

可按以下规定制订发运计划:

(1) 根据运输情况制订发运路线表。

(2) 根据订阅、零售、畅销报刊对运输时限的不同要求,实际需要编制或调整发运次序,确保订零同频次发运。结合报刊类别,确保干线邮件发运次序。

（3）发行部门要提前将各种报纸、期刊的发行量及发运路向等情况通知邮运调度部门，邮运调度部门制订合理发运计划。

（4）在同一车站处理的转口报纸总包按轻件计划执行，必须赶发1小时后的有效车次。不同车站处理的转口报纸总包参照轻件总包规定的时限计划执行处理。

（5）发运计划要分报纸、期刊（杂志）编定。报纸通常按轻件优先发运，期刊（杂志）按重件统一安排发运。

（6）各级邮区中心局要做好《人民日报》《光明日报》《经济日报》《参考消息》等中央级重点报纸的运输协调工作，做到分发、运输紧密衔接，充分利用现有运能，确保报刊及时发运。各分印点局应加强与各报社联系，保证分印报纸在规定时间内准时交报。

（二）进口报刊的分发作业管理

1. 接收进口报刊

（1）报刊进口分发部门接收报刊，应根据总路单检查报刊袋、捆的件数，验明袋牌、标签后签收，并在总路单上批注时间。

（2）网上签收转运部门发来的进口报刊总包邮件信息。

（3）拆袋（捆），点份数，登记当班接收报刊的代号、期别、份数、报纸的版面，凡与报刊封发清单内容或规格不符的要报告当班管理人员，及时发验。开拆后的空袋、报皮要整理叠放，生产完毕集中存放在指定地点。

（4）在报刊发行信息系统中对签收的报刊总包信息执行批量开拆。

2. 分发

（1）在报刊要数系统内下载分发数据到报刊分发系统内。

（2）进口报刊分发之前，应清点细数并核对标签份数与分发显示系统数据或报刊分发表应发份数是否相符，发现不符时，应登记"报刊短缺登记簿（邮发表071）"，根据"报刊短缺登记簿"进入查验流程。

（3）分发时要核对报刊的名称、期别、代号，分整捆和零数清点数字，按照报刊分发系统显示数据或报刊分发表进行实物分发，做到不错发、不窜格。捆扎时应将清单捆在报刊捆的正面。

（4）报刊分发应与投递、邮运班次紧密衔接。

3. 制作分发表

"报纸分发表（邮发单072）"和"杂志分发表（邮发单073）"简称报刊分发表，是手工点收、分发报刊的依据。分发时，应在相关分发表上登记报刊收到日期和期别。

（1）根据卡片信息，按分发单位制作本局分发表；

（2）报刊分发表的共计份数，必须和本局报刊应发份数相符；

（3）贴报、赠报，应在分发表上注明。

（三）出口报刊的分发作业管理

1. 下载数据制作报签

在报刊要数系统内下载分发数据，按照数据制作报签或报刊条码袋牌。

2. 接收报刊

按规定时间接收报刊社交来的整批报刊。接收报刊应验看报刊代号、报刊名称、出版日期、期别、开本、版面、开印时间、送交时间、送交份数、包装规格等，先点准整捆数，清点零数，收齐,并与报刊印数通知单核对相符后,办理签收手续。包装规格不符合规定,应通知报刊社限期改进。

3. 分发

分发时核对报刊标签,根据报刊赶发时限,按车次顺序分发,做到准确无误。

(四) 一类(畅销)报刊的发行管理

1. 确定报刊封发基本单元的原则

集团公司按照统一的标准确定省际报刊订阅和零售直封局,作为省际报刊封发的基本单元。

(1) 各级邮区中心局、非邮区中心局的市(地)分公司(限本口)可作为订阅或零售的直封局;

(2) 县(市)分公司汇总所辖各报刊数量达到报纸100份,期刊(杂志)16开本订阅数达到50份、32开本达到100份的,可将其作为订阅直封局;汇总所辖各报刊零售点报刊每次批销数达到报纸250份,期刊(杂志)16开本每次批销数达到100份、32开本达到250份的,将其作为零售直封局。

报刊经转不属于本省邮区中心局的县(市)分公司,可进行省际直封。根据接办合同规定,发报刊局必须及时接发报刊,并按照出口计划组织有效作业,减少报刊的出口封发滞留。

2. 出口封发环节

畅销报刊封成总包时,应按照畅销报刊与普通报刊分别封装。畅销报刊总包必须拴挂畅销报刊总包种类的条码袋牌,袋牌上标注"畅销刊"或"畅销报"字样。

3. 进口分拣环节

对于零售畅销报刊应在进口转运单独处理,就地分拣,不必再进入报刊分拣车间。在进口报刊处理中,应按照先分拣畅销报刊,再分拣普通报刊的原则进行分拣。

4. 投递配送环节

(1) 要在重点城市的城区部分,实行"信报分投"。对于信函和畅销报刊在同一投递网内运作的,不得采用报刊投递与普邮匹配投递频次。

(2) 在对"早报早投"设立专有投递频次的情况下,各分公司应优化作业组织,实现畅销报刊在本投递频次内投递。

(3) 对于零售的畅销报刊要做到随到随分,随发随运,按时限要求及时上市;对于订阅的畅销报刊按时限频次规定进行处理和投递。

(五) 报刊分地发行的管理

主要包括报刊分地发行点的建立、撤销,供货范围的调整以及与相关的邮路组织、时限计划、费率管理、收支差额计划的调整、系统数据维护等工作。

选择确定分地发行点要本着合理布局、缩短邮程、减少经转、加快时限的原则。

分地发行点原则上设在二级以上邮区中心局。设立报刊分地发行点的邮政企业应具备以下条件:

(1) 较强的分发、封发和运输能力;

(2) 抵达相关供货单位的直达邮路,能使报刊传递时限明显加快;

(3) 有利于促进分地发行报刊发行量的提高。

发行点实行分级审批管理:

(1) 面向全国发行的邮发报刊新建、撤销发行点,调整供货范围等工作,统一由集团公司审批管理。

(2) 本省出版的报刊在省内调整分地发行点,由省分公司审批管理,一个月内报集团公司备案。

(六) 报刊款的管理

(1) 报刊款是邮政企业经营报刊发行业务形成的专用资金,是邮政企业结算中的专项业务资金。

(2) 各报刊收订网点和订销局收订、零售的报刊款,当天存入银行。订阅报刊款必须严格执行预订预收制度,不得赊订。

(3) 零售报刊要数全额缴款,省分公司要核定一定数额的周转金。零售报刊实行现金交易,货款两清,不得赊欠,转批报刊依照协议或合同规定按期缴款和结算,不得赊欠,确保资金安全。

(4) 报刊款全额集中到省分公司财务部门统一管理,业务部门按月提供拨付报刊款数据,财务部门保证报刊款项的及时拨付。业务部门与财务部门按月核对余额。

(5) 订销局、省分公司、发报刊局均应建立业务账簿,进行账款管理,并作为与财务部门对账的依据。

(七) 报刊发行业务的检查

1. 订销业务检查基本内容

(1) 报刊订阅方面

1) 宣传收订方面。检查报刊收订的组织工作;报刊目录的修订;报刊破订及预订预收制度的执行情况。

2) 业务管理方面。检查报刊费收据底联和空白报刊费收据管理和使用情况;检查订阅报刊缴款单与订阅报刊款日报单反映的缴款及少款补缴情况;省、县间结算账款的调整及相关表单处理是否正确等情况。实行计算机管理的,其数据汇总信息也应按上述要求核查,同时建立计算机开机密码登录制度,便于查明原因。

3) 账款管理方面。检查钱据分管,钱账分管,长期订阅款上缴省公司,专款专用等制度执行情况;会计员对收款、缴款的审核情况;会计员与发行员按月核对订阅报刊款、报刊退款、差错补款余额的情况;报刊发行站活动费的提取和使用,以及各项手续费收缴情况。

4) 进口报刊情况。检查进口报刊分发表与卡片汇总数据是否一致,报刊短缺登记簿的登记情况。

5) 报刊投递方面。检查发行部门与投递部门间报纸点交、杂志签收;报刊投递时限,杂志投递签收等情况。

(2) 报刊零售方面

1) 业务管理方面。检查自办、委办网点管理情况,特发报刊接办和处理;组织货源、宣传陈列、销售周期、批销范围、积存滞销、盘点、报损等情况。

2) 账款管理方面。自办、委办网点缴款;批销折扣;零售资金使用情况,是否及时结算;在途余额、库存余额核对。

2. 发刊局的检查的基本内容

1) 业务处理。检查汇总变数、制签、查验处理、补报刊、退款、报皮布管理等情况。

2）报刊分发方面。检查报刊接收,分发包装、捆扎、封发规格,分发交运时限和交接验收。

3）报刊封发质量和时限。直封规定报刊袋捆的封发规格;散件报刊的包装材料、封发规格、经驶线路,报刊社交报交刊时限及规格和抽查情况记录;进出口报刊封发交运时限。

4）账款管理方面。检查发报刊局与省分公司账务往来,检查发报刊局与相关报刊社账务往来结算、拨付、报刊增版加张发行费计收情况及计收标准,是否及时结算,其他手续费的计收情况。

(八) 报刊投递质量的管理

报纸的投送同于普通信函投递质量标准,期刊投送比照挂号信的投递质量标准。如和用户有妥投协议约定,按协议约定投递;对竞争性报纸的投送,要采取相应的投递措施。对缺报短刊的用户,本埠报刊3日内补送,如不能补送,15日内退款;外埠15日内补偿。但由于自然灾害或非人力所能防范的事故,以致报刊损毁时,邮政局不负补偿责任。

因特殊情况,确实投不出去的报刊,应批注原因,交专人保管待取。待取报刊时间为一个月。期满订户未领取的,由市县分公司处理。印刷模糊、倒装、缺页、污染等情况订户拒收的报刊,应退分发部门向发报刊局调换。

对于接受赠阅、集订分送等特殊服务的用户,投递部门在首次投递时,应向用户提供报刊投递通知单。邮政局所因报刊短缺暂时无法向订户投送的,要给订户投递报刊短缺通知单,向订户说明原因,承诺报刊补送或退款。

【复习思考题】

1. 简述报刊发行业务的体制沿革。
2. 简述报刊发行业务的处理流程。
3. 简述报刊发行业务的组织机构及其职能。
4. 简述报刊发行业务的主要管理内容。

第十章 国际邮政组织管理

【学习目标】

通过本章的学习,了解国际邮件功能局的设置依据,掌握各个国际邮件功能局的任务;掌握国际邮件封发关系与发运路由的确定原则与要求;了解国际邮件寄递过程;了解国际邮件的监管与检疫的有关规定。

【引导问题】

您了解国际邮件的传递过程吗?国际邮件的传递要经过哪些功能局以及这些功能局在传递过程中各自发挥什么作用呢?国际邮件在传递过程中又有哪些特殊性呢?带着这些问题,我们走进本章的学习。

国际邮政通信是我国邮政通信的重要组成部分,也是我国涉外工作的一个方面。我国国际邮政通信的基本任务,是在我国独立自主、和平共处和改革开放的对外总政策的指导下,通过迅速、准确、安全、方便地传递国际邮件,沟通我国与世界各国人民的通信联系,发展同全世界人民的友好关系,促进相互间的政治、经济贸易、科学技术、文化的交流和发展,为我国的社会主义现代化建设服务。

第一节 国际邮件功能局

按照万国邮政联盟规定,国际间寄递的邮件,必须由各国制定的互换局对外进行封发和接收处理,其他各局都不得和国外直接发生关系。据此,各国都要根据需要和具体情况设置一定的国际邮件互换局,以便进行国际通信交流。同时,各国应从自身需要出发,设置一定数量的国际邮件交换站,目的在于国际邮件总包直接交换。因此,国际邮件的互换局和交换站成为国际邮政通信中不可缺少的两大功能局。此外,在我国国际邮政通信中,省会分公司及国际邮件指定经转局和验关局也承担着一定的职能。

一、国际邮件互换局

国际邮件互换局(以下简称互换局)是指与国外邮政机构有直接封发和接受邮件总包关系的邮局。

互换局作为国际邮政通信网路组织中的重要环节,担负着国际邮件进出口的集散重任。互换局是国与国之间互换邮件的具体实施单位,其地位的重要是显而易见的。

(一) 国际邮件互换局的作用

国际邮件互换局一般分为航空总包互换局和水陆路总包互换局。国际邮件互换局在国际邮政通信中的作用,主要体现在以下几个方面:

1. 向指定国外互换局封发各类国际邮件总包;
2. 接收、开拆各类进口国际邮件总包,处理进口和散寄经转邮件;
3. 通过缮发验单、简函和拍发电报,与国外互换局进行业务联系;
4. 根据邮件量变化情况,及时提出调整总包封发关系的意见和散寄邮件原寄国应向邮件寄达国直封总包的建议;
5. 搞好国际邮件总包的计划封发和发运工作,进行终端费特别统计和散寄航空函件的统计;
6. 参与国际账务结算工作。根据计算机处理国际邮政账务的需要,及时集中、准确输入各项原始数据,并将数据和相关资料按时传递账务结算中心。未设计算机终端的互换局,应按规定向指定互换局寄送原始资料;对国外邮政修改退回的各类账单,要认真复核,不符之处,要提供原始单据。

(二) 国际邮件互换局的设置

互换局的设立与取消均由国家邮政局审定,各省分公司可根据实际情况提出增设或关闭互换局的建议。

设置国际邮件互换局的目的是进一步促进对外开放和地区经济的发展,并配合快速、高效干线邮运网路的建议,及时调整直封总包关系和发运路由,合理组织国际邮政通信网路,最终达到确保邮件安全、加快邮件时限、促进业务发展之目的。因此,设置国际邮件互换局要科学、合理、适量。一个国家的互换局不可太多,多了必将增加管理上的困难和经济上的负担;少了又会造成大量邮件的倒流、绕道和迂回现象,影响邮件的传递速度和服务质量。一般来说,国际邮件互换局的设置应以下列条件为依据:

1. 当地有足够的与国外往来的业务量。这是设置互换局的首要条件。
2. 交通比较便利。这是设置互换局的客观条件。一般情况,互换局应该设置在海、陆、空港口城市。根据国际邮政的特征,设互换局最好是航空通航局,然后再结合水陆路交通条件综合考虑,以适应对内集散邮件和对外直封总包的需要。
3. 设有海关驻局办事处。总包的封发开拆和邮袋装卸转运必须经海关监管。海关是否在邮局设立办事处也是设置互换局的必要条件。
4. 拥有必要的场地、人员、设备的设置。这是设置交换局的物质基础,否则投资成本高,难以实现网路组织中讲求经济效益的原则。

二、国际邮件交换站

国际邮件交换站(以下简称交换站)是负责与国外邮政或邮政的运输代理机构进行国际邮件总包交换的部门。

1. 国际邮件交换站的任务

交换站的主要任务是根据国际航班、车次和海运班期及其进出港时间,安排各类国际进出口邮件总包和过境邮件总包的接收和发运。发现有积压情况,负责查明原因和责任,并与运输部门交涉、清运。

交换站不得开拆和封发国际邮件总包,但对袋皮破损、袋牌脱落、袋绳封志等发生异常情况的邮件总包,应会同海关、运输部门对其进行查验,重新进行袋封后发出。同时,将查验情况以验单形势通知原互换局、寄达互换局和经转互换局。

按规定,交换站在接收、装卸转运国际邮件总包时需在海关监督下进行。

2. 国际邮件交换站的设置

交换站的设置与撤销和互换局一样,由国家邮政局决定,各省分公司可根据实际情况提出增设或撤销的建议。根据交换站的任务,其主要设置在国际机场、海港、边境口岸等地理和交通条件便利的地方。国际机场、海港设置的国际邮件交换站,与运输部门——各航空公司、各轮船公司交换邮件总包;边境口岸设置的国际邮件交换站则直接于境外邮政机构互换邮件总包。

我国现有的国际互换局和交换站情况详见附录一。

三、省会分公司、指定经转局、设关局

我国规定,全国各县、市分公司收寄的出口国际邮件都必须通过省会分公司或者国际邮件指定经转局转往国内相关互换局汇总封发,按指定发运路由发运出口;外国发来的进口邮件总包由互换局开拆,发往各省会分公司或国际邮件制定经转局分转各县、市分公司投递。可见,省会分公司和国际邮件指定经转局在国际邮政通信网路也起着重要作用。

省会分公司和指定经转局的业务职能基本相同,主要负责全省或指定地区内进、出口国际邮件质量检查和经转工作,对进口用外文书写收件人名址的邮件进行批译并对各局的国际邮件收集和投递工作进行业务指导。

设关局是海关对国际邮递物品进行查验的功能局,多数设关局担负着互换局、省会分公司或国际邮件指定经转局的任务,只有个别设关局只有验关单一职能。

第二节　国际邮件封发关系与发运路由

国际邮件按一定的封发关系和发运路由进行发运,特定的封发关系和发运路由的确定受多方面因素的影响。

一、国际邮件的封发关系

国际邮件以总包形式发运,即一个国际邮件总包有一袋或若干袋邮件以及不装袋的外走包裹组成。

（一）国际邮件总包的分类

根据运输方式,国际邮件总包分为:

1. 航空总包。利用航空邮路发运的总包。航空总包内可以装寄航空函件、优先函件和航空包裹。

2. 优先总包。利用水陆路邮路发运的航空函件或优先函件的总包。优先总包的发运与航空总包的发运具有同等的优先权。

3. 空运水陆路总包。利用航空邮路以低于航空总包的优先性发运的水陆路邮件总包。

空运水陆路总包内可以装寄水陆路函件、非优先函件和水陆路包裹。

4. 水陆路总包。利用水陆路邮路发运的内装水陆路函件、非优先函件和水陆路包裹的总包。

另外，还有一类总包——大宗函件总包。它是指同一总包内寄发的同一寄件人交寄的大宗函件超过1 500件，或者在两周内同一寄件人寄发的大宗函件超过5 000件时，寄达邮政有权要求对这类函件单独封成总包。这类总包成为大宗函件总包，大宗函件总包视其运输方式可以是航空总包，也可以是优先总包、空运水陆路总包或者水陆路总包。

（二）国际邮件封发方式

一般来说，原寄邮政向某一寄达邮政封发邮件，可以有两种方式：直封总包和由经转国散寄经转。

直封总包是指原寄邮政将寄往寄达邮政的邮件，直接封成一袋或数袋发往寄达邮政的传递方式。直封总包可以减少经转，加快邮件的传递。

散寄经转是指，当邮件不具备直封总包的条件，将其封入寄往第三国的邮件总包内，以便转往寄达国的传递方式。

根据《万国邮政公约》规定，各邮政间可将散寄邮件经由第三国经转。这种邮件传递方式，使得原寄邮政减少了国际邮件传递过程中的人力、物力的投入，但很可能延长邮件传递的时间。同时，《万国邮政公约》还规定，如果经转国认为来自原寄国的邮件过多，给其工作带来影响，有权要求原寄国向寄达国邮政直封总包，原寄国邮政必须照办。因此，为了保证国家对外通信的需要，我国应同世界主要国家（或地区）建立相应和邮件总包关系。这种关系是随着我国的政治、经济和文化及对外关系和发展而发展的。

（三）建立直封总包关系应考虑的因素

从整个国家来说，对哪些国家建立直封总包关系，并通过这些总包关系，将寄往其他各国的邮件用散寄方式转寄到寄达地，是一个需要通盘筹划的重要问题。它不但反映我国与各国之间的关系，同时也反映我国对外邮政通信网路的布局，影响着国际邮政通信网路结构的合理与否。过多的直封总包关系，会造成人力、物力和运费支出的浪费。相反，如果直封总包关系太少了，就要过多地用散寄过境方式寄发国际邮件，势必会影响国家邮政通信的需要。

一般说来，建立直封总包关系应当考虑的因素有：

1. 我国与寄达国之间通邮数量的大小。对邮件数量较大的寄达国都应当直封总包。

2. 我国与寄达国之间的交通状况及政治关系如何。对邻近国家和交通运输条件较好的国家和地区，均应建立直封总包关系。

3. 地区平衡因素。对每一地区的各国，即使邮件数量都不是很多，也要选择关系好的或运输条件较好的国家建立直封总包关系。

以上只是在建立直封总包关系时应着重考虑的几个方面，但要使直封总包关系确定合理并不是件容易的事。直封总包关系的确定还要受到互换局设置合理与否的影响，而且国际关系和业务量及世界各国交通联系等都是在不断变化发展的。因此，必须定期检查直封总包关系是否满足需要，应从实际出发，根据需要和可能及时调整各种直封总包关系。

至于在我国国内由哪个互换局或哪几个互换局向对方互换局封发总包，则需要根据邮件的业务量和发运路由加以考虑。总的要求是尽可能在我国境内减少邮件的倒流和经转。但这是相对的。由于国际邮政通信的特点，受到处理程序和交通条件等方面的制约而造成邮件在国内的倒流和经转,在许多情况下是不可避免的。

对某个国家建立、增加或停封某项总包,均由中国邮政集团公司决定。但是各省、自治区、直辖市邮政分公司和互换局都有责任根据实际需要和业务量的增减,提出自己的建议。

我国互换局首次向国外某一互换局封发国际邮件总包,或收到某一互换局首次发来的国际邮件总包,都应将这项总包的对方互换局局名、总包的类别、封发(或接收)日期、袋数、重量以及发运路线等尽快详报中国邮政集团公司。停止向国外某互换局封发总包或国外某互换局停止向本局封发邮件总包时,亦应将末次总包的日期、号码等详报中国邮政集团公司。

未经国家邮政局事先通知而收到邮联会员国邮政发来的邮件总包时,接收互换局可以开拆,然后按上述规定将有关情况详报中国邮政集团公司。

二、国际邮件发运路由

国际邮件的发运路由由两部分组成:国际邮件在国内的发运路由和跨国运输所经路由。在不止一个互换局向寄达国封发总包时,省会分公司(指定经转局)应根据其地理位置和总包的发运路由,按照尽可能避免迂回运输的原则,将邮件发往最适合的互换局。

在这里,我们仅讨论国际邮件跨国运输所经由的路线,即国际邮路的选择。国际邮路是指利用各种运输穿越国境,经过一国(地区)或数国,运递我国出口国际邮件和第三国过境邮件,所经由的路线。据此,国际路由的选择有两个方面:一是邮件总包发运路由的选择;二是散寄邮件发运路由的选择。

(一) 国际路由选择的原则和要求

国际路由的选择是非常重要的,选择得是否适当,直接影响到邮件运递的安全和速度,并影响国家用外汇支付运费的负担,更影响到今后参与国际邮政业务竞争的能力。所以,应该非常重视此项工作。

根据万国邮政联盟的规定,国际邮件的发运路由应由总包原寄邮政根据迅速、准确、安全和经济的原则制订。应以不给经转国邮政造成额外开支为前提,否则经转邮政有权提出修改意见,原寄邮政应予采纳。

为此,选择国际邮路的总原则和要求有以下几个方面:

(1) 能够确保邮件在运输途中的安全;

(2) 能够迅速转运,尽量减少经转环节;

(3) 能够做到运输费用经济合理。

第一点尤为重要。在安全基础上力求迅速,并尽可能地经济。为了选择,就需了解经转国家的政治态度、国际交通网路情况、各条航线所属国籍、起始地点和停靠站、班次、航次和运费率等资料。在此基础上,可进行综合比较计算,挑选出适合我国需要的国际邮件发运路由。

(二) 选择国际路由应考虑的因素

具体来说,选择发运路由应考虑以下几点:

1. 尽可能利用最短、最直接的路线,把经转环节减少到最低限度;

2. 在同一路线上有我国运输工具和其他国家运输工具共同运行时,应优先利用我国运输工具(国际航班、远洋货轮等),然后考虑卸运口岸所在国的运输工具,尽量避免使用过路的第三国运输工具;

3. 在总包需经第三国经转时,选择经转国的标准包括:

(1) 该国与我国和寄达国均有较频繁、稳定的运输联系,最好有总包直封关系;

(2) 该国国内邮政业务组织得较好,转发邮件安全、迅速且同我国邮政合作较好;

(3) 该国地理位置适当,邮件无须明显绕道,以保证运费开支合理;

(4) 不经我国明确规定不与之发生任何关系的国家或地区经转邮件,也不利用它们的国际航班或轮船;

(5) 水陆路邮件总包一般只用单一路由发运,以简化转运费的结算。

对于寄往没有直封总包关系的国家和地区的国际邮件,在选择封入哪个经转国家的总包时,还要考虑不要过多增加经转国的工作负担,并要注意以下几点:

(1) 相关总包的寄达国和散寄邮件原寄达是邻国或较近,以免出现倒流严重等现象;

(2) 总包接收国(即散寄经转国)与邮件寄达国之间有直封总包关系,两国关系较好,并且有较便利的交通条件;

(3) 总包接收国与我国关系较好,相互间直接交换的邮件数量较大。

以上条件都是相对的,不一定能找到完全合乎条件的经转国。因此,需要作必要的分析比较,然后加以决定,并随时根据变化的情况加以相应的调整。

中国邮政集团公司根据我国和世界各国的政治、经济关系和各个国家的互换局的通邮情况以及国际交通网路情况编有《国际邮件发运路由手册》。各互换局在封发各类国际邮件和处理散寄邮件时,都要按该路由手册所列的路由寄发,不得随意变更。各省会分公司或指定经转局在寄发出口邮件时,也要根据此路由手册,以不倒流和不增加经转为原则,把邮件发往相关的出口互换局,不得错乱。

由于国际关系和交通情况是不断变化的,所以路由手册也要随时加以修订。互换局在工作中要注意新的发运路由的实际效果,为确定最有利的发运路由和了解总包及散寄经转邮件的发运时限,互换局可向寄达局缮发 CN44 试单,每次调整路由或新建直封总包关系都应发试单数次。试单退回后,应该将情况汇总,报告国家邮政局。同时,还应经常注意进口邮件散寄递路由的变更,随时向中国邮政集团公司提供信息和意见,以便供邮政集团公司调整国际邮政网路时参考。

第三节 国际邮件寄递过程的组织与管理

国际寄递类业务生产过程是指寄件人在邮局交寄国际邮件到寄达国邮局投交收件人的全部处理和运递过程。国际邮件传递过程包括国内寄递和国外寄递两个方面,这里仅介绍国内传递阶段。

一、国际邮件寄递生产过程的特点

国际邮件寄递生产过程具有以下特点:

(1) 具有国际间全程全网、联合作业的特点;

(2) 国际邮件的处理必须经过省会分公司(指定经转局)、国际邮件互换局和国际邮件交换站的处理和交换才能完成；

（3）国际邮件中物品类的邮件必须经过海关查验这一环节。

二、国际邮件寄递生产过程的组织与管理

（一）国际邮件寄递生产过程组织与管理的原则

国际邮件的传递过程必须有两个或两个以上的国家（或地区）的邮政部门共同参与、密切配合才能完成，在国际邮件的寄递过程中，一国邮政只能完成原寄邮政或寄达邮政、经转邮政的处理工作。因此，国际邮件寄递过程的组织管理应遵守以下原则：

1. 根据国际邮政通信政治性强的特点，在进行国际邮政通信组织管理时，要考虑我国的对外政策、国际关系和国际形势的变化。要保证国际邮政通信有利于促进国家间的政治、经济、文化交流和友好往来。

2. 要坚持质量第一的思想。国际邮政通信的质量主要体现在邮件的时限和邮件的安全上。在进行邮政全程生产过程的组织管理时，要围绕时限和安全这两个中心进行。

3. 要坚持全程全网的整体思想。国际邮件传递的组织管理的整体思想应包含两个：其一，组织管理的措施要遵守万国邮联统一的规定；其二，把国际邮件在国内传递的各环节视为一个整体，在对外的联系和交涉中以一个整体出现，共同维护国家的名誉和利益。

4. 要与我国的生产经济发展相适应。在确定国际邮件集中处理局、国际邮件互换局与交换站时，既要考虑地理位置，也要适应我国经济的发展。

（二）国际邮件传递过程的构成

国际邮件寄递过程分为三个阶段：寄发邮政传递国际邮件的过程；接收邮政传递国际邮件的过程；经转邮政传递国际邮件的过程。

（三）国际邮件传递过程的组织与管理

1. 寄发邮政传递国际邮件的组织与管理

收寄局 → 邮区中心局 → 省会分公司（指定经转局） → 互换局 → 交换站 → 外国邮政

（1）收寄局：寄件人将邮件投入信箱、信筒或到营业窗口交寄，收寄局将邮件收寄并检查规格和资费，盖销邮票，按照航空和水陆路邮件封往省会分公司处理。对于设有海关窗口的营业局、所，还负责对邮递物品的验关。

邮区中心局：应将各局、所收寄来的出口国际信函、明信片、航空邮件发往省分公司指定的经转局，不可发其他经转局或直接发往出口互换局。应接受海关监管的邮件应按划定的范围，或者发往互换局（或海关局，或省会分公司，或经转局）。

（2）邮区中心局对邮件的处理手续包括：
- 检查是否有不合规格的邮件；
- 出口国际函件应根据其种类和形状单独捆扎；
- 欠资函件单独捆扎，把签上注明"欠资"字样；
- 国际商业回函单独捆扎，把签上注明"IBRS"字样；
- 相关封发清单、袋牌上应注明"国际"字样；
- 应使用国内邮袋封装。

(3) 省会分公司(指定经转局)对邮件的处理手续有：

1) 规格复查

寄达国是否通达有关业务、封面书写、封装规格、资费计收、单式标签、退回邮件的退寄手续等方面是否符合要求；包裹多联单是否填妥，多联单上收件人姓名、地址与包面上所书收件人名址是否一致；包裹实际重量与多联单上所注重量是否相符；有无收寄禁寄物品或超过规定限量寄递的物品；稽核邮袋重量和实际重量以及系统中记录的重量是否一致，或者差异是否在可允许的阈值内，如发现不符，应按规定办理或代为更正补办。

2) 特殊邮件的处理

发现误发本局的出口国际邮件，应一律随验转寄正确的经转局或验关局处理，并验知原寄局；邮件封面上如发现邮票脱落，应在脱落处加盖"Stamps Fall Off"(邮票脱落)字样的戳记。对漏销的邮票，应用日戳戳边代为滚销；信函封皮破裂的，应当在封面上批注"Damaged when receiving"(收到时已破损)字样，加盖日戳，并用带有"中国邮政CHINA POST"字样的胶带粘封或用透明塑料封套加封，封口处热合密封。对于有这类情况的挂号信函除按上述办法代封外，还应缮发验单通知相关收寄局。如果破损严重不宜发出，应将相关信函随验单退回收寄局处理。印刷品、小包和包裹的封装如果不符合规定或者已经破裂，可能使内件受损、漏出或污染其他邮件的，应当设法加以整理重封后转发，并用验单通知收寄局；破损严重不宜发出的，随验退回收寄局处理。如果小包、包裹的内件已损毁，或退回时将污染其他邮件，应向收寄局缮发验单，征询寄件人的处理意见，原件暂存。如在2个月内未接到答复，作无着邮件处理。

3) 对退回的无法投递邮件应复核把关。如发现下列情况之一的，应退回投递局补办手续：

- 邮件上未盖投递局日戳；
- CN15"国际邮件退回批条"上未批注退回原因。

其他不符事项应予以补办：

- 未使用CN15退回批条，但从国内批条上可以判明退因的，应补贴CN15批条，将国内批条上的退因转批到CN15批条上，并加盖检查人员名章；
- CN15批条上未盖经办人员和主管人员名章的，加盖检查人员名章；
- 退回原因未译成英文、法文或其他寄达国通晓文字的，代为译注；
- 邮件上所贴内部批条应予撕掉，不得发往境外；
- 退回境外的国际邮件回执背面没有收件人或收件单位签章或投递局日戳的，应退回投递局补办。

海关查验未通过邮件的处理：

- 各局发来未办妥验关手续的出口包裹、小包和印刷品等应交海关查验。经转局不是验关局的，应将邮件转发相关出口互换局交海关查验，经海关查验不准出口的邮件，应在包裹多联单或函件封面上加注"海关不准出口"字样，立即退回收寄局转退寄件人。
- 海关对出口包裹、小包或印刷品的部分内件予以扣留、没收，应将海关签发的扣留通知单连同邮件的剩余部分一并退回收寄局转退寄件人；如内件全部由海关扣留、没收时，整件交海关处理，并由海关另寄扣留通知单通知寄件人。如经海关查验，须由寄件人缴纳出口关税的，应当按照《海关委托邮局代收税款办法》收取税款。但对此类代收税款邮件，其税款代收联和收据联应随验发出。收寄局在代收税款后，应立即复验说明情况。验关局收到复验后，应尽快将相关邮件发往前途，不得等待税款汇解。

规格检查和海关手续办妥之后，将邮件按照集团公司制订的发运计划，发往相应的出口互换局。

(4) 我国国际邮件互换局对国际邮件的处理

1) 互换局对全国各省发来的出口国际邮件总包进行最终查核,应按照集团公司制定的发运计划所规定的封发关系、发运路由和封发频次进行封发,按照寄达国互换局,分别封成航空总包和水陆路总包,利用国际联运火车或国际航班,运往寄达国。对于未进行验关的邮递物品进行验关处理。同时,海关在互换局或交换站对出口国际邮件总包进行查验。

2) 封发出口国际邮件必须使用印有英文"CHINA POST"(中国邮政)字样的国际邮袋。经转局发来的印刷品专袋未使用国际邮袋时,互换局应代为换装国际邮袋。

3) 出口国际邮件须由两人会同封发。封发总包时要实行"三核对"(邮件、清单和袋牌相互核对),并对邮袋袋牌、清单和路单上所注重量以及航班号码等进行逐项勾核。袋口应用没有接头的蜡绳牢固地结成蹄扣,拴上封志和袋牌,用夹钳将封志清晰地轧出原寄互换局名。绳头超过封志的部分一般不应超过2～3毫米。或也可采用塑料封扎带封扎并拴上袋牌,具体请参照国内塑料封扎带操作规范。

4) 每次封发总包,应根据邮件的数量,合理地封成一袋或数袋,并应尽量减少袋数。函件总包每袋连同袋皮的重量不得超过30千克。为便于邮件的发运和处理,每个航空邮件总包的袋数一般不超过20袋,水陆路函件总包不超过100袋,水陆路包裹总包不超过50袋。

寄达国互换局:邮件到达寄达国国际邮件互换局后,按照本国国际邮件处理规则处理。

2. 接收邮政传递国际邮件的组织与管理

外国邮政 → 交换站 → 互换局 → 省会分公司(指定经转局) → 邮区中心局 → 投递局

(1) 国际邮件交换站:国际航空邮件总包通过中外航空公司带到机场,机场邮件交换站与民航部门交接后,将邮件总包按照寄达局连同路单一起交民航续运到寄达互换局。水陆路邮件总包通过边境交换站接收,勾核后按照寄达互换局分别编制路单,交运输部门运往寄达互换局。

(2) 国际邮件互换局:接收总包,进行勾核,复称重量、开拆、分拣封发后,将邮件封往各省会分公司。具体处理手续有:接收总包时,查验有无随附关单,并核对路单上所登各袋的原寄局、寄达局、总包号码以及总袋数与所收邮件是否相符,如发现不符或不正常情况,应在路单上详细批注,必要时,应由交接双方会同海关人员开拆查验。同时发验单通知原寄互换局。开拆进口总包时,海关人员应在场。当清单上数字与实际邮件不相符时(重量、件数),应修改清单,并在清单上批注清楚,对于给据邮件,应由二人会同处理。同时,给原寄邮政互换据缮发验单一份。分拣和转发时,将落地和需转发国内其他局投递的邮件分拣开;将验关邮件和非验关邮件分拣开;将转关邮件和非转关邮件分拣开。进口国际邮件同样需要验关手续,对于国际邮件总包,一般在边境交换站或第一互换局进行验关,对于进口邮递物品原则上海关应在第一互换局开拆查验,如省会分公司有海关驻局的,可以由省会分公司查验。

(3) 省会分公司(经转局)接收开拆后,对于用外文书写的邮件译注中文,再将邮件封往投递局,通过省内邮路运到投递局。具体处理手续有:复核互换局应办的各项手续,如有遗漏或不符,应妥为补办或更正,必要时,应发验单给进口互换局。逐件检查邮件封面书写,如有错写我国国名、地名情况时,应用红笔圈出,并通知寄件人纠正;验视邮件封装,发现破损但未见异常时可代为整理后转发;若不能转发或发现异常,应验知互换局;对欠资邮件,按规定办理;对转关邮件,按规定办理;对验关邮件,应验视有无相关税款缴纳证,若无,应将邮件暂存,立即查问互换局,待互换局答复后再行处理;批译收件人名址;转发县、市分公司投递。

(4) 投递局:投交前查验、准备(应收税款的邮件,应在通知书上注明);投交邮件时,会同收件人验视邮件封装是否完好。需要收件人向驻局海关办理验关手续的,应在海关加盖验方戳记后,才能办理投递手续,必须由收件人出示证明,在相关领取通知单或包裹发递单上批明证件种类、号码、填发单位,并签名或盖章;对应纳税的邮件,应按照税款交纳证代收税款和其他费用(改寄费、退回费、欠资费、欠资处理费、存局候领费、逾期保管费、送交海关验关费等);对海关批明要求收件人提交医疗证明或其他证明的邮件,必须在收件人交验证明后才能投交;邮件投交后,有关单据应加盖日戳和经手人名章后存档。对于逾期保管费应注意:进口500克以上平、挂小包和国际包裹自领取通知单或包裹发递单投递之日起,在一定期限内无人来领取时,包裹按天数计收逾期保管费;如果查明逾期未领,系邮局责任所致,应当免收保管费,但应注明;邮件在国内改寄,在原投递局保管期间的逾期保管费不收;改寄到国外和退回寄件人的包裹,在原投递局保管期间的应收取逾期保管费,但是保管费不超过 6.53 SDR(特别提款权)。

3. 经转邮政传递国际邮件的组织与管理

总包过境:经转国邮政不开拆总包,而是由经转国邮政将过境总包转往寄达国。

散件经转:经转国负责需要经转的散件连同本国出口国际邮件一起封成国际邮件总包,按照规定的发运路由运往寄达国。

对于过境的国际邮件总包,海关在最初进口交换站和最后出口交换站实施监管查验。

第四节 国际邮件的监管与检疫

一、国际邮件的监管

中华人民共和国海关是国家的进出境监督管理机关。海关依照《海关法》和其他有关法律、法规,监管进出境的运输工具、货物、行李物品、邮递物品和其他物品,征收关税和其他税、费及查缉走私,并编制海关统计和办理其他海关业务。

国家在对外开放的口岸和海关监管业务集中的地点设立海关。海关的隶属关系不受行政区划的限制。国务院设立海关总署,统一管理全国海关。海关依法行使职权,向海关总署负责。海关有权对中华人民共和国与其他国家或地区的用户相互寄递的邮递物品行使监督管理、征收关税和查禁走私物品等。

(一)国际邮件监管的法律依据

1. 中华人民共和国海关法

海关是国家的行政执行机关,对进出境监督管理的法律依据主要是海关法。《海关法》是为了维护国家的主权和利益,加强海关监督管理,促进对外经济贸易和科技文化交往,保障社会主义现代化建设而制定的法律规范。

我国目前最新的《中华人民共和国海关法》是 2016 年 11 月 7 日经第十二届全国人民代表大会常务委员会第二十四次会议修改通过的,其中的相关条款规定:个人携带进出境的行李物品、邮寄进出境的物品,应当以自用、合理数量为限,并接受海关监管。进出境物品的所有人应当向海关如实申报,并接受海关查验。海关加施的封志,任何人不得擅自开启或者损毁。进出境邮袋的装卸、转运和过境,应当接受海关监管。邮政企业应当向海关递交邮件路单。邮政企业应当将开拆及封发国际邮袋的时间事先通知海关,海关应当按时派员到场监管查验。邮运进出境的物品,经海关查验放行后,有关经营单位方可投递或者交付。

2. 中华人民共和国邮政法（2015 年修正版）

2015 年 4 月 24 日第十二届全国人民代表大会常务委员会第十四次会议通过的《中华人民共和国邮政法》，其中第 30 条做出如下规定：

海关依照《中华人民共和国海关法》的规定，对进出境的国际邮袋、邮件集装箱和国际邮递物品实施监管。

3. 中华人民共和国邮政法实施细则

《中华人民共和国邮政法实施细则》第 48 条对国际邮件的监管做出如下详细规定：

邮政企业根据运输工具到站（港）、离站（港）时间和运递时限制订的作业时间表应当在变更前 3 日通知海关，海关应当按照邮政企业通知的作业时间表派员到场监管国际邮袋、查验进出口国际邮递物品；逾时不到场，延误运递时限造成的相关责任由海关承担。

海关依法查验国际邮包时，在设关地应当与用户当面查验，收、寄件人不能到场的，由海关开拆查验，邮政工作人员在场配合。被开拆查验的邮包由海关和邮政企业人员共同封装，双方加具封签或者戳记。海关依法开拆查验的印刷品，应当重封并加具海关封签或者戳记。

从《海关法》和《邮政法》的上述规定中可以看出，海关与邮政在监管和处理国际邮递物品时，既有监督与被监督的行政管理关系，又有互相支持、互相配合的协作关系；既有各自的依法权利，又有各自的依法应尽的义务。

海关方面应尽的义务主要有：

（1）按照邮政企业通知的时间按时派员到场监管国际邮件的装卸转运、总包开拆和查验国际邮递物品；逾时不到场，延误运递时限造成的相关责任由海关承担。

（2）需要封存邮件时，除向寄件人或者收件人发出通知外，还应同邮政企业或其分支机构履行交接手续，并负责保管封存邮件；封存期不得超过 45 日，邮件在此期间发生丢失、短少、损毁等由海关负责赔偿或处理。

由海关依法变卖的无着进口国际邮包，海关应支付相关邮政费用。

邮政方面应尽的义务主要有：

（1）国际邮递物品必须经海关查验放行后，邮政企业才能投递。

（2）必须在海关派员到场监管下才能办理国际邮袋的装卸转运、总包的封发和开拆。

经海关查验应征税的国际邮递物品，委托邮政企业代收税款的，邮政企业应按规定办理。

（二）国际邮件的监管办法

海关对国际邮件的监管办法有两种：一是对我国进出口及过境的国际邮袋的装卸转运和总包封发开拆实施的监督管理，称为国际邮袋监管；二是对我国与其他国家或地区的用户相互寄递的邮递物品进行监督检查，称为国际邮递物品查验。

1. 国际邮袋监管

根据《海关法》和《邮政法》的有关规定，国际邮袋的出入境、开拆和封发、装卸、转运等均应接受海关的监管。海关监管国际邮袋的工作程序如下：

（1）进口邮袋从国际运输工具起卸时，邮局人员将有关的收发邮件路单一份送海关值勤人员核签后才可以提运。相关邮袋在运往互换局时，邮局应将收发邮件路单一份送交海关查核签印。邮袋到局后，邮局应通知海关，由海关派员检查有关的收发邮件路单，核点邮袋并监视开拆。

（2）出口邮件在封发时，邮局应通知海关，由海关派员监视封发。邮袋从邮局起运时，邮局应将收发邮件路单一份送交海关查核签印，在邮袋装载国际运输工具时，再交由值勤人员复核,并由其监视装入运输工具。

(3) 过境邮袋在入出境时,分别比照进口邮袋和出口邮袋办理海关核对放行。送交海关的各类路单应由海关加盖关章,作为关单密封后封入相关总包的"F"袋袋口,形成"葫芦袋",拴挂粉红色特别"关单"袋牌一枚,按上述需缮备关单的几种情况分别运至出口国际邮件交换站或进口总包寄达互换局转交驻局海关,海关根据关单对出口和过境邮袋进行验放,对进口邮袋进行开拆监管。

(4) 转关邮袋的处理:互换局应将转关进口国际邮件登列清单,封成专袋发往指定验关地的邮局。相关封发清单应多缮一份,由海关加盖关章后,作为关单密封后封入相关邮件袋内一起发运,袋牌上注明"转关邮件"字样。相关设关局收到转关邮袋后,开拆时应将关单交驻局海关,并请海关对进口邮递物品进行查验,经海关查验放行后将邮件发往寄达局投交收件人。

关单是海关对进口、出口、过境国际邮件总包和转关邮件在我国境内运输过程中进行监管的重要文件,相关工作人员应按规章要求谨慎运递与交接。

2. 国际邮递物品的查验

海关依据《海关法》对国际邮递物品进行监管查验工作一般称为验关,验关包括进口邮件验关和出口邮件验关两部分。

(1) 进口邮件验关

进口互换局对寄往没有设关局的省、自治区的邮递物品和本局落地投递的邮递物品应交驻局海关查验;对寄往有设关局的省、自治区、直辖市的进口邮递物品应作为"转关邮件"转往相关验关局交驻局海关查验。

海关按照《海关对进出口邮递物品监管办法》对进口邮件验关时,邮局应会同海关办理重封手续,对验讫后的邮件应在封口处粘贴"××海关查验××邮局会同重封"字样的封签并加盖名章,再行投递或转发。

对免税放行的进口国际邮件,由海关加盖免税戳记;对应交纳关税的国际邮件,按照《海关委托邮局代收税款办法》和《邮局代收税款处理办法》有关规定处理。

验关邮件如由海关取走离开邮局处理邮件现场另行查验的,应向邮局办理交接签收手续。进口信函内夹带有零星物品经海关验放的,仍按信函处理;海关征税的按小包邮件处理。

印刷品邮件内夹寄物品的,整件按小包处理。

验关邮件如果装有禁止进口或超过规定限量的物品,经海关查验后需扣留、收购、退回的,应按以下办法处理:

① 整件扣留的,邮局向海关办理移交手续;

② 整件收购或部分收购的邮件移交海关处理;

③ 内件部分扣留部分放行的,应将整件交海关处理;

④ 整件退回的,由海关在邮件封皮加盖戳记后,按无法投递邮件处理;

⑤ 对海关决定扣留的国际邮件,应使用 CN13 扣留邮件通知单,将依据的有关法令及对邮件的处理方式通知原寄邮政。

(2) 出口邮件验关

出口邮件的查验方式分为窗口查验和在内部处理部门内查验两种。

① 窗口查验:海关在邮局营业厅设置台席,用户将应接受海关监管的国际邮件,先在海关窗口办理查验手续,海关验放后再到邮局窗口交寄。

② 内部查验：用户在没有海关窗口的邮局交寄需要海关查验的国际邮件，由寄件人填妥报关文件后由收寄局收寄，然后将邮件转发设关局送交海关查验。如果经转局未设海关，经转局将邮件封至出口互换局交海关查验。

出口验关邮件应尽量使用原封装并恢复原样，由海关加盖验放戳记。给据邮件如需离开生产现场查验的，一律登列清单与邮局人员交接签收；对于平常邮件，海关需拿离邮局生产现场查验的不必登记交接。

需要海关验关的邮递物品包括印刷品、印刷品专袋、小包邮件、包裹、保价信函、盲人读物、合封函件以及贴有CN22验关签条或附有CN23报关单的进口优先/非优先函件。

除有特殊规定外，寄自和寄往有设关局的各省、自治区、直辖市的进出境邮递物品应由当地驻局海关验关；寄自和寄往没有设关局的各省、自治区、直辖市的进出境邮递物品应由进口互换局或出口互换局驻局海关验关。

二、国际邮件的检疫

国际邮件的检疫是指国家卫生部门或者动植物检疫部门依法对相关邮件进行检疫的法定程序。对邮件进行检疫，是为了防止病疫细菌通过邮寄途径传染、扩散、危害人民身体健康和财产安全。这是国家赋予卫生或者动物检疫部门的一项职权。

（一）有关邮件检疫的法律规定

1. 中华人民共和国国境动植物检疫法

1991年10月30日第七届全国人民代表大会常务委员会第二十二次会议通过的《中华人民共和国国境动植物检疫法》第28～33条做出如下的规定：

携带、邮寄植物种子、种苗以及其繁殖材料进境的，必须事先提出申请，办理检疫审批手续。

禁止携带、邮寄进境的动植物、动植物产品和其他检疫物的名录，由国务院农业行政主管部门制定并公布。

邮寄规定的名录以外的动植物、动植物产品和其他检疫物进境的，由口岸动植物检疫机关在国际邮件互换局实施检疫，必要时可以取回口岸动植物检疫机关检疫；未经检疫不得运递。

邮寄进境的动植物、动植物产品和其他检疫物，经检疫或者除害处理合格后放行；经检疫不合格又无有效方法作除害处理的，作退回或者销毁处理，并签发"检疫处理通知单"。

携带、邮寄出境的动植物、动植物产品和其他检疫物，物主有检疫要求的，由口岸动植物检疫机关实施检疫。

2. 中华人民共和国国境卫生检疫法

2007年12月29日第十届全国人民代表大会常务委员会第三十一次会议通过修改的《中华人民共和国国境卫生检疫法》关于邮包的检疫做出如下规定：

入境、出境的人员、交通工具、运输设备以及可能传播检疫传染病的行李、货物、邮包等物品，都应当接受检疫，经国境卫生检疫机关许可，方准入境或者出境。

入境的交通工具和人员，必须在最先到达的国境口岸的指定地点接受检疫。除引航员外，未经国境卫生检疫机关许可，任何人不准上下交通工具，不准装卸行李、货物、邮包等物品。

国境卫生检疫机关对来自疫区的、被检疫传染病污染的或者可能成为检疫传染病传播媒介的行李、货物、邮包等物品，应当进行卫生检查，实施消毒、除鼠、除虫或者其他卫生处理。

3. 中华人民共和国邮政法

2015年4月24日第十二届全国人民代表大会常务委员会第十四次会议通过修改的《中华人民共和国邮政法》，其中第31条做出如下规定：

进出境邮件的检疫，由进出境检验检疫机构依法实施。

4. 中华人民共和国邮政法实施细则

邮政法实施细则关于邮件的检疫规定如下：

用户交寄的应施行卫生检疫或动植物检疫的邮件，必须附有检疫证书，检疫部门应及时对邮件进行查验，以保证邮件的运递时限。

海关、检疫部门依法查验国际邮递物品或检疫邮件，应注意爱护；需要封存时，除向寄件人或收件人发出通知外，应同邮政企业或其分支机构履行交接手续，并负责保管，封存期不得超过45日。特殊情况需要延长封存期的，应征得邮政企业或其分支机构以及寄件人或收件人的同意，并以不致造成被封存国际邮递物品或邮件的损失为前提。被封存国际邮递物品或邮件退还邮政企业或其分支机构时，邮政工作人员应核对无误后予以签收。

依法没收国际邮递物品或经卫生、动植物检疫必须依法销毁的邮件，海关或检疫部门应出具没收或检疫处理通知单；并及时通知寄件人或收件人和邮政企业或其分支机构。

国际邮递物品在依法查验、封存期间，发生丢失、短少、损毁等，由海关或检疫部门负责赔偿或处理。

依法查验邮递物品或对邮件实施检疫需要使用邮政企业或其分支机构的场地和房屋时，由邮政企业与有关部门根据工作需要和实际可能协商解决。

（二）有关检疫邮件的处理规定

1. 凡寄往同我国签有动植物检疫协议的国家的装有应检疫物品的包裹和小包，应由寄件人随附动植物检疫部门签发的有效期内的检疫证书才能出口；对未办妥检疫证书的邮件，邮政企业一律不得收寄与转发。

2. 邮寄入境的植物或植物产品，必须经口岸动植物检疫机关检疫，经检疫未发现检疫对象的，在邮包外加盖邮寄检疫章后放行，发现有检疫对象的，在进行检疫处理后，签发"检疫处理通知单"，随同邮包由邮局投交收件人；不能进行检疫处理的，在邮包外加贴退包标签，交邮局退回寄件人；必须销毁的，签发处理单后，由邮局将处理单转交寄件人。

活的动植物产品禁止邮寄入境（符合规定的少量样品除外）。

3. 根据有关规定，对有碍卫生的旧衣物和来自疫区能传播疾病的食品等是禁止进口的；出口邮件除按有关规定检疫外，还要遵守对方国家的有关规定和要求，如有些国家对旧衣物要随附消毒证明书，对肉类、罐头食品等须附卫生机关的检疫证书等。

为了保证邮件的运递时限，检疫部门应对上述应检疫的邮件优先检疫，这就要求互换局及设关局根据当地具体情况与动植物检疫部门和卫生检疫部门以及海关协商制定必要的配合办法，以贯彻优先检疫、保证传递时限的要求。

【复习思考题】

1. 国际邮件互换局与交换站的任务是什么？各自设置的依据是什么？
2. 建立国际直封总包关系应考虑的因素有哪些？
3. 选择国际发运路由应考虑的因素有哪些？
4. 简述国际邮件监管与检疫的要求。

附录一 我国国际邮件互换局、交换站

我国国际邮件互换局、交换局名单（共67个）

	互换局兼交换站	互换局	交换站
全国	49个	8个	10个
北京市	北京		
天津市		天津	塘沽
河北省			
山西省			
内蒙古自治区	二连、满洲里、呼和浩特		
辽宁省	丹东、大连、沈阳		
吉林省	长春、图们、长白、集安、延吉、珲春		
黑龙江省	黑河、绥芬河、哈尔滨		
陕西省	西安		
甘肃省			
宁夏回族自治区			
青海省			
新疆维吾尔自治区	乌鲁木齐	塔城、喀什、伊宁	霍尔果斯、红旗拉甫、吐尔嘎特、巴克图、阿拉山口
上海市	上海		
江苏省	南京	苏州	
浙江省	杭州、温州、义乌、宁波		
安徽省	合肥		
福建省	厦门、福州		
江西省			
山东省	济南、青岛、烟台、威海		
广东省	广州、拱北、深圳、汕头、江门、东莞		
广西壮族自治区	南宁、东兴(暂停)、水口(暂停)	凭祥(暂停)	凭祥
湖南省	长沙		
湖北省	武汉		
河南省	郑州		
四川省	成都		
云南省	昆明、河口、磨憨(有批复未建立)		天保(暂停)、畹町(暂停)
贵州省			
西藏自治区	亚东	拉萨	聂拉木
海南省		海口	
重庆市	重庆		

附录二　国际包裹直封关系表

序号	原寄局代码	原寄局名	寄达局代码	寄达局名	总包种类	运输方式
1	CNCANA	广州	DEFRAA	法兰克福	CN	A
2	CNCANA	广州	PHMNLA	马尼拉	CN	A
3	CNCANA	广州	TWTPEA	台北	CN	A
4	CNCANA	广州	CAYVRA	温哥华	CN	A
5	CNCANA	广州	SGSINA	新加坡	CN	A
6	CNCANA	广州	MMRGNA	仰光	CN	A
7	CNCANA	广州	ZAJNBA	约翰内斯堡	CN	A
8	CNHGHA	杭州	JPKWSA	川崎	CN	A
9	CNHGHA	杭州	JPKIXA	大阪	CN	A
10	CNHGHA	杭州	JPKIXA	大阪	CN	A
11	CNTAOA	青岛	KRSELB	首尔	CN	A
12	CNSHAA	上海	DZALGB	阿尔及尔	CN	A
13	CNSHAA	上海	NZAKLA	奥克兰	CN	A
14	CNSHAA	上海	FRCYMA	希利	CN	A
15	CNSHAA	上海	CZPRGA	布拉格	CN	A
16	CNSHAA	上海	JPKIXA	大阪	CN	A
17	CNSHAA	上海	AEDXBA	迪拜	CN	A
18	CNSHAA	上海	IEDUBA	都柏林	CN	A
19	CNBJSA	北京	BGSOFD	索非亚	CN	B
20	CNTSNA	天津	HKHKGH	HK OPS	CN	C
21	CNZUHA	拱北	MOMFMB	澳门	CN	C
22	CNDLCA	大连	JPKWSA	川崎	CN	C
23	CNSZHA	苏州	JPKWSA	川崎	CN	C
24	CNSHEA	沈阳	KPKP04	惠山	CN	C
25	CNSHEA	沈阳	KPKP03	满浦	CN	C
26	CNSHEA	沈阳	KPKP01	新义州	CN	C
27	CNSHEA	沈阳	KPKP02	南阳	CN	C
28	CNSHEA	沈阳	JPKWSA	川崎	CN	C
29	CNSHEA	沈阳	KPFNJA	平壤	CN	C
30	CNSFEA	绥芬河国际	RUVVOH	符拉迪沃斯托克	CN	C

续表

序号	原寄局代码	原寄局名	寄达局代码	寄达局名	总包种类	运输方式
31	CNBJSA	北京	MNULNA	乌兰巴托	CN	C
32	CNBJSA	北京	LAVTEA	万象	CN	C
33	CNBJSA	北京	TWKELA	基隆	CN	C
34	CNBJSA	北京	USJECS	泽西	CN	C
35	CNBJSA	北京	NZAKLA	奥克兰	CN	C
36	CNBJSA	北京	KPFNJA	平壤	CN	C
37	CNBJSA	北京	GNCKYA	科纳克里	CN	C
38	CNBJSA	北京	HKHKGH	HK OPS	CN	C
39	CNBJSA	北京	BDCGPA	吉大港	CN	C
40	CNURCB	乌鲁木齐	FIHELA	赫尔辛基	CN	C
41	CNURCB	乌鲁木齐	BEBRUA	布鲁塞尔	CN	C
42	CNURCB	乌鲁木齐	NLAMSA	阿姆斯特丹	CN	C
43	CNCTUA	成都	USJFKA	纽约	CN	B
44	CNCANA	广州	DEFRAA	法兰克福	CN	B
45	CNCANA	广州	USLAXA	洛杉矶	CN	B
46	CNCANA	广州	CAYVRA	温哥华	CN	B
47	CNCANA	广州	AUSYDD	悉尼	CN	B
48	CNSHAA	上海	FRCYMA	希利	CN	B
49	CNSHAA	上海	JPKIXA	大阪	CN	B
50	CNSHAA	上海	IEDUBA	都柏林	CN	B
51	CNSHAA	上海	DEFRAA	法兰克福	CN	B
52	CNSHAA	上海	ECUIOA	基多	CN	B
53	CNSHAA	上海	GBCVTA	考文垂	CN	B
54	CNSHAA	上海	PELIMA	利马	CN	B
55	CNSHAA	上海	USLAXA	洛杉矶	CN	B
56	CNSHAA	上海	HRZAGC	萨格勒布	CN	B
57	CNSHAA	上海	CLSCLA	圣地亚哥	CN	B
58	CNSZXA	深圳	FRCYMA	希利	CN	B
59	CNSHEA	沈阳	JPKWSA	川崎	CN	B
60	CNSZHA	苏州	JPKIXA	大阪	CN	B
61	CNTSNA	天津	KRSELA	首尔	CN	B
62	CNSHAA	上海	DKCPHP	哥本哈根	CN	A
63	CNSHAA	上海	FIHELA	赫尔辛基	CN	A
64	CNSHAA	上海	GBCVTA	考文垂	CN	A
65	CNSHAA	上海	NGLOSA	拉各斯	CN	A
66	CNSHAA	上海	SILJUA	卢布尔雅那	CN	A
67	CNSHAA	上海	USLAXA	洛杉矶	CN	A

续表

序号	原寄局代码	原寄局名	寄达局代码	寄达局名	总包种类	运输方式
68	CNSHAA	上海	CYLCAA	拉纳卡	CN	A
69	CNXMNA	厦门	TWKNHC	金门	CN	C
70	CNXMNA	厦门	TWKELA	基隆	CN	C
71	CNSHAA	上海	AUSYDE	悉尼	CN	C
72	CNSHAA	上海	ATVIEB	维也纳	CN	C
73	CNSHAA	上海	CAYVRA	温哥华	CN	C
74	CNSHAA	上海	CHZRHU	苏黎世	CN	C
75	CNSHAA	上海	NZAKLA	奥克兰	CN	C
76	CNSHAA	上海	MXMEXD	墨西哥城 AEREO	CN	A
77	CNSHAA	上海	HRZAGC	萨格勒布	CN	A
78	CNSHAA	上海	CLSCLA	圣地亚哥	CN	A
79	CNSHAA	上海	SEMMAB	马尔默	CN	A
80	CNSHAA	上海	SGSINA	新加坡	CN	A
81	CNSHAA	上海	RUMOWV	莫斯科	CN	A
82	CNSZHA	苏州	JPKIXA	大阪	CN	A
83	CNSZHA	苏州	HKHKGA	香港 AMC	CN	A
84	CNSZHA	苏州	SGSINA	新加坡	CN	A
85	CNURCA	乌鲁木齐	KZALAA	阿拉木图	CN	A
86	CNWUHA	武汉	HKHKGA	香港 AMC	CN	A
87	CNSIAA	西安	HKHKGA	香港 AMC	CN	A
88	CNCKGA	重庆	HKHKGA	香港 AMC	CN	A
89	CNBJSA	北京	NOOSLB	奥斯陆	CN	B
90	CNSHAA	上海	NLAMSA	阿姆斯特丹	CN	C
91	CNSHAA	上海	BEANRA	安特卫普	CN	C
92	CNSHAA	上海	HUBUDA	布达佩斯	CN	C
93	CNSHAA	上海	DKCPHP	哥本哈根	CN	C
94	CNSHAA	上海	SEMMAB	马尔默	CN	C
95	CNSHAA	上海	ITMXPA	马尔彭萨	CN	C
96	CNSHAA	上海	NOOSLB	奥斯陆	CN	C
97	CNSHAA	上海	CZPRGA	布拉格	CN	C
98	CNSHAA	上海	FRCYMA	希利	CN	C
99	CNSHAA	上海	GBCVTA	考文垂	CN	C
100	CNSHAA	上海	DEHAMB	汉堡	CN	C
101	CNSHAA	上海	FIHELA	赫尔辛基	CN	C
102	CNSHAA	上海	HKHKGH	HK OPS	CN	C
103	CNSHAA	上海	USJECS	泽西	CN	C
104	CNSHAA	上海	TWKELA	基隆	CN	C

续表

序号	原寄局代码	原寄局名	寄达局代码	寄达局名	总包种类	运输方式
105	CNSHAA	上海	JPKWSA	川崎	CN	C
106	CNURCB	乌鲁木齐	CZPRGA	布拉格	CN	C
107	CNURCB	乌鲁木齐	DKCPHP	哥本哈根	CN	C
108	CNURCB	乌鲁木齐	FRCYMA	希利	CN	C
109	CNURCB	乌鲁木齐	GBCVTA	考文垂	CN	C
110	CNURCB	乌鲁木齐	ITMXPA	马尔彭萨	CN	C
111	CNURCB	乌鲁木齐	SEMMAB	马尔默	CN	C
112	CNBJSA	北京	CZPRGA	布拉格	CN	B
113	CNBJSA	北京	BEBRUA	布鲁塞尔	CN	B
114	CNBJSA	北京	JPKWSA	川崎	CN	B
115	CNBJSA	北京	JPKIXA	大阪	CN	B
116	CNBJSA	北京	IEDUBA	都柏林	CN	B
117	CNBJSA	北京	ECUIOA	基多	CN	B
118	CNBJSA	北京	PELIMA	利马	CN	B
119	CNCGBA	长白	KPKP04	惠山	CN	C
120	CNHUCA	珲春国际	RUVVOH	符拉迪沃斯托克	CN	C
121	CNURCA	乌鲁木齐	KZALAA	阿拉木图	CN	C
122	CNURCA	乌鲁木齐	TMASBA	阿什哈巴德	CN	C
123	CNKMGA	昆明	VNHANA	河内	CN	C
124	CNYINA	伊宁国际	KZALAA	阿拉木图	CN	C
125	CNYINA	伊宁国际	UZTASA	塔什干	CN	C
126	CNYINA	伊宁国际	KZALAA	阿拉木图	CN	C
127	CNYINA	伊宁国际	KGFRUA	比什凯克	CN	C
128	CNYINA	伊宁国际	TJDYUA	杜尚别	CN	C
129	CNYINA	伊宁国际	TMASBA	阿什哈巴德	CN	C
130	CNDDGA	丹东	KPKP01	新义州	CN	C
131	CNURCA	乌鲁木齐	TJDYUA	杜尚别	CN	C
132	CNDDGA	丹东	KPFNJA	平壤	CN	C
133	CNTSNA	天津	KRBUSA	釜山	CN	C
134	CNKNCA	集安	KPKP03	满浦	CN	C
135	CNBJSA	北京	DZALGB	阿尔及尔	CN	A
136	CNBJSA	北京	GHACCB	阿克拉	CN	A
137	CNBJSA	北京	BHBAHA	巴林	CN	A
138	CNBJSA	北京	MLBKOA	巴马科	CN	A
139	CNBJSA	北京	CZPRGA	布拉格	CN	A
140	CNBJSA	北京	BBBGIA	布里奇顿	CN	A
141	CNBJSA	北京	BEBRUA	布鲁塞尔	CN	A

续表

序号	原寄局代码	原寄局名	寄达局代码	寄达局名	总包种类	运输方式
142	CNBJSA	北京	BDDACA	达卡	CN	A
143	CNBJSA	北京	IRTHRA	德黑兰	CN	A
144	CNBJSA	北京	AEDXBA	迪拜	CN	A
145	CNBJSA	北京	IEDUBA	都柏林	CN	A
146	CNBJSA	北京	SLFNAA	弗里敦	CN	A
147	CNKNCA	集安	KPKP03	满浦	CN	C
148	CNYNJA	延吉	KRBUSA	釜山	CN	C
149	CNLXAA	拉萨	NRKDIA	科达里	CN	C
150	CNLXAA	拉萨	NPKTMA	加德满都	CN	C
151	CNFOCA	福州	JPKWSA	川崎	CN	C
152	CNURCA	乌鲁木齐	UZTASA	塔什干	CN	C
153	CNFOCA	福州	TWKELA	基隆	CN	C
154	CNTMEA	图们	KPKP02	南阳	CN	C
155	CNNNGA	南宁	VNHANC	河内	CN	C
156	CNNNGA	南宁	VNLNSA	谅山	CN	C
157	CNYNJA	延吉	KRBUSA	釜山	CN	C
158	CNKHGA	喀什	KGFRUA	比什凯克	CN	C
159	CNKHGA	喀什	KZALAA	阿拉木图	CN	C
160	CNKHGA	喀什	PKGILA	吉尔吉特	CN	C
161	CNURCA	乌鲁木齐	KGFRUB	BICHKEK PI-2	CN	C
162	CNBJSA	北京	MDKIVA	基什尼奥夫	CN	A
163	CNBJSA	北京	DJJIBA	吉布提	CN	A
164	CNBJSA	北京	PKKHIA	卡拉奇	CN	A
165	CNBJSA	北京	UGKLAA	坎帕拉	CN	A
166	CNBJSA	北京	KENBOB	内罗毕	CN	A
167	CNBJSA	北京	SRPBMA	帕拉马里博	CN	A
168	CNBJSA	北京	EETLLB	塔林	CN	A
169	CNBJSA	北京	TWTPEA	台北	CN	A
170	CNBJSA	北京	LTVNOA	维尔纽斯	CN	A
171	CNBJSA	北京	MNULNA	乌兰巴托	CN	A
172	CNBJSA	北京	HKHKGA	香港 AMC	CN	A
173	CNBJSA	北京	ETADDA	亚的斯亚贝巴	CN	A
174	CNSHAA	上海	KRBUSA	釜山	CN	C
175	CNCANA	广州	BDCGPA	吉大港	CN	C
176	CNCANA	广州	GBCVTA	考文垂	CN	C
177	CNCANA	广州	HKHKGH	HK OPS	CN	C
178	CNCANA	广州	KRBUSA	釜山	CN	C

续表

序 号	原寄局代码	原寄局名	寄达局代码	寄达局名	总包种类	运输方式
179	CNCANA	广州	MOMFMB	澳门	CN	C
180	CNCANA	广州	DEHAMB	汉堡	CN	C
181	CNCANA	广州	NLAMSC	阿姆斯特丹	CN	C
182	CNCANA	广州	ZADURD	德班	CN	C
183	CNCANA	广州	CAYVRA	温哥华	CN	C
184	CNCANA	广州	FRCYMA	希利	CN	C
185	CNCANA	广州	GBLALT	兰利(转)	CN	C
186	CNCANA	广州	AUSYDE	悉尼	CN	C
187	CNCANA	广州	MYKULA	吉隆坡	CN	C
188	CNCANA	广州	PHMNLF	马尼拉	CN	C
189	CNCANA	广州	IDJKTB	雅加达	CN	C
190	CNCANA	广州	USJECS	泽西	CN	C
191	CNCANA	广州	SGSINL	新加坡	CN	C
192	CNCANA	广州	TWKELA	基隆	CN	C
193	CNCANA	广州	ZADURC	德班	CN	C
194	CNCANA	广州	MMRGNA	仰光	CN	C
195	CNCANA	广州	NZAKLA	奥克兰	CN	C
196	CNCANA	广州	THBKKA	曼谷	CN	C
197	CNBJSA	北京	PKKHIA	卡拉奇	CN	C
198	CNBJSA	北京	AUSYDE	悉尼	CN	C
199	CNBJSA	北京	KRBUSA	釜山	CN	C
200	CNBJSA	北京	USOAKA	欧克兰	CN	C
201	CNBJSA	北京	VNHANA	河内	CN	C
202	CNBJSA	北京	JPKWSA	川崎	CN	C
203	CNBJSA	北京	RUMOWB	莫斯科	CN	C
204	CNFOCA	福州	TWTPEA	台北	CN	A
205	CNURCA	乌鲁木齐	RUMOWV	莫斯科	CN	A
206	CNURCA	乌鲁木齐	RUOVBI	新西伯利亚	CN	A
207	CNURCA	乌鲁木齐	RUOVBI	新西伯利亚	CN	A
208	CNURCA	乌鲁木齐	TJDYUA	杜尚别	CN	A
209	CNURCA	乌鲁木齐	KGFRUB	BICHKEK PI-2	CN	A
210	CNURCA	乌鲁木齐	KZALAA	阿拉木图	CN	A
211	CNURCA	乌鲁木齐	UZTASA	塔什干	CN	A
212	CNURCA	乌鲁木齐	TJDYUA	杜尚别	CN	A
213	CNURCA	乌鲁木齐	KGFRUB	BICHKEK PI-2	CN	A
214	CNURCA	乌鲁木齐	UZTASA	塔什干	CN	A
215	CNURCA	乌鲁木齐	TMASBA	阿什哈巴德	CN	A

续表

序号	原寄局代码	原寄局名	寄达局代码	寄达局名	总包种类	运输方式
216	CNURCA	乌鲁木齐	TMASBA	阿什哈巴德	CN	A
217	CNHRBA	哈尔滨	RUEKAA	叶卡捷琳堡	CN	A
218	CNHRBL	哈尔滨国际邮件处理中心	RUMOWV	莫斯科	CN	A
219	CNSHAA	上海	CRSJOA	圣约瑟	CN	B
220	CNBJSA	北京	CRSJOA	圣约瑟	CN	B
221	CNSHAA	上海	LRMLWA	蒙罗维亚	CN	A
222	CNSHAA	上海	YESAHA	萨那	CN	A
223	CNYNJA	延吉	JPKIXA	大阪	CN	A
224	CNHEKA	黑河	RUBQSC	BLAGOVESCH 3	CN	C
225	CNCANA	广州	NZAKLA	奥克兰	CN	A
226	CNBJSA	北京	JOAMMA	安曼	CN	A
227	CNBJSA	北京	PLWAWA	华沙	CN	B
228	CNBJSA	北京	EGCAIA	开罗	CN	A
229	CNWNZA	温州	ESMADC	马德里	CN	B
230	CNSHAA	上海	ESMADB	马德里	CN	A
231	CNYNTA	烟台	KRSELB	首尔	CN	A
232	CNSZHA	苏州	KRSELB	首尔	CN	A
233	CNBJSA	北京	GRATHE	比雷埃夫斯	CN	A
234	CNBJSA	北京	USLAXA	洛杉矶	CN	A
235	CNBJSA	北京	USLAXA	洛杉矶	CN	B
236	CNYNJA	延吉	USLAXA	洛杉矶	CN	A
237	CNCKGA	重庆	USLAXA	洛杉矶	CN	A
238	CNSHAA	上海	COBOGA	波哥大	CN	A
239	CNSHAA	上海	IRTHRA	德黑兰	CN	A
240	CNBJSA	北京	MMRGNA	仰光	CN	A
241	CNBJSA	北京	DKCPHP	哥本哈根	CN	B
242	CNBJSA	北京	PTLISA	里斯本	CN	A
243	CNBJSA	北京	PLWAWA	华沙	CN	A
244	CNBJSA	北京	HRZAGC	萨格勒布	CN	B
245	CNBJSA	北京	HRZAGC	萨格勒布	CN	A
246	CNBJSA	北京	CAYVRA	温哥华	CN	A
247	CNYNJA	延吉	JPKWSA	川崎	CN	A
248	CNSIAA	西安	JPKWSA	川崎	CN	A
249	CNSHEA	沈阳	KRSELB	首尔	CN	A
250	CNSHEA	沈阳	JPKIXA	大阪	CN	A
251	CNBJSA	北京	FIHELA	赫尔辛基	CN	B

续表

序 号	原寄局代码	原寄局名	寄达局代码	寄达局名	总包种类	运输方式
252	CNBJSA	北京	GBCVTA	考文垂	CN	B
253	CNBJSA	北京	GBCVTA	考文垂	CN	A
254	CNBJSA	北京	HUBUDA	布达佩斯	CN	A
255	CNCANA	广州	RUOVBI	新西伯利亚	CN	A
256	CNSHAA	上海	RUOVBI	新西伯利亚	CN	A
257	CNBJSA	北京	LBBEYA	贝鲁特	CN	A
258	CNBJSA	北京	UAIEVS	基辅	CN	B
259	CNBJSA	北京	UAIEVA	基辅	CN	A
260	CNBJSA	北京	CUHAVA	哈瓦那(古巴首都)	CN	A
261	CNSHAA	上海	CIABJA	阿比让	CN	A
262	CNCANA	广州	ILHFAA	海法	CN	C
263	CNBJSA	北京	NOOSLB	奥斯路	CN	A
264	CNCANA	广州	USLAXA	洛杉矶	CN	A
265	CNSHAA	上海	MXMEXB	墨西哥城 SAL	CN	C
266	CNBJSA	北京	LKCMBC	科伦坡	CN	A
267	CNSHAA	上海	IEPTLC	P'LAOISE SDS	CN	C
268	CNCGQA	长春	KRSELB	首尔	CN	A
269	CNBJSA	北京	ALTIAA	地拉那	CN	A
270	CNSHAA	上海	JPKIXA	大阪	CN	A
271	CNSHAA	上海	IEDUBC	都柏林	CN	A
272	CNSHAA	上海	SAJEDA	吉达	CN	A
273	CNSHAA	上海	DEFRAA	法兰克福	CN	A
274	CNSHAA	上海	JPKIXA	大阪	CN	B
275	CNSHAA	上海	IEDUBC	都柏林	CN	B
276	CNSHAA	上海	USJFKA	纽约	CN	B
277	CNSHAA	上海	KRSELB	首尔	CN	A
278	CNSHAA	上海	TWTPEA	台北	CN	A
279	CNYNJA	延吉	USJFKA	纽约	CN	A
280	CNBJSA	北京	PAPTYB	巴拿马	CN	A
281	CNBJSA	北京	KWKWIA	科威特	CN	A
282	CNCANA	广州	GBCVTA	考文垂	CN	B
283	CNCANA	广州	FRCYMA	希利	CN	B
284	CNCANA	广州	FRCYMA	希利	CN	A
285	CNCANA	广州	MUMRUA	路易斯	CN	A
286	CNCANA	广州	MXMEXD	墨西哥城 AEREO	CN	A
287	CNBJSA	北京	AZBAKB	巴库	CN	A
288	CNBJSA	北京	AZBAKB	巴库	CN	B

续 表

序号	原寄局代码	原寄局名	寄达局代码	寄达局名	总包种类	运输方式
289	CNCKGR	重庆	ITMILA	米兰	CN	C
290	CNCKGR	重庆	FRCDGA	罗斯	CN	C
291	CNCKGR	重庆	NLAMSA	阿姆斯特丹	CN	C
292	CNCKGR	重庆	BEBRUA	布鲁塞尔	CN	C
293	CNCANA	广州	IDJKTC	雅加达	CN	A
294	CNBJSA	北京	RUMOWV	莫斯科	CN	A
295	CNCANA	广州	JPKIXA	大阪	CN	B
296	CNCANA	广州	CHZRHC	苏黎世(转)	CN	A
297	CNBJSA	北京	LVRIXA	里加	CN	A
298	CNSHAA	上海	LULUXC	卢森堡	CN	A
299	CNSHAA	上海	NOOSLB	奥斯路	CN	A
300	CNCANA	广州	GBCVTA	考文垂	CN	A
301	CNCANA	广州	AUSYDA	悉尼	CN	A
302	CNBJSA	北京	ALTIAA	地拉那	CN	B
303	CNBJSA	北京	MTMLAA	瓦莱塔	CN	A
304	CNHGHA	杭州	USLAXA	洛杉矶	CN	A
305	CNSHAA	上海	CHZRHC	苏黎世(转)	CN	A
306	CNSHAA	上海	BEBRUA	布鲁塞尔	CN	A
307	CNSHAA	上海	JPKWSA	川崎	CN	A
308	CNSHAA	上海	JPKWSA	川崎	CN	B
309	CNSZHA	苏州	JPKWSA	川崎	CN	A
310	CNSZHA	苏州	JPKWSA	川崎	CN	B
311	CNCANR	广州	ITMILA	米兰	CN	C
312	CNCANR	广州	FRCDGA	罗斯	CN	C
313	CNCANR	广州	NLAMSA	阿姆斯特丹	CN	C
314	CNCANR	广州	BEBRUA	布鲁塞尔	CN	C
315	CNCANR	广州	GBLALA	兰利	CN	C
316	CNCANR	广州	SESTOA	斯德哥尔摩	CN	C
317	CNCANR	广州	NOOSLA	奥斯路	CN	C
318	CNCANR	广州	CZPRGA	布拉格	CN	C
319	CNCANR	广州	DENIAA	涅德劳拉	CN	C
320	CNCANR	广州	CHZRHB	苏黎世	CN	C
321	CNSZXR	深圳	ITMILA	米兰	CN	C
322	CNSZXR	深圳	FRCDGA	罗斯	CN	C
323	CNSZXR	深圳	NLAMSA	阿姆斯特丹	CN	C
324	CNSZXR	深圳	BEBRUA	布鲁塞尔	CN	C
325	CNSZXR	深圳	GBLALA	兰利	CN	C

续表

序 号	原寄局代码	原寄局名	寄达局代码	寄达局名	总包种类	运输方式
326	CNSZXR	深圳	SESTOA	斯德哥尔摩	CN	C
327	CNFOCA	福州	GBCVTA	考文垂	CN	B
328	CNDLCA	大连	JPKIXA	大阪	CN	A
329	CNDLCA	大连	JPKWSA	川崎	CN	A
330	CNBJSA	北京	LULUXC	卢森堡	CN	B
331	CNBJSA	北京	LULUXC	卢森堡	CN	A
332	CNBJSA	北京	FIHELA	赫尔辛基	CN	A
333	CNBJSA	北京	DKCPHP	哥本哈根	CN	A
334	CNSZXR	深圳	NOOSLA	奥斯路	CN	C
335	CNSZXR	深圳	CZPRGA	布拉格	CN	C
336	CNSZXR	深圳	DENIAA	涅德劳拉	CN	C
337	CNSZXR	深圳	CHZRHB	苏黎世	CN	C
338	CNDGGR	东莞国际	ITMILA	米兰	CN	C
339	CNDGGR	东莞国际	FRCDGA	罗斯	CN	C
340	CNDGGR	东莞国际	NLAMSA	阿姆斯特丹	CN	C
341	CNDGGR	东莞国际	BEBRUA	布鲁塞尔	CN	C
342	CNDGGR	东莞国际	GBLALA	兰利	CN	C
343	CNDGGR	东莞国际	SESTOA	斯德哥尔摩	CN	C
344	CNDGGR	东莞国际	NOOSLA	奥斯路	CN	C
345	CNDGGR	东莞国际	CZPRGA	布拉格	CN	C
346	CNDGGR	东莞国际	DENIAA	涅德劳拉	CN	C
347	CNDGGR	东莞国际	CHZRHB	苏黎世	CN	C
348	CNYIWR	义乌国际	ITMILA	米兰	CN	C
349	CNYIWR	义乌国际	FRCDGA	罗斯	CN	C
350	CNYIWR	义乌国际	NLAMSA	阿姆斯特丹	CN	C
351	CNYIWR	义乌国际	BEBRUA	布鲁塞尔	CN	C
352	CNBJSA	北京	KPFNJA	平壤	CN	A
353	CNCANA	广州	CHZRHU	苏黎世	CN	A
354	CNYIWR	义乌国际	GBLALA	兰利	CN	C
355	CNYIWR	义乌国际	SESTOA	斯德哥尔摩	CN	C
356	CNYIWR	义乌国际	NOOSLA	奥斯路	CN	C
357	CNYIWR	义乌国际	CZPRGA	布拉格	CN	C
358	CNYIWR	义乌国际	DENIAA	涅德劳拉	CN	C
359	CNYIWR	义乌国际	CHZRHB	苏黎世	CN	C
360	CNHGHR	杭州	ITMILA	米兰	CN	C
361	CNHGHR	杭州	FRCDGA	罗斯	CN	C
362	CNHGHR	杭州	NLAMSA	阿姆斯特丹	CN	C

附录二 国际包裹直封关系表

续 表

序 号	原寄局代码	原寄局名	寄达局代码	寄达局名	总包种类	运输方式
363	CNHGHR	杭州	BEBRUA	布鲁塞尔	CN	C
364	CNHGHR	杭州	GBLALA	兰利	CN	C
365	CNHGHR	杭州	SESTOA	斯德哥尔摩	CN	C
366	CNFOCA	福州	USLAXA	洛杉矶	CN	A
367	CNFOCA	福州	USLAXA	洛杉矶	CN	B
368	CNHRBA	哈尔滨	RUMOWV	莫斯科	CN	A
369	CNDLCA	大连	JPKWSA	川崎	CN	C
370	CNHGHR	杭州	NOOSLA	奥斯路	CN	C
371	CNHGHR	杭州	CZPRGA	布拉格	CN	C
372	CNHGHR	杭州	DENIAA	涅德劳拉	CN	C
373	CNHGHR	杭州	CHZRHB	苏黎世	CN	C
374	CNCANA	广州	HKHKGA	香港 AMC	CN	A
375	CNCANA	广州	MOMFMB	澳门	CN	A
376	CNCANA	广州	KRSELB	首尔	CN	A
377	CNSHAA	上海	CHZRHU	苏黎世	CN	B
378	CNSHAA	上海	CHZRHC	苏黎世(转)	CN	B
379	CNSZHA	苏州	USLAXA	洛杉矶	CN	A
380	CNCANA	广州	JPKWSA	川崎	CN	A
381	CNCANA	广州	JPKWSA	川崎	CN	B
382	CNCANA	广州	THBKKA	曼谷	CN	A
383	CNCANA	广州	VNHANA	河内	CN	A
384	CNCANA	广州	MYKULA	吉隆坡	CN	A
385	CNXMNA	厦门	JPKIXA	大阪	CN	A
386	CNXMNA	厦门	TWTPEA	台北	CN	A
387	CNWUHA	武汉	USLAXA	洛杉矶	CN	A
388	CNDLCA	大连	KRSELB	首尔	CN	A
389	CNDLCA	大连	JPKIXA	大阪	CN	A
390	CNCANA	广州	RUMOWV	莫斯科	CN	A
391	CNCKGA	重庆	JPKWSA	川崎	CN	A
392	CNCANA	广州	NLAMSA	阿姆斯特丹	CN	A
393	CNBJSA	北京	LAVTEA	万象	CN	A
394	CNBJSA	北京	TRISTB	伊斯坦布尔	CN	A
395	CNBJSA	北京	SEMMAB	马尔默	CN	B
396	CNBJSA	北京	SEMMAB	马尔默	CN	A
397	CNBJSA	北京	ROBUHB	布加勒斯特	CN	B
398	CNSHAA	上海	ITMXPA	马尔彭萨	CN	A
399	CNBJSA	北京	BGSOFD	索非亚	CN	A

续表

序号	原寄局代码	原寄局名	寄达局代码	寄达局名	总包种类	运输方式
400	CNCGQA	长春	JPKWSA	川崎	CN	A
401	CNBJSA	北京	USSFOA	旧金山	CN	B
402	CNBJSA	北京	CAYVRA	温哥华	CN	B
403	CNCANA	广州	KRBUSA	釜山	CN	C
404	CNCANA	广州	JPKIXA	大阪	CN	A
405	CNSHAA	上海	NLAMSA	阿姆斯特丹	CN	B
406	CNSHAA	上海	NLAMSA	阿姆斯特丹	CN	A
407	CNFOCA	福州	JPKWSA	川崎	CN	A
408	CNFOCA	福州	JPKWSA	川崎	CN	B
409	CNFOCA	福州	GBCVTA	考文垂	CN	A
410	CNHRBA	哈尔滨	RUOVBI	新西伯利亚	CN	A
411	CNDLCA	大连	JPKWSA	川崎	CN	B
412	CNBJSA	北京	KRSELB	首尔	CN	A
413	CNWNZA	温州	BRRIOE	里约热内卢	CN	B
414	CNBJSA	北京	JPKWSA	川崎	CN	A
415	CNBJSA	北京	NGLOSA	拉各斯	CN	A
416	CNBJSA	北京	KRSELA	首尔	CN	B
417	CNYNJA	延吉	KRSELB	首尔	CN	A
418	CNCANA	广州	JPKWSA	川崎	CN	C
419	CNBJSA	北京	PAPTYB	巴拿马	CN	B
420	CNBJSA	北京	IRTHRC	德黑兰	CN	C
421	CNBJSA	北京	BRRIOE	里约热内卢	CN	A
422	CNCANA	广州	FJSUVA	苏瓦	CN	A
423	CNCKGA	重庆	HKHKGA	香港 AMC	CN	A
424	CNBJSA	北京	BRRIOE	里约热内卢	CN	B
425	CNBJSA	北京	IDJKTC	雅加达	CN	A
426	CNBJSA	北京	QADOHA	多哈	CN	A
427	CNCANA	广州	IRTHRC	德黑兰	CN	C
428	CNBJSA	北京	ITMXPA	马尔彭萨	CN	A
429	CNBJSA	北京	ITMXPA	马尔彭萨	CN	B
430	CNSHAA	上海	HKHKGA	香港 AMC	CN	A
431	CNBJSA	北京	COBOGA	波哥大	CN	A
432	CNBJSA	北京	PELIMA	利马	CN	B
433	CNSHAA	上海	CHZRHU	苏黎世	CN	A
434	CNBJSA	北京	KRSELB	首尔	CN	A
435	CNBJSA	北京	ARBUEB	布宜诺斯艾利斯	CN	A
436	CNBJSA	北京	ARBUED	布宜诺斯艾利斯	CN	B

续表

序　号	原寄局代码	原寄局名	寄达局代码	寄达局名	总包种类	运输方式
437	CNBJSA	北京	ROBUHB	布加勒斯特	CN	A
438	CNSHAA	上海	OMMCTA	马斯喀特	CN	A
439	CNCKGR	重庆	GBLALA	兰利	CN	C
440	CNCKGR	重庆	SESTOA	斯德哥尔摩	CN	C
441	CNCKGR	重庆	NOOSLA	奥斯路	CN	C
442	CNCKGR	重庆	CZPRGA	布拉格	CN	C
443	CNCKGR	重庆	DENIAA	涅德劳拉	CN	C
444	CNCKGR	重庆	CHZRHB	苏黎世	CN	C
445	CNSHEA	沈阳	JPKWSA	川崎	CN	A
446	CNSZHA	苏州	TWTPEA	台北	CN	A
447	CNSHAA	上海	AUSYDA	悉尼	CN	A
448	CNSHAA	上海	AUSYDD	悉尼	CN	B
449	CNCGQA	长春	JPKIXA	大阪	CN	A
450	CNCANA	广州	USLAXA	洛杉矶	CN	B
451	CNBJSA	北京	BRRIOE	里约热内卢	CN	B
452	CNBJSA	北京	RUMOWV	莫斯科	CN	B
453	CNBJSA	北京	CHZRHU	苏黎世	CN	B
454	CNBJSA	北京	CHZRHU	苏黎世	CN	A
455	CNBJSA	北京	CHZRHC	苏黎世（转）	CN	A
456	CNBJSA	北京	CHZRHC	苏黎世（转）	CN	B
457	CNBJSA	北京	FRCYMA	希利	CN	A
458	CNBJSA	北京	FRCYMA	希利	CN	B
459	CNBJSA	北京	JMKINA	金斯敦	CN	A
460	CNBJSA	北京	HUBUDA	布达佩斯	CN	B
461	CNCTUA	成都	HKHKGA	香港 AMC	CN	A
462	CNBJSA	北京	MXMEXD	墨西哥城 AEREO	CN	A
463	CNFOCA	福州	KRSELB	首尔	CN	A
464	CNBJSA	北京	ISREKA	雷克雅未	CN	A
465	CNBJSA	北京	ISREKA	雷克雅未	CN	B
466	CNBJSA	北京	ESMADC	马德里	CN	B
467	CNBJSA	北京	UYMVDH	MVD EMS INT	CN	A
468	CNBJSA	北京	BYMSQD	明斯克	CN	A
469	CNMLXA	满洲里	RUMOWV	莫斯科	CN	B
470	CNBJSA	北京	DEFRAA	法兰克福	CN	B
471	CNBJSA	北京	DEFRAA	法兰克福	CN	A
472	CNBJSA	北京	ESMADB	马德里	CN	A
473	CNBJSA	北京	USJFKA	纽约	CN	B

续表

序号	原寄局代码	原寄局名	寄达局代码	寄达局名	总包种类	运输方式
474	CNSHAA	上海	UYMVDH	MVD EMS INT	CN	A
475	CNBJSA	北京	USJFKA	纽约	CN	B
476	CNBJSA	北京	SILJUA	卢布尔雅那	CN	A
477	CNBJSA	北京	ATVIEB	维也纳	CN	A
478	CNBJSA	北京	ATVIEB	维也纳	CN	B
479	CNBJSA	北京	AMEVNA	耶烈万	CN	A
480	CNBJSA	北京	RSBEGB	贝尔格莱德	CN	A
481	CNBJSA	北京	RSBEGB	贝尔格莱德	CN	B
482	CNHGHA	杭州	HKHKGA	香港 AMC	CN	A
483	CNBJSA	北京	NLAMSA	阿姆斯特丹	CN	B
484	CNBJSA	北京	NLAMSA	阿姆斯特丹	CN	A
485	CNSHAA	上海	ATVIEB	维也纳	CN	A
486	CNKMGA	昆明	MMRGNA	仰光	CN	A
487	CNSHAA	上海	CAYVRA	温哥华	CN	A

附录三　国际函件直封关系表

序号	原寄局代码	原寄局名	寄达局代码	寄达局名	总包种类	运输方式
1	CNCANA	广州	HUBUDA	布达佩斯	UN	A
2	CNCANA	广州	SKBTSA	布拉迪斯拉发	UN	A
3	CNCANA	广州	CZPRGA	布拉格	UN	A
4	CNCANA	广州	BEBRUA	布鲁塞尔	UN	A
5	CNCANA	广州	JPKWSA	川崎	UN	A
6	CNCANA	广州	IEDUBA	都柏林	UN	A
7	CNCANA	广州	DEFRAA	法兰克福	UN	A
8	CNCANA	广州	DKCPHA	哥本哈根	UN	A
9	CNCANA	广州	FIHELA	赫尔辛基	UN	A
10	CNCANA	广州	PLWAWA	华沙	UN	A
11	CNCANA	广州	UAIEVA	基辅	UN	A
12	CNCANA	广州	SAJEDA	吉达	UN	A
13	CNCANA	广州	PKKHIA	卡拉奇	UN	A
14	CNCANA	广州	GBLALA	兰利	UN	A
15	CNWNZA	温州	ROBUHB	布加勒斯特	UN	C
16	CNWNZA	温州	CZPRGA	布拉格	UN	C
17	CNWNZA	温州	BEBRUA	布鲁塞尔	UN	C
18	CNWNZA	温州	DKCPHA	哥本哈根	UN	C
19	CNWNZA	温州	FIHELA	赫尔辛基	UN	C
20	CNBJSA	北京	USJFKA	纽约	UN	C
21	CNBJSA	北京	ZWHREA	哈拉雷(CSO)	UN	C
22	CNBJSA	北京	CAYVRA	温哥华	UN	C
23	CNBJSA	北京	CLSCLB	圣地亚哥	UN	C
24	CNSHAA	上海	BRSAOD	圣保罗	UN	C
25	CNWUHA	武汉	RUMOWS	莫斯科	UN	C
26	CNZUHA	拱北	MOMFMA	澳门	UN	C
27	CNCKGA	重庆	KZALAA	阿拉木图	UN	C
28	CNSZHA	苏州	JPKWSA	川崎	UN	C
29	CNBJSA	北京	IRTHRA	德黑兰	UN	C
30	CNBJSA	北京	LAVTEA	万象	UN	C

续 表

序 号	原寄局代码	原寄局名	寄达局代码	寄达局名	总包种类	运输方式
31	CNURCA	乌鲁木齐	KGFRUA	比什凯克	UN	C
32	CNURCA	乌鲁木齐	RUMOWS	莫斯科	UN	C
33	CNSHEA	沈阳	KPKP03	满浦	UN	C
34	CNBJSA	北京	NPKTMA	加德满都	UN	C
35	CNSHAA	上海	ITMILA	米兰	UN	C
36	CNSHAA	上海	HRZAGB	萨格勒布	UN	C
37	CNSHAA	上海	SESTOA	斯德哥尔摩	UN	C
38	CNSHAA	上海	LTVNOA	维尔纽斯	UN	C
39	CNNKGA	南京	NLAMSA	阿姆斯特丹	UN	C
40	CNBJSA	北京	MNULNA	乌兰巴托	UN	C
41	CNSHEA	沈阳	KPKP04	惠山	UN	C
42	CNSHEA	沈阳	KPFNJA	平壤	UN	C
43	CNSHEA	沈阳	KPKP01	新义州	UN	C
44	CNSHEA	沈阳	KPKP02	南阳	UN	C
45	CNFOCA	福州	HKHKGG	香港	UN	C
46	CNBJSA	北京	ESMADC	马德里	UN	C
47	CNBJSA	北京	NLAMSA	阿姆斯特丹	UN	C
48	CNBJSA	北京	ROBUHB	布加勒斯特	UN	C
49	CNWNZA	温州	ESMADC	马德里	UN	C
50	CNWNZA	温州	ITMILA	米兰	UN	C
51	CNWNZA	温州	HRZAGB	萨格勒布	UN	C
52	CNWNZA	温州	SESTOA	斯德哥尔摩	UN	C
53	CNWNZA	温州	LTVNOA	维尔纽斯	UN	C
54	CNFOCA	福州	NLAMSA	阿姆斯特丹	UN	C
55	CNFOCA	福州	ROBUHB	布加勒斯特	UN	C
56	CNFOCA	福州	CZPRGA	布拉格	UN	C
57	CNFOCA	福州	BEBRUA	布鲁塞尔	UN	C
58	CNFOCA	福州	DKCPHA	哥本哈根	UN	C
59	CNFOCA	福州	FIHELA	赫尔辛基	UN	C
60	CNFOCA	福州	PLWAWA	华沙	UN	C
61	CNFOCA	福州	GBLALA	兰利	UN	C
62	CNFOCA	福州	SILJUA	卢布尔雅那	UN	C
63	CNFOCA	福州	LULUXC	卢森堡	UN	C
64	CNFOCA	福州	FRCDGA	罗斯	UN	C
65	CNFOCA	福州	ESMADC	马德里	UN	C
66	CNFOCA	福州	ITMILA	米兰	UN	C
67	CNFOCA	福州	HRZAGB	萨格勒布	UN	C

续表

序 号	原寄局代码	原寄局名	寄达局代码	寄达局名	总包种类	运输方式
68	CNFOCA	福州	SESTOA	斯德哥尔摩	UN	C
69	CNFOCA	福州	LTVNOA	维尔纽斯	UN	C
70	CNXMNA	厦门	NLAMSA	阿姆斯特丹	UN	C
71	CNXMNA	厦门	ROBUHB	布加勒斯特	UN	C
72	CNXMNA	厦门	CZPRGA	布拉格	UN	C
73	CNXMNA	厦门	BEBRUA	布鲁塞尔	UN	C
74	CNXMNA	厦门	DKCPHA	哥本哈根	UN	C
75	CNXMNA	厦门	FIHELA	赫尔辛基	UN	C
76	CNXMNA	厦门	PLWAWA	华沙	UN	C
77	CNXMNA	厦门	GBLALA	兰利	UN	C
78	CNXMNA	厦门	SILJUA	卢布尔雅那	UN	C
79	CNXMNA	厦门	LULUXC	卢森堡	UN	C
80	CNXMNA	厦门	FRCDGA	罗斯	UN	C
81	CNXMNA	厦门	ESMADC	马德里	UN	C
82	CNXMNA	厦门	ITMILA	米兰	UN	C
83	CNBJSA	北京	CZPRGA	布拉格	UN	C
84	CNBJSA	北京	BEBRUA	布鲁塞尔	UN	C
85	CNBJSA	北京	DKCPHA	哥本哈根	UN	C
86	CNSFEA	绥芬河国际	RUVVOA	符拉迪沃斯托克	UT	C
87	CNBJSA	北京	FIHELA	赫尔辛基	UN	C
88	CNBJSA	北京	PLWAWA	华沙	UN	C
89	CNBJSA	北京	GBLALA	兰利	UN	C
90	CNBJSA	北京	SILJUA	卢布尔雅那	UN	C
91	CNBJSA	北京	LULUXC	卢森堡	UN	C
92	CNBJSA	北京	FRCDGA	罗斯	UN	C
93	CNBJSA	北京	HKHKGA	香港 AMC	UT	C
94	CNBJSA	北京	DZALGB	阿尔及尔	UN	C
95	CNBJSA	北京	GNCKYA	科纳克里	UN	C
96	CNBJSA	北京	KEMBAA	蒙巴萨	UN	C
97	CNBJSA	北京	MLBKOA	巴马科	UN	C
98	CNCANA	广州	ILTLVA	特拉维夫	UN	A
99	CNBJSA	北京	LKCMBA	科伦坡	UN	C
100	CNSZXA	深圳	RUMOWS	莫斯科	UN	C
101	CNYINA	伊宁国际	RUEKAA	叶卡捷琳堡	UN	C
102	CNBJSA	北京	MUMRUA	路易斯	UT	C
103	CNXMNA	厦门	RUMOWS	莫斯科	UN	C
104	CNXMNA	厦门	PHMNLA	马尼拉	UN	C

续表

序号	原寄局代码	原寄局名	寄达局代码	寄达局名	总包种类	运输方式
105	CNXMNA	厦门	TWKELA	基隆	UN	C
106	CNXMNA	厦门	TWKNHC	金门	UN	C
107	CNXMNA	厦门	HKHKGL	香港	UN	C
108	CNSZXA	深圳	HKHKGA	香港 AMC	UN	C
109	CNSHAA	上海	BGSOFG	索非亚	UN	C
110	CNSHAA	上海	SESTOA	斯德哥尔摩	UN	C
111	CNSHAA	上海	AUSYDE	悉尼	UN	C
112	CNSHAA	上海	ATVIEC	维也纳	UN	C
113	CNSHAA	上海	HRZAGB	萨格勒布	UN	C
114	CNSHAA	上海	CHZRHB	苏黎世	UN	C
115	CNSHAA	上海	NZAKLA	奥克兰	UN	C
116	CNXMNA	厦门	HRZAGB	萨格勒布	UN	C
117	CNXMNA	厦门	SESTOA	斯德哥尔摩	UN	C
118	CNXMNA	厦门	LTVNOA	维尔纽斯	UN	C
119	CNCANA	广州	NLAMSA	阿姆斯特丹	UN	C
120	CNCANA	广州	ROBUHB	布加勒斯特	UN	C
121	CNCANA	广州	CZPRGA	布拉格	UN	C
122	CNCANA	广州	BEBRUA	布鲁塞尔	UN	C
123	CNCANA	广州	DKCPHA	哥本哈根	UN	C
124	CNCANA	广州	FIHELA	赫尔辛基	UN	C
125	CNCANA	广州	PLWAWA	华沙	UN	C
126	CNCANA	广州	GBLALA	兰利	UN	C
127	CNCANA	广州	SILJUA	卢布尔雅那	UN	C
128	CNCANA	广州	LULUXC	卢森堡	UN	C
129	CNCANA	广州	FRCDGA	罗斯	UN	C
130	CNCANA	广州	ESMADC	马德里	UN	C
131	CNCANA	广州	ITMILA	米兰	UN	C
132	CNCANA	广州	HRZAGB	萨格勒布	UN	C
133	CNCANA	广州	SESTOA	斯德哥尔摩	UN	C
134	CNCANA	广州	LTVNOA	维尔纽斯	UN	C
135	CNSZXA	深圳	NLAMSA	阿姆斯特丹	UN	C
136	CNSZXA	深圳	CZPRGA	布拉格	UN	C
137	CNSZXA	深圳	BEBRUA	布鲁塞尔	UN	C
138	CNSZXA	深圳	DKCPHA	哥本哈根	UN	C
139	CNSZXA	深圳	FIHELA	赫尔辛基	UN	C
140	CNSZXA	深圳	PLWAWA	华沙	UN	C
141	CNSZXA	深圳	GBLALA	兰利	UN	C

续表

序号	原寄局代码	原寄局名	寄达局代码	寄达局名	总包种类	运输方式
142	CNSZXA	深圳	SILJUA	卢布尔雅那	UN	C
143	CNSZXA	深圳	LULUXC	卢森堡	UN	C
144	CNSZXA	深圳	FRCDGA	罗斯	UN	C
145	CNSZXA	深圳	ESMADC	马德里	UN	C
146	CNSZXA	深圳	ITMILA	米兰	UN	C
147	CNSZXA	深圳	HRZAGB	萨格勒布	UN	C
148	CNSZXA	深圳	SESTOA	斯德哥尔摩	UN	C
149	CNSZXA	深圳	LTVNOA	维尔纽斯	UN	C
150	CNURCA	乌鲁木齐	NLAMSA	阿姆斯特丹	UN	C
151	CNURCA	乌鲁木齐	ROBUHB	布加勒斯特	UN	C
152	CNURCA	乌鲁木齐	CZPRGA	布拉格	UN	C
153	CNURCA	乌鲁木齐	BEBRUA	布鲁塞尔	UN	C
154	CNURCA	乌鲁木齐	DKCPHA	哥本哈根	UN	C
155	CNURCA	乌鲁木齐	FIHELA	赫尔辛基	UN	C
156	CNURCA	乌鲁木齐	PLWAWA	华沙	UN	C
157	CNURCA	乌鲁木齐	GBLALA	兰利	UN	C
158	CNURCA	乌鲁木齐	SILJUA	卢布尔雅那	UN	C
159	CNURCA	乌鲁木齐	LULUXC	卢森堡	UN	C
160	CNURCA	乌鲁木齐	FRCDGA	罗斯	UN	C
161	CNURCA	乌鲁木齐	ESMADC	马德里	UN	C
162	CNURCA	乌鲁木齐	ITMILA	米兰	UN	C
163	CNSHAA	上海	NLAMSA	阿姆斯特丹	UN	C
164	CNSHAA	上海	COBAQA	巴兰基利亚	UN	C
165	CNSHAA	上海	RSBEGC	贝尔格莱德	UN	C
166	CNSHAA	上海	BEBRUA	布鲁塞尔	UN	C
167	CNSHAA	上海	HUBUDA	布达佩斯	UN	C
168	CNSHAA	上海	ROBUHB	布加勒斯特	UN	C
169	CNSHAA	上海	ROBUHC	布加勒斯特	UN	C
170	CNSHAA	上海	DEHAMB	汉堡	UT	C
171	CNSHAA	上海	EGCAIB	开罗	UN	C
172	CNSHAA	上海	FRCDGA	罗斯	UN	C
173	CNSHAA	上海	DKCPHA	哥本哈根	UN	C
174	CNSHAA	上海	GHACCB	阿克拉	UN	C
175	CNSHAA	上海	ZACPTB	CAPETOWN SAL	UN	C
176	CNSHAA	上海	ESMADC	马德里	UN	C
177	CNSHAA	上海	MXMEXB	墨西哥城 SAL	UN	C
178	CNSHAA	上海	ITMILA	米兰	UN	C

续表

序号	原寄局代码	原寄局名	寄达局代码	寄达局名	总包种类	运输方式
179	CNSHAA	上海	RUMOWS	莫斯科	UN	C
180	CNSHAA	上海	ITMXPA	马尔彭萨	UN	C
181	CNSHAA	上海	DENIAA	涅德劳拉	UN	C
182	CNSHAA	上海	NOOSLA	奥斯路	UN	C
183	CNSHAA	上海	CZPRGA	布拉格	UN	C
184	CNSHAA	上海	NLRTMA	鹿特丹	UN	C
185	CNSHAA	上海	IEDUBA	都柏林	UN	C
186	CNSHAA	上海	FIHELA	赫尔辛基	UN	C
187	CNSHAA	上海	HKHKGA	香港 AMC	UN	C
188	CNSHAA	上海	HKHKGG	香港	UN	C
189	CNSHAA	上海	USJECS	泽西	UN	C
190	CNSHAA	上海	USJFKA	纽约	UN	C
191	CNSHAA	上海	TWKELA	基隆	UN	C
192	CNURCA	乌鲁木齐	HRZAGB	萨格勒布	UN	C
193	CNURCA	乌鲁木齐	SESTOA	斯德哥尔摩	UN	C
194	CNURCA	乌鲁木齐	LTVNOA	维尔纽斯	UN	C
195	CNYINA	伊宁国际	NLAMSA	阿姆斯特丹	UN	C
196	CNYINA	伊宁国际	ROBUHB	布加勒斯特	UN	C
197	CNYINA	伊宁国际	CZPRGA	布拉格	UN	C
198	CNYINA	伊宁国际	BEBRUA	布鲁塞尔	UN	C
199	CNYINA	伊宁国际	DKCPHA	哥本哈根	UN	C
200	CNYINA	伊宁国际	FIHELA	赫尔辛基	UN	C
201	CNYINA	伊宁国际	PLWAWA	华沙	UN	C
202	CNYINA	伊宁国际	GBLALA	兰利	UN	C
203	CNYINA	伊宁国际	SILJUA	卢布尔雅那	UN	C
204	CNYINA	伊宁国际	LULUXC	卢森堡	UN	C
205	CNYINA	伊宁国际	FRCDGA	罗斯	UN	C
206	CNYINA	伊宁国际	ESMADC	马德里	UN	C
207	CNYINA	伊宁国际	ITMILA	米兰	UN	C
208	CNYINA	伊宁国际	HRZAGB	萨格勒布	UN	C
209	CNYINA	伊宁国际	SESTOA	斯德哥尔摩	UN	C
210	CNYINA	伊宁国际	LTVNOA	维尔纽斯	UN	C
211	CNYIWA	义乌国际	NLAMSA	阿姆斯特丹	UN	C
212	CNYIWA	义乌国际	ROBUHB	布加勒斯特	UN	C
213	CNYIWA	义乌国际	CZPRGA	布拉格	UN	C
214	CNYIWA	义乌国际	BEBRUA	布鲁塞尔	UN	C
215	CNYIWA	义乌国际	DKCPHA	哥本哈根	UN	C

附录三 国际函件直封关系表

续表

序号	原寄局代码	原寄局名	寄达局代码	寄达局名	总包种类	运输方式
216	CNYIWA	义乌国际	FIHELA	赫尔辛基	UN	C
217	CNYIWA	义乌国际	GBLALA	兰利	UN	C
218	CNYIWA	义乌国际	SILJUA	卢布尔雅那	UN	C
219	CNYIWA	义乌国际	LULUXC	卢森堡	UN	C
220	CNYIWA	义乌国际	FRCDGA	罗斯	UN	C
221	CNYIWA	义乌国际	ESMADC	马德里	UN	C
222	CNYIWA	义乌国际	ITMILA	米兰	UN	C
223	CNYIWA	义乌国际	HRZAGB	萨格勒布	UN	C
224	CNYIWA	义乌国际	SESTOA	斯德哥尔摩	UN	C
225	CNYIWA	义乌国际	LTVNOA	维尔纽斯	UN	C
226	CNSZXA	深圳	ROBUHB	布加勒斯特	UN	C
227	CNBJSA	北京	ITMILA	米兰	UN	B
228	CNBJSA	北京	RUMOWS	莫斯科	UN	B
229	CNBJSA	北京	DENIAA	涅德劳拉	UN	B
230	CNBJSA	北京	USJFKA	纽约	UN	B
231	CNBJSA	北京	BRSAOD	圣保罗	UN	B
232	CNBJSA	北京	KRSELA	首尔	UN	B
233	CNBJSA	北京	SESTOA	斯德哥尔摩	UN	B
234	CNBJSA	北京	BGSOFG	索非亚	UN	B
235	CNBJSA	北京	LTVNOA	维尔纽斯	UN	B
236	CNBJSA	北京	ATVIEC	维也纳	UN	B
237	CNCTUA	成都	USJFKA	纽约	UN	B
238	CNSHAA	上海	JPKWSA	川崎	UN	C
239	CNSHAA	上海	GBLALT	兰利(转)	UN	C
240	CNSHAA	上海	SILJUA	卢布尔雅那	UN	C
241	CNSHAA	上海	GBLONC	伦敦(本)	UN	C
242	CNSHAA	上海	GBLONH	伦敦	UN	C
243	CNSHAA	上海	LULUXC	卢森堡	UN	C
244	CNSHAA	上海	GBLALT	兰利(转)	UN	C
245	CNSHAA	上海	PLWAWA	华沙	UN	C
246	CNSHAA	上海	GBLALA	兰利	UN	C
247	CNBJSA	北京	RUEKAA	叶卡捷琳堡	UN	C
248	CNCANA	广州	RUEKAA	叶卡捷琳堡	UN	C
249	CNFOCA	福州	RUEKAA	叶卡捷琳堡	UN	C
250	CNSHAA	上海	RUEKAA	叶卡捷琳堡	UN	C
251	CNSZHA	苏州	RUEKAA	叶卡捷琳堡	UN	C
252	CNSZXA	深圳	RUEKAA	叶卡捷琳堡	UN	C

续表

序 号	原寄局代码	原寄局名	寄达局代码	寄达局名	总包种类	运输方式
253	CNWUHA	武汉	RUEKAA	叶卡捷琳堡	UN	C
254	CNHUCA	珲春国际	RUVVOH	符拉迪沃斯托克	UN	C
255	CNURCA	乌鲁木齐	KZALAA	阿拉木图	UN	C
256	CNYINA	伊宁国际	RUMOWS	莫斯科	UN	C
257	CNYINA	伊宁国际	KZALAA	阿拉木图	UN	C
258	CNYINA	伊宁国际	UZTASA	塔什干	UN	C
259	CNYINA	伊宁国际	KGFRUA	比什凯克	UN	C
260	CNYINA	伊宁国际	TJDYUA	杜尚别	UN	C
261	CNYINA	伊宁国际	TMASBA	阿什哈巴德	UN	C
262	CNTSNA	天津	HKHKGA	香港 AMC	UN	C
263	CNDDGA	丹东	KPKP01	新义州	UN	C
264	CNCANA	广州	GBLALA	兰利	UN	B
265	CNCANA	广州	FRCDGA	罗斯	UN	B
266	CNCANA	广州	USLAXA	洛杉矶	UN	B
267	CNSHAA	上海	USSFOT	旧金山	UN	B
268	CNSHAA	上海	USLAXA	洛杉矶	UN	B
269	CNWNZA	温州	FRCDGA	罗斯	UN	B
270	CNWUHA	武汉	USJFKA	纽约	UN	B
271	CNCKGA	重庆	JPKWSA	川崎	UN	B
272	CNCKGA	重庆	USJFKA	纽约	UN	B
273	CNKNCA	集安	KPKP03	满浦	UN	C
274	CNLXAA	拉萨	NRKDIA	科达里	UN	C
275	CNKMGA	昆明	VNHANA	河内	UN	C
276	CNFOCA	福州	TWKELA	基隆	UN	C
277	CNSWAA	汕头	SGSINA	新加坡	UN	C
278	CNSWAA	汕头	HKHKGA	香港 AMC	UN	C
279	CNTMEA	图们	KPKP02	南阳	UN	C
280	CNNNGA	南宁	VNHANC	河内	UN	C
281	CNFOCA	福州	RUMOWS	莫斯科	UN	C
282	CNKHGA	喀什	KGFRUA	比什凯克	UN	C
283	CNKHGA	喀什	KZALAA	阿拉木图	UN	C
284	CNKHGA	喀什	PKGILA	吉尔吉特	UN	C
285	CNCANA	广州	AUSYDE	悉尼	UN	C
286	CNCANA	广州	HKHKGG	香港	UN	C
287	CNCANA	广州	JPKWSA	川崎	UN	C

续 表

序 号	原寄局代码	原寄局名	寄达局代码	寄达局名	总包种类	运输方式
288	CNCANA	广州	GBLONC	伦敦（本）	UN	C
289	CNCANA	广州	GBLONH	伦敦	UN	C
290	CNHEKA	黑河	RUBQSA	布拉戈维申斯克	UN	C
291	CNHUCA	珲春国际	RUVVOA	符拉迪沃斯托克	UN	C
292	CNCANA	广州	RUMOWS	莫斯科	UN	C
293	CNCANA	广州	GBLALA	兰利	UN	C
294	CNCANA	广州	GBLALT	兰利（转）	UN	C
295	CNCANA	广州	MUMRUA	路易斯	UN	C
296	CNCANA	广州	AEDXBA	迪拜	UN	C
297	CNCANA	广州	BDCGPA	吉大港	UN	C
298	CNCANA	广州	IDJKTB	雅加达	UN	C
299	CNCANA	广州	ILHFAA	海法	UN	C
300	CNCANA	广州	INCCUF	加尔各达	UN	C
301	CNCANA	广州	TWTPEA	台北	UN	C
302	CNCANA	广州	SGSINL	新加坡	UN	C
303	CNCANA	广州	THBKKA	曼谷	UN	C
304	CNCANA	广州	SAJEDA	吉达	UN	C
305	CNCANA	广州	FJSUVA	苏瓦	UN	C
306	CNCANA	广州	KWKWIA	科威特	UN	C
307	CNCANA	广州	LKCMBA	科伦坡	UN	C
308	CNCANA	广州	MMRGNA	仰光	UN	C
309	CNCANA	广州	BHBAHA	巴林	UN	C
310	CNCANA	广州	CAYVRA	温哥华	UN	C
311	CNCANA	广州	UYMVDH	MVD EMS INT	UN	C
312	CNCANA	广州	MYKULA	吉隆坡	UN	C
313	CNCANA	广州	PAPTYA	巴拿马	UN	C
314	CNCANA	广州	PHMNLF	马尼拉	UN	C
315	CNCANA	广州	QADOHA	多哈	UN	C
316	CNCGQA	长春	RUVVOA	符拉迪沃斯托克	UN	C
317	CNSHAA	上海	TRISTE	伊斯坦布尔	UN	C
318	CNCGOA	郑州国际	RUMOWS	莫斯科	UN	C
319	CNCANA	广州	MOMFMA	澳门	UN	C
320	CNZUHA	拱北	HKHKGA	香港 AMC	UN	C
321	CNCKGA	重庆	RUMOWS	莫斯科	UN	C
322	CNHRBL	哈尔滨国际邮件处理中心	RUMOWS	莫斯科	UN	C
323	CNNKGA	南京	RUMOWS	莫斯科	UN	C

续 表

序 号	原寄局代码	原寄局名	寄达局代码	寄达局名	总包种类	运输方式
324	CNSZHA	苏州	RUMOWS	莫斯科	UN	C
325	CNCGOA	郑州国际	DEHAMB	汉堡	UN	C
326	CNWNZA	温州	PLWAWA	华沙	UN	C
327	CNWNZA	温州	GBLALA	兰利	UN	C
328	CNWNZA	温州	SILJUA	卢布尔雅那	UN	C
329	CNWNZA	温州	LULUXC	卢森堡	UN	C
330	CNWNZA	温州	FRCDGA	罗斯	UN	C
331	CNURCA	乌鲁木齐	GBLALA	兰利	UN	B
332	CNURCA	乌鲁木齐	TMASBA	阿什哈巴德	UN	A
333	CNURCA	乌鲁木齐	TMASBA	阿什哈巴德	UN	B
334	CNURCA	乌鲁木齐	KGFRUA	比什凯克	UN	B
335	CNURCA	乌鲁木齐	TJDYUA	杜尚别	UN	B
336	CNURCA	乌鲁木齐	RUMOWS	莫斯科	UN	B
337	CNURCA	乌鲁木齐	UZTASA	塔什干	UN	A
338	CNURCA	乌鲁木齐	UZTASA	塔什干	UN	B
339	CNURCA	乌鲁木齐	KGFRUA	比什凯克	UN	A
340	CNURCA	乌鲁木齐	KZALAA	阿拉木图	UN	A
341	CNURCA	乌鲁木齐	RUOVBB	新西伯利亚	UN	A
342	CNURCA	乌鲁木齐	TJDYUA	杜尚别	UN	A
343	CNURCA	乌鲁木齐	RUVVOI	符拉迪沃斯托克	UN	A
344	CNURCA	乌鲁木齐	RUEKAA	叶卡捷琳堡	UN	A
345	CNURCA	乌鲁木齐	RUMOWS	莫斯科	UN	A
346	CNBJSA	北京	CRSJOA	圣约瑟	UN	A
347	CNBJSA	北京	SESTOA	斯德哥尔摩	UN	A
348	CNBJSA	北京	BNBWNA	斯里巴加湾	UN	A
349	CNBJSA	北京	CHZRHB	苏黎世	UN	A
350	CNBJSA	北京	BGSOFG	索非亚	UN	A
351	CNBJSA	北京	EETLLA	塔林	UN	A
352	CNBJSA	北京	MGTNRA	塔那那利佛	UN	A
353	CNBJSA	北京	TWTPEA	台北	UN	A
354	CNBJSA	北京	ILTLVA	特拉维夫	UN	A
355	CNBJSA	北京	LAVTEA	万象	UN	A
356	CNBJSA	北京	ATVIEC	维也纳	UN	A
357	CNBJSA	北京	MNULNA	乌兰巴托	UN	A
358	CNBJSA	北京	AUSYDA	悉尼	UN	A
359	CNBJSA	北京	HKHKGA	香港 AMC	UN	A
360	CNBJSA	北京	RUOVBB	新西伯利亚	UN	A

续 表

序 号	原寄局代码	原寄局名	寄达局代码	寄达局名	总包种类	运输方式
361	CNBJSA	北京	ETADDA	亚的斯亚贝巴	UN	A
362	CNBJSA	北京	RUEKAA	叶卡捷琳堡	UN	A
363	CNBJSA	北京	PKISBA	伊斯兰堡	UN	A
364	CNBJSA	北京	TRISTE	伊斯坦布尔	UN	A
365	CNCTUA	成都	RUVVOI	符拉迪沃斯托克	UN	A
366	CNCTUA	成都	USLAXA	洛杉矶	UN	A
367	CNCTUA	成都	USJFKA	纽约	UN	A
368	CNCANA	广州	GBLALA	兰利	UN	A
369	CNCANA	广州	LKCMBA	科伦坡	UN	A
370	CNCANA	广州	LVRIXC	里加	UN	A
371	CNCANA	广州	PTLISA	里斯本	UN	A
372	CNCANA	广州	USLAXA	洛杉矶	UN	A
373	CNCANA	广州	ESMADB	马德里	UN	A
374	CNCANA	广州	THBKKD	曼谷	UN	A
375	CNCANA	广州	ITMILA	米兰	UN	A
376	CNCANA	广州	RUMOWS	莫斯科	UN	A
377	CNHRBL	哈尔滨国际邮件处理中心	RUOVBB	新西伯利亚	UN	A
378	CNHRBL	哈尔滨国际邮件处理中心	RUEKAA	叶卡捷琳堡	UN	A
379	CNSHAA	上海	JPKWSA	川崎	UN	A
380	CNHRBL	哈尔滨国际邮件处理中心	RUMOWS	莫斯科	UN	A
381	CNYIWA	义乌国际	ESMADB	马德里	UN	A
382	CNSZXA	深圳	RUEKAA	叶卡捷琳堡	UN	A
383	CNSZXA	深圳	USJFKA	纽约	UN	A
384	CNHRBL	哈尔滨国际邮件处理中心	RUEKAA	叶卡捷琳堡	UN	A
385	CNSZXA	深圳	FRCDGA	罗斯	UN	A
386	CNHRBL	哈尔滨国际邮件处理中心	RUVVOI	符拉迪沃斯托克	UN	A
387	CNHRBL	哈尔滨国际邮件处理中心	RUVVOC	海参崴	UN	A
388	CNBJSA	北京	GMBJLA	班珠尔	UN	A
389	CNBJSA	北京	GYGEOA	乔治敦	UN	A
390	CNBJSA	北京	LSMSUA	马塞卢	UN	A
391	CNBJSA	北京	TTPOSA	西班牙港	UN	A
392	CNBJSA	北京	LRMLWA	蒙罗维亚	UN	A

249

续表

序号	原寄局代码	原寄局名	寄达局代码	寄达局名	总包种类	运输方式
393	CNCANA	广州	FJSUVA	苏瓦	UN	A
394	CNFOCA	福州	TWTPEA	台北	UN	A
395	CNFOCA	福州	RUOVBB	新西伯利亚	UN	A
396	CNCANA	广州	NLAMSA	阿姆斯特丹	UN	A
397	CNCANA	广州	JOAMMA	安曼	UN	A
398	CNCANA	广州	NZAKLA	奥克兰	UN	A
399	CNCANA	广州	NOOSLA	奥斯路	UN	A
400	CNCANA	广州	FRCDGA	罗斯	UN	A
401	CNCANA	广州	HUBUDA	布达佩斯	UN	A
402	CNCANA	广州	AUMELA	墨尔本	UN	A
403	CNCANA	广州	MXMEXD	墨西哥城 AEREO	UN	A
404	CNCANA	广州	USJFKA	纽约	UN	A
405	CNCANA	广州	HRZAGB	萨格勒布	UN	A
406	CNCANA	广州	BRCWBA	库里提巴	UN	A
407	CNCANA	广州	BRSAOD	圣保罗	UN	A
408	CNCANA	广州	BRCWBA	库里提巴	UN	A
409	CNCANA	广州	RERUNA	圣但尼	UN	A
410	CNCANA	广州	SESTOA	斯德哥尔摩	UN	A
411	CNCANA	广州	CHZRHB	苏黎世	UN	A
412	CNCANA	广州	BGSOFG	索非亚	UN	A
413	CNCANA	广州	EETLLA	塔林	UN	A
414	CNCANA	广州	ILTLVA	特拉维夫	UN	A
415	CNWUHA	武汉	HKHKGA	香港 AMC	UN	A
416	CNCANA	广州	IEDUBA	都柏林	UN	A
417	CNSZXA	深圳	DEFRAA	法兰克福	UN	A
418	CNSZXA	深圳	GBLALA	兰利	UN	A
419	CNSZXA	深圳	USLAXA	洛杉矶	UN	A
420	CNSZXA	深圳	AUSYDA	悉尼	UN	A
421	CNBJSA	北京	AUSYDA	悉尼	UN	A
422	CNBJSA	北京	AGANUA	圣约翰	UN	A
423	CNCANA	广州	AUMELA	墨尔本	UN	A
424	CNTAOA	青岛	USLAXA	洛杉矶	UN	A
425	CNBJSA	北京	NOOSLA	奥斯路	UN	A
426	CNBJSA	北京	MOMFMA	澳门	UN	A
427	CNBJSA	北京	IQBGWA	巴格达	UN	A
428	CNBJSA	北京	AZBAKA	巴库	UN	A
429	CNBJSA	北京	BHBAHA	巴林	UN	A

续 表

序号	原寄局代码	原寄局名	寄达局代码	寄达局名	总包种类	运输方式
430	CNBJSA	北京	HUBUDA	布达佩斯	UN	A
431	CNBJSA	北京	ROBUHC	布加勒斯特	UN	A
432	CNBJSA	北京	CGBZVA	布拉扎维	UN	A
433	CNBJSA	北京	CZPRGA	布拉格	UN	A
434	CNBJSA	北京	BBBGIA	布里奇顿	UN	A
435	CNBJSA	北京	JPKWSA	川崎	UN	A
436	CNBJSA	北京	BDDACA	达卡	UN	A
437	CNBJSA	北京	TZDARA	达累斯萨拉姆	UN	A
438	CNBJSA	北京	IRTHRA	德黑兰	UN	A
439	CNBJSA	北京	IEDUBA	都柏林	UN	A
440	CNBJSA	北京	CMDLAA	杜阿拉	UN	A
441	CNWUHA	武汉	RUOVBB	新西伯利亚	UN	A
442	CNSIAA	西安	HKHKGA	香港 AMC	UN	A
443	CNYIWA	义乌国际	NOOSLA	奥斯路	UN	A
444	CNYIWA	义乌国际	CZPRGA	布拉格	UN	A
445	CNYIWA	义乌国际	GBLALT	兰利(转)	UN	A
446	CNYIWA	义乌国际	CLSCLA	圣地亚哥	UN	A
447	CNYIWA	义乌国际	SESTOA	斯德哥尔摩	UN	A
448	CNCGOA	郑州国际	FRCDGA	罗斯	UN	A
449	CNCGOA	郑州国际	DEFRAA	法兰克福	UN	A
450	CNSZXA	深圳	RUVVOI	符拉迪沃斯托克	UN	A
451	CNCANA	广州	RUVVOI	符拉迪沃斯托克	UN	A
452	CNCGOA	郑州国际	RUVVOI	符拉迪沃斯托克	UN	A
453	CNCGOA	郑州国际	USSFOA	旧金山	UN	A
454	CNBJSA	北京	TDNDJA	恩贾梅纳	UN	A
455	CNBJSA	北京	SLFNAA	弗里敦	UN	A
456	CNBJSA	北京	RUVVOI	符拉迪沃斯托克	UN	A
457	CNBJSA	北京	DKCPHA	哥本哈根	UN	A
458	CNBJSA	北京	ZWHREA	哈拉雷(CSO)	UN	A
459	CNBJSA	北京	FIHELA	赫尔辛基	UN	A
460	CNBJSA	北京	PLWAWA	华沙	UN	A
461	CNBJSA	北京	UAIEVA	基辅	UN	A
462	CNBJSA	北京	DJJIBA	吉布提	UN	A
463	CNBJSA	北京	BWGBEA	加博罗内	UN	A
464	CNBJSA	北京	INCCUA	加尔各达	UN	A
465	CNBJSA	北京	VECCSA	加拉加斯	UN	A
466	CNBJSA	北京	CDFIHA	金沙萨	UN	A

续表

序号	原寄局代码	原寄局名	寄达局代码	寄达局名	总包种类	运输方式
467	CNBJSA	北京	USSFOA	旧金山	UN	A
468	CNBJSA	北京	SDKRTA	喀土穆	UN	A
469	CNBJSA	北京	PKKHIA	卡拉奇	UN	A
470	CNBJSA	北京	EGCAIA	开罗	UN	A
471	CNBJSA	北京	UGKLAA	坎帕拉	UN	A
472	CNBJSA	北京	GBLALA	兰利	UN	A
473	CNBJSA	北京	GBLALT	兰利(转)	UN	A
474	CNBJSA	北京	GNCKYA	科纳克里	UN	A
475	CNBJSA	北京	BJCOOA	科托努	UN	A
476	CNBJSA	北京	BOLPBA	拉巴斯	UN	A
477	CNCGOA	郑州国际	GBLALT	兰利(转)	UN	A
478	CNCGOA	郑州国际	GBLALA	兰利	UN	A
479	CNCGOA	郑州国际	ESMADB	马德里	UN	A
480	CNCGOA	郑州国际	THBKKD	曼谷	UN	A
481	CNCGOA	郑州国际	ITMILA	米兰	UN	A
482	CNCGOA	郑州国际	USJFKA	纽约	UN	A

附录四 中国与卡哈拉重点国家 EMS 直封关系表

序 号	原寄互换局	发运口岸	发运口岸代码	寄达互换局	寄达口岸代码
1	北京	北京	PEK	巴黎	CDG
2	武汉	北京	PEK	巴黎	CDG
3	西安	北京	PEK	巴黎	CDG
4	郑州	北京	PEK	巴黎	CDG
5	重庆	北京	PEK	巴黎	CDG
6	福州	福州	FOC	巴黎	CDG
7	福州	福州	FOC	巴黎	CDG
8	广州	广州	CAN	巴黎	CDG
9	汕头	广州	CAN	巴黎	CDG
10	深圳	广州	CAN	巴黎	CDG
11	青岛	青岛	TAO	巴黎	CDG
12	厦门	厦门	XMN	巴黎	CDG
13	杭州	上海	PVG	巴黎	CDG
14	南京	上海	PVG	巴黎	CDG
15	上海	上海	PVG	巴黎	CDG
16	苏州	上海	PVG	巴黎	CDG
17	温州	上海	PVG	巴黎	CDG
18	义乌	上海	PVG	巴黎	CDG
19	沈阳	沈阳	SHE	巴黎	CDG
20	武汉	武汉	WUH	巴黎	CDG
21	长沙	长沙	CSX	巴黎	CDG
22	郑州	郑州	CGO	巴黎	CDG
23	北京	北京	PEK	大阪	KIX
24	大连	北京	PEK	大阪	KIX
25	哈尔滨	北京	PEK	大阪	KIX
26	天津	北京	PEK	大阪	KIX
27	武汉	北京	PEK	大阪	KIX
28	大连	大连	DLC	大阪	KIX
29	福州	福州	FOC	大阪	KIX
30	广州	广州	CAN	大阪	KIX

续表

序 号	原寄互换局	发运口岸	发运口岸代码	寄达互换局	寄达口岸代码
31	珠海	广州	CAN	大阪	KIX
32	哈尔滨	哈尔滨	HRB	大阪	KIX
33	济南	济南	TNA	大阪	KIX
34	青岛	青岛	TAO	大阪	KIX
35	烟台	青岛	TAO	大阪	KIX
36	厦门	厦门	XMN	大阪	KIX
37	杭州	上海	PVG	大阪	KIX
38	合肥	上海	PVG	大阪	KIX
39	南京	上海	PVG	大阪	KIX
40	宁波	上海	PVG	大阪	KIX
41	上海	上海	PVG	大阪	KIX
42	苏州	上海	PVG	大阪	KIX
43	温州	上海	PVG	大阪	KIX
44	义乌	上海	PVG	大阪	KIX
45	沈阳	沈阳	SHE	大阪	KIX
46	天津	天津	TSN	大阪	KIX
47	深圳	香港	HKG	大阪	KIX
48	烟台	烟台	YNT	大阪	KIX
49	延吉	延吉	YNJ	大阪	KIX
50	长春	长春	CGQ	大阪	KIX
51	长沙	长沙	CSX	大阪	KIX
52	郑州	郑州	CGO	大阪	KIX
53	北京	北京	PEK	东京/川崎	TYO
54	哈尔滨	北京	PEK	东京/川崎	TYO
55	天津	北京	PEK	东京/川崎	KWS/TYO
56	西安	北京	PEK	东京/川崎	KWS/TYO
57	烟台	北京	PEK	东京/川崎	KWS/TYO
58	成都	成都	CTU	东京/川崎	TYO
59	大连	大连	DLC	东京/川崎	NRT
60	福州	福州	FOC	东京/川崎	TYO
61	广州	广州	CAN	东京/川崎	TYO
62	汕头	广州	CAN	东京/川崎	TYO
63	深圳	广州	CAN	东京/川崎	TYO
64	珠海	广州	CAN	东京/川崎	TYO
65	济南	济南	TNA	东京/川崎	NRT
66	昆明	昆明	KMG	东京/川崎	KWS/TYO
67	青岛	青岛	TAO	东京/川崎	NRT

附录四 中国与卡哈拉重点国家 EMS 直封关系表

续表

序号	原寄互换局	发运口岸	发运口岸代码	寄达互换局	寄达口岸代码
68	厦门	厦门	XMN	东京/川崎	TYO
69	杭州	上海	PVG	东京/川崎	TYO
70	合肥	上海	PVG	东京/川崎	TYO
71	南京	上海	PVG	东京/川崎	TYO
72	宁波	上海	PVG	东京/川崎	TYO
73	上海	上海	PVG	东京/川崎	TYO
74	苏州	上海	PVG	东京/川崎	NRT
75	温州	上海	PVG	东京/川崎	TYO
76	义乌	上海	PVG	东京/川崎	TYO
77	沈阳	沈阳	SHE	东京/川崎	NRT
78	武汉	武汉	WUH	东京/川崎	NRT
79	延吉	延吉	YNJ	东京/川崎	NRT
80	长春	长春	CGQ	东京/川崎	NRT
81	长沙	长沙	CSX	东京/川崎	TYO
82	郑州	郑州	CGO	东京/川崎	TYO
83	北京	北京	PEK	福冈	FUK
84	福州	福州	FOC	福冈	FUK
85	福州	上海	PVG	福冈	FUK
86	上海	上海	PVG	福冈	FUK
87	天津	天津	TSN	福冈	FUK
88	北京	北京	PEK	旧金山	SFO
89	大连	北京	PEK	旧金山	SFO
90	成都	成都	CTU	旧金山	SFO
91	福州	福州	FOC	旧金山	SFO
92	广州	广州	CAN	旧金山	SFO
93	杭州	杭州	HGH	旧金山	SFO
94	义乌	杭州	HGH	旧金山	SFO
95	济南	济南	TNA	旧金山	SFO
96	济南	济南	TNA	旧金山	SFO
97	昆明	昆明	KMG	旧金山	SFO
98	南京	南京	NKG	旧金山	SFO
99	青岛	青岛	TAO	旧金山	SFO
100	厦门	厦门	XMN	旧金山	SFO
101	杭州	上海	PVG	旧金山	SFO
102	合肥	上海	PVG	旧金山	SFO
103	宁波	上海	PVG	旧金山	SFO
104	上海	上海	PVG	旧金山	SFO

续表

序号	原寄互换局	发运口岸	发运口岸代码	寄达互换局	寄达口岸代码
105	苏州	上海	PVG	旧金山	SFO
106	温州	上海	PVG	旧金山	SFO
107	义乌	上海	PVG	旧金山	SFO
108	沈阳	沈阳	SHE	旧金山	SFO
109	天津	天津	TSN	旧金山	SFO
110	武汉	武汉	WUH	旧金山	SFO
111	西安	西安	SIA	旧金山	SFO
112	汕头	香港	HKG	旧金山	SFO
113	深圳	香港	HKG	旧金山	SFO
114	延吉	延吉	YNJ	旧金山	SFO
115	长春	长春	CGQ	旧金山	SFO
116	重庆	重庆	CKG	旧金山	SFO
117	北京	北京	PEK	考文垂/兰利/伦敦	LHR
118	成都	北京	PEK	考文垂/兰利/伦敦	LHR
119	大连	北京	PEK	考文垂/兰利/伦敦	LHR
120	济南	北京	PEK	考文垂/兰利/伦敦	LHR
121	沈阳	北京	PEK	考文垂/兰利/伦敦	LHR
122	郑州	北京	PEK	考文垂/兰利/伦敦	LHR
123	成都	成都	CTU	考文垂/兰利/伦敦	LHR
124	福州	福州	FOC	考文垂/兰利/伦敦	LHR
125	广州	广州	CAN	考文垂/兰利/伦敦	LHR
126	汕头	广州	CAN	考文垂/兰利/伦敦	LHR
127	深圳	广州	CAN	考文垂/兰利/伦敦	LHR
128	珠海	广州	CAN	考文垂/兰利/伦敦	LHR
129	济南	济南	TNA	考文垂/兰利/伦敦	LHR
130	青岛	青岛	TAO	考文垂/兰利/伦敦	LHR
131	厦门	厦门	XMN	考文垂/兰利/伦敦	LHR
132	杭州	上海	PVG	考文垂/兰利/伦敦	LHR
133	南京	上海	PVG	考文垂/兰利/伦敦	LHR
134	宁波	上海	PVG	考文垂/兰利/伦敦	LHR
135	上海	上海	PVG	考文垂/兰利/伦敦	LHR
136	苏州	上海	PVG	考文垂/兰利/伦敦	LHR
137	义乌	上海	PVG	考文垂/兰利/伦敦	LHR
138	天津	天津	TSN	考文垂/兰利/伦敦	LHR
139	武汉	武汉	WUH	考文垂/兰利/伦敦	LHR
140	郑州	郑州	CGO	考文垂/兰利/伦敦	LHR
141	广州	广州	CAN	洛杉矶	LAX

续 表

序 号	原寄互换局	发运口岸	发运口岸代码	寄达互换局	寄达口岸代码
142	厦门	厦门	XMN	洛杉矶	LAX
143	北京	北京	PEK	名古屋	NGO
144	广州	广州	CAN	名古屋	NGO
145	杭州	杭州	HGH	名古屋	NGO
146	杭州	上海	PVG	名古屋	NGO
147	南京	上海	PVG	名古屋	NGO
148	宁波	上海	PVG	名古屋	NGO
149	上海	上海	PVG	名古屋	NGO
150	苏州	上海	PVG	名古屋	NGO
151	义乌	上海	PVG	名古屋	NGO
152	天津	天津	TSN	名古屋	NGO
153	武汉	武汉	WUH	名古屋	NGO
154	北京	北京	PEK	莫斯科	MOW
155	成都	北京	PEK	莫斯科	MOW
156	福州	北京	PEK	莫斯科	MOW
157	哈尔滨	北京	PEK	莫斯科	MOW
158	济南	北京	PEK	莫斯科	MOW
159	青岛	北京	PEK	莫斯科	MOW
160	武汉	北京	PEK	莫斯科	MOW
161	西安	北京	PEK	莫斯科	MOW
162	广州	广州	CAN	莫斯科	MOW
163	杭州	杭州	HGH	莫斯科	MOW
164	义乌	杭州	HGH	莫斯科	MOW
165	济南	济南	TNA	莫斯科	MOW
166	厦门	厦门	XMN	莫斯科	MOW
167	南京	上海	PVG	莫斯科	MOW
168	宁波	上海	PVG	莫斯科	MOW
169	上海	上海	PVG	莫斯科	MOW
170	苏州	上海	PVG	莫斯科	MOW
171	温州	上海	PVG	莫斯科	MOW
172	乌鲁木齐	乌鲁木齐	URC	莫斯科	MOW
173	武汉	武汉	WUH	莫斯科	MOW
174	西安	西安	PEK	莫斯科	MOW
175	深圳	香港	HKG	莫斯科	MOW
176	郑州	郑州	CGO	莫斯科	DME
177	北京	北京	PEK	墨尔本	MEL
178	天津	北京	PEK	墨尔本	MEL

续表

序号	原寄互换局	发运口岸	发运口岸代码	寄达互换局	寄达口岸代码
179	福州	福州	FOC	墨尔本	MEL
180	广州	广州	CAN	墨尔本	MEL
181	厦门	厦门	XMN	墨尔本	MEL
182	杭州	上海	PVG	墨尔本	MEL
183	南京	上海	PVG	墨尔本	MEL
184	宁波	上海	PVG	墨尔本	MEL
185	上海	上海	PVG	墨尔本	MEL
186	苏州	上海	PVG	墨尔本	MEL
187	温州	上海	PVG	墨尔本	MEL
188	义乌	上海	PVG	墨尔本	MEL
189	温州	温州	WNZ	墨尔本	MEL
190	深圳	香港	HKG	墨尔本	MEL
191	长沙	长沙	CSX	墨尔本	MEL
192	北京	北京	PEK	纽约	JFK
193	大连	北京	PEK	纽约	JFK
194	昆明	北京	PEK	纽约	JFK
195	武汉	北京	PEK	纽约	JFK
196	西安	北京	PEK	纽约	JFK
197	成都	成都	CTU	纽约	JFK
198	福州	福州	FOC	纽约	JFK
199	厦门	福州	FOC	纽约	JFK
200	广州	广州	CAN	纽约	JFK
201	深圳	广州	CAN	纽约	JFK
202	济南	济南	TNA	纽约	JFK
203	南京	南京	NKG	纽约	JFK
204	青岛	青岛	TAO	纽约	JFK
205	杭州	上海	PVG	纽约	JFK
206	宁波	上海	PVG	纽约	JFK
207	上海	上海	PVG	纽约	JFK
208	苏州	上海	PVG	纽约	JFK
209	温州	上海	PVG	纽约	JFK
210	义乌	上海	PVG	纽约	JFK
211	沈阳	沈阳	SHE	纽约	JFK
212	天津	天津	TSN	纽约	JFK
213	温州	温州	WNZ	纽约	JFK
214	延吉	延吉	YNJ	纽约	JFK
215	长春	长春	CGQ	纽约	JFK

续 表

序 号	原寄互换局	发运口岸	发运口岸代码	寄达互换局	寄达口岸代码
216	长沙	长沙	CSX	纽约	JFK
217	北京	北京	PEK	圣彼得堡	LED
218	广州	广州	CAN	圣彼得堡	LED
219	上海	上海	PVG	圣彼得堡	LED
220	北京	北京	PEK	悉尼	SYD
221	大连	北京	PEK	悉尼	SYD
222	济南	北京	PEK	悉尼	SYD
223	西安	北京	PEK	悉尼	SYD
224	福州	福州	FOC	悉尼	SYD
225	广州	广州	CAN	悉尼	SYD
226	杭州	杭州	PVG	悉尼	SYD
227	义乌	杭州	PVG	悉尼	SYD
228	济南	济南	TNA	悉尼	SYD
229	青岛	青岛	TAO	悉尼	SYD
230	厦门	厦门	XMN	悉尼	SYD
231	南京	上海	PVG	悉尼	SYD
232	宁波	上海	PVG	悉尼	SYD
233	上海	上海	PVG	悉尼	SYD
234	苏州	上海	PVG	悉尼	SYD
235	温州	上海	PVG	悉尼	SYD
236	沈阳	沈阳	SHE	悉尼	SYD
237	天津	天津	TSN	悉尼	SYD
238	温州	温州	WNZ	悉尼	SYD
239	武汉	武汉	WUH	悉尼	SYD
240	深圳	香港	HKG	悉尼	SYD
241	长沙	长沙	CSX	悉尼	SYD
242	郑州	郑州	CGO	悉尼	SYD
243	重庆	重庆	CKG	悉尼	SYD
244	北京	北京	PEK	新西伯利亚	OVB
245	广州	北京	PEK	新西伯利亚	OVB
246	杭州	北京	PEK	新西伯利亚	OVB
247	宁波	北京	PEK	新西伯利亚	OVB
248	郑州	北京	PEK	新西伯利亚	OVB
249	哈尔滨	哈尔滨	HRB	新西伯利亚	MOW
250	上海	上海	PVG	新西伯利亚	OVB
251	乌鲁木齐	乌鲁木齐	URC	新西伯利亚	OVB
252	北京	北京	PEK	芝加哥	ORD

续表

序号	原寄互换局	发运口岸	发运口岸代码	寄达互换局	寄达口岸代码
253	成都	北京	PEK	芝加哥	ORD
254	福州	福州	FOC	芝加哥	ORD
255	广州	广州	CAN	芝加哥	ORD
256	青岛	青岛	TAO	芝加哥	ORD
257	杭州	上海	PVG	芝加哥	ORD
258	宁波	上海	PVG	芝加哥	ORD
259	上海	上海	PVG	芝加哥	ORD
260	义乌	上海	PVG	芝加哥	ORD
261	沈阳	沈阳	SHE	芝加哥	ORD
262	天津	天津	TSN	芝加哥	ORD
263	武汉	武汉	WUH	芝加哥	ORD

参 考 文 献

[1] 王为民. 邮政基础管理实务. 北京:北京邮电大学出版社,2010.
[2] 王为民. 邮政通信组织管理. 2版. 北京:北京邮电大学出版社,2014.
[3] 王为民. 国际邮政通信. 北京:北京邮电大学出版社,2010.
[4] 韩文俊. 许前. 钟晓芳. 质量管理. 3版. 北京:科学出版社,2016.